世界水准

如何构建 21 世纪的优秀学校系统

[德] 安德烈亚斯·施莱克尔（Andreas Schleicher） 著

窦卫霖 尚文博 陈浩鸣 张思琦 钟文秀 译

How to build a 21st-century school system

华东师范大学出版社

图书在版编目(CIP)数据

世界水准：如何构建21世纪的优秀学校系统/(德)安德烈亚斯·施莱克尔著；窦卫霖等译. —上海：华东师范大学出版社,2019
ISBN 978 - 7 - 5675 - 9031 - 1

Ⅰ.①世… Ⅱ.①安…②窦… Ⅲ.①教育研究 Ⅳ.①G40 - 03

中国版本图书馆CIP数据核字(2019)第095552号

世界水准：如何构建21世纪的优秀学校系统

著　　者　[德]安德烈亚斯·施莱克尔(Andreas Schleicher)
译　　者　窦卫霖　尚文博　陈浩鸣　张思琦　钟文秀
策划编辑　彭呈军
特约编辑　徐思思
责任校对　胡　静
装帧设计　刘怡霖

出版发行　华东师范大学出版社
社　　址　上海市中山北路3663号　邮编200062
网　　址　www.ecnupress.com.cn
电　　话　021 - 60821666　行政传真 021 - 62572105
客服电话　021 - 62865537　门市(邮购)电话 021 - 62869887
地　　址　上海市中山北路3663号华东师范大学校内先锋路口
网　　店　http://hdsdcbs.tmall.com

印刷者　上海龙腾印务有限公司
开　　本　787×1092　16开
印　　张　19
字　　数　256千字
版　　次　2019年7月第1版
印　　次　2019年7月第1次
书　　号　ISBN 978 - 7 - 5675 - 9031 - 1/G·11974
定　　价　68.00元

出版人　王　焰

(如发现本版图书有印订质量问题,请寄回本社客服中心调换或电话021 - 62865537联系)

向迎难而上、不求赞誉、
毕生致力于帮助下一代实现梦想、塑造未来的
全世界教师
致敬

原版图书由 OECD 以英文出版,标题如下:*World Class: How to Build a 21st-Century School System, Strong Performers and Successful Reformers in Education*

© 2018 OECD

© 2019 East China Normal University Press(ECNUP) for this Simplified Chinese edition

All RIGHTS RESERVED.

上海市版权局著作权合同登记　图字:09-2018-810 号

本译著的出版由 OECD 安排。本书并非 OECD 官方译本,翻译质量和与原版书的一致性问题均由译者承担。如有译文与原作不符的情况,请以原作为准。

本著作由 OECD 秘书处负责出版。书中观点与论据不代表 OECD 成员国的官方看法。

本书及书中所列数据与地图均无意侵犯任何领土地位及主权,无意影响任何国际边界的划定或损害任何地域、城市和区域的名誉。

有关以色列的数据由以色列当局提供并负责。OECD 使用这些数据无意损害国际法条款对戈兰高地、东耶路撒冷、约旦河西岸以色列定居点的界定。

更多 OECD 出版物可以登录 www.oecd.org/publishing/corrigenda 查找。

致　谢

在经济合作与发展组织(OECD)工作的过去 20 年间,我有幸和各国的教育领导者一同设计与实施教育政策和实践。感谢各国教育部长、行政人员、学校领导和教师等的真诚合作和开放态度,他们作为同事、专家和朋友与我分享自己成功与失败的经验,没有他们的帮助,这本书的大部分内容无法完成,需要致谢的人太多,请恕我无法在这里一一列举。我由衷感激 OECD 的我方团队,他们建构了比较和分析不同国家教育系统的工具和方法,我每天也仍在向我的团队学习。本书的完成还需特别感谢 Sean Coughlan,是他鼓励我编写这本书,帮助我整理思绪、完成手稿,Sean 还编写了本书讨论优质教育系统的部分。同时,我还特别感谢 Marilyn Achiron 对这本书的编辑,她在图书筹备的全过程中都给出了宝贵的建议。Rose Bolognini, Catherine Candea, Cassandra Davis, Anne-Lise Prigent 和 Rebecca Tessier 对这本书的出版给予了鼎力支持。最后,感谢我的妻子 Maria Teresa Siniscalco,在我编写这本书期间,从始至终都一直陪伴在我的身边。

《世界水准》一书好评如潮

"这本书的面世恰逢其时,内容颇具前瞻性。作者作为世界范围内最为博学的教育工作者之一,凭借令人震撼的数据、敏锐的观察力和无穷的智慧,为所有年轻人指明了一条行之有效的教育途径。"

——Howard Gardner,哈佛"零点计划"的高层负责人、《智能的结构》作者

"……我们应当如何结合新兴技术来深化人类学习,帮助年轻人为迎接 21 世纪的挑战做好最佳准备?这本书为我们展现了合理、明智的计划。"

——Anthony Seldon 爵士,白金汉大学副校长

"没有人比施莱克尔更了解世界各地的教育,这一点毋庸多言。他将 20 年来的智慧汇集在《世界水准》一书中,这还是第一次。学校应该如何适应现代世界?如何培养所有儿童进行独立思考?想知道答案的人及相关的政策制定者、教育领导者都应将这本书列为必读书目。"

——Amanda Ripley,《世界上最聪明的孩子》(《纽约时报》畅销书)作者

"我希望世界各地的政策制定者都来读读这本书,用心学习其中的经验教训。"

——Peter Lampl,萨顿信托基金会创始人、主席

"《世界水准》是近十年来最为重要的教育出版物，如果你希望改善学生的教育成果，那么这本书是必读书目。"

——Michael Barber 爵士，英国首相公共服务部门前负责人

"每位远见卓识、认真致力于改善学生学习的领导者，都应该把以数据驱动的《世界水准：如何构建 21 世纪的优秀学校系统》一书作为阅读首选。"

——Jeb Bush，佛罗里达州第 43 任州长、卓越教育基金会主席

"[施莱克尔]……在多样的社会群体中倾听一线教育工作者的声音，并与教育系统的各级领导者共同寻找解决方案，从而抓住了所有的关键问题。"

——Michael Fullan，全球领导力项目负责人、深度学习的新型教学法倡导者

"这本书通俗易懂、言简意赅，[施莱克尔]解开了困扰许多国家的种种难题，指明了前行的道路，我们不仅仅要构建行之有效的教育系统，还应发展不同的联合组织，实行集体领导，才能使之实现。"

——Wendy Kopp，"美丽世界"组织（Teach For All）首席执行官和创始人

"许多国家曾一度选择闭门造车，忽视国际合作，[施莱克尔]的书为我们展现了相互学习的必要性，以转变世界范围内学生的学习模式。"

——Bob Wise，卓越教育联盟主席、西弗吉尼亚州前州长

"[《世界水准》]是教育问题的指南，绝非无稽之谈，如果你关心孩子的未来，这本书是必读的。"

——Joel·Klein，纽约市前教育局局长

"每一位想要改善教育的人，从政府高层官员到老师和家长，都应该阅读这本书……"

——David Laws，英国教育政策研究所执行主席、英格兰教育部学校部长

"这本书着眼于独特的全球教育观，[施莱克尔]通过科学与热情为我们展现了最为广阔的视野，让我们有充分的理由对教育的未来持乐观态度。"

——Dalton McGuinty，加拿大安大略省前省长

"我希望这本书能够鼓励所有从事学习和教学的人，包括来自各个不同领域和知识背景的人，相互合作与分享，使教育对于面临变化世界的子孙后代充满意义。"

——Heng Swee Keat，新加坡财政部长、前教育部长

"如果你希望创造一个人人共享经济机会的未来，那么这本书是必读书目。"

——Klaus Schwab，世界经济论坛创始人、执行主席

"从PISA的数据到实际行动仍有很长的路要走，但这本书是帮助你实现目标的最好向导。情绪会相互感染，所以请拿出热情和决心，再用证据加以铺垫。"

——Olli-Pekka Heinonen，芬兰教育署署长、芬兰前教育部长

"正如施莱克尔令人信服地指出的那样，我们再也无法回避教育领域的缺陷，让我们走出那些作为自满壁垒的误区。对参与教育政策制定的人而言，这本书是必读的。"

——Jo Ritzen，马斯特里赫特大学教授、荷兰前教育和科学部长

"[施莱克尔和他的团队]向我们展现了创新是可能的,并且创新不取决于既得的经济资源,而是始于愿意发现每个学生的能力。"

——Luis de Lezama,西班牙马德里圣玛丽法拉布兰卡大学(Colegio Santa Marfa la Blanca)校长,神父

"这本书的作者能够接触到各国的决策制定者,还收集了近20年的海量数据,对全球、国家和地方范围内教育系统目的、构建和设计的讨论都做出了重要的贡献。你不必赞成书中的每个结论,也会发现自己被施莱克尔对复杂现象和利弊权衡的分析所吸引,这些分析虽然缜密精细,但却简单易懂。"

——David H. Edwards,国际教育组织秘书长

"成功的教育系统是社会繁荣幸福的核心,所以理解安德烈亚斯的理念非常重要。"

——Jim O'Neill 勋爵,查塔姆研究所继任主席、阳光教育信托基金(SHINE Educational Trust)信托人

序言：教育何以优秀？

袁振国

我和施莱克尔先生是老朋友了。10年前我们在北京相见，一见如故，确定了由中国教育科学研究院负责翻译《教育概览：OECD[①]指标》的年度报告，从2012年起在全球同步发行延续至今。2013年我以中国官方代表的身份出席了在葡萄牙召开的PISA[②]工作会议，与施莱克尔先生有了更多工作上的合作。2018年施莱克尔先生来华东师范大学访问，向我介绍了他刚刚出版的《世界水准：如何构建21世纪的优秀学校系统》一书，介绍了这本书的背景、历程和主要内容。我一听就兴奋了，立即征得他的同意，并获得OECD法务部门的授权，翻译出版此书。

经济合作与发展组织开展的国际学生评估项目，有90个国家和地区、每次有2400万学生参加，是目前世界上参加国家最多、影响最大的国际教育项目。PISA每三年开展一次测试，对象是参与成员的15岁学生代表，测试内容是数学、阅读、科学及一系列创新领域的问题。由于这一项目具有很高的国际可比性，越来越受到各参与国家与地区的重视。我国不是OECD成员，2009和2012年上海以城市身份参加了两次PISA测试，结果一鸣惊人，两次测试成绩均位冠全球，引起世界瞩目。遗憾的是，我们在为之感到自豪和鼓舞的同时，并没有对PISA的深层意义及其对改进我国教育的价值进行深挖。令人高兴的是，由OECD教育与技能司司长、被称为PISA之父的安德烈亚

[①] OECD，"Organization for Economic Cooperation and Development"缩写，即"经济合作与发展组织"。
[②] PISA，"Programme for International Student Assessment"缩写，即"国际学生评估项目"。

斯·施莱克尔(Andreas Schleicher)本人，对 PISA 测试近 20 年来的理念、进程、成效和启示进行了全面深刻的总结，撰写了《世界水准：如何建构 21 世纪的优秀学校系统》一书。现在您拿在手上的就是它的中译本。它以大量实证数据和各国案例向我们生动阐释了如何打造优秀的学校系统。

1. 何为教育优秀？

作为一项以学科成绩为主要测试内容的项目，衡量教育是否优秀的首要标准自然是测试对象的平均成绩排名。让人感到意外的是，排名前位的国家并不是经济最发达的美国、德国、英国、法国等国家，而是新加坡、韩国等亚洲国家和芬兰、瑞典等北欧国家。

同时，它向我们呈现了另外一系列令人意外和震撼的数据：

越南、爱沙尼亚两国 10％社会经济背景最不力家庭孩子的成绩，比拉美国家 10％背景最有力家庭孩子的成绩还好，甚至相当于欧洲和美国学生的平均水平；

芬兰学校间差异对学生成绩差异的影响只有 5％，而在德国是 50％，因为德国实行双元制教育制度，在 10 岁的时候就进行学术性学习和职业性学习分流；

学生学习时间(包括课堂学习和家庭学习)越长，学习成绩越有逐渐下降的趋势，学习时间短的国家，通常也是学校均衡发展程度较高的国家；

东亚国家学生的学习成绩较高，但对生活满意度通常较低，而爱沙尼亚、芬兰、荷兰、瑞士等国，学生学习结果好，他们对生活的满意度也高；等等。

我们经常说，教育是点燃每个人心中希望的火炬，是促进社会公平的平衡器，是加快国家发展的永动机，是创造未来的信心源。从这本书中我们可以得到的启示是，衡量教育成功和优秀的标准除学生学习成绩外，或许还有更重要的东西：激发每个人的潜能、挖掘和鼓励人人参与的公平性，国家(财政)和个人(时间)的投入产出比，学生的幸福感和对未来的信心，对多元文化和个人的包容性，等等；从国家层面来说，教育制度建设、教育系统改进更为重要。本书给我们的最大启示是：学校优秀是一个系统，是整个制度和政策设计的先进性的体现。

2. 取得教育优秀的原则是什么？

PISA开展20年来，对促进各国教育系统的改进和教育质量的提高，产生了明显的作用，这也是PISA的主创者们最引以为豪的。施莱克尔先生在书中说："拥有优质教育系统的国家（或地区）之所以与众不同，不是因为其所处的区位、所拥有的财富或所承袭的文化，而是因为其能够敏锐地察觉到自身教育系统的不足及不公平之处，并能调动各类资源、激发人们的创新力和意愿来解决这些问题。"（120页）其最为重要的原则有：

首先，把教育放在首位。一个国家的领导者要使他的国家的民众相信，通过教育投资未来是值得的。

第二，必须坚信每个学生都可以获得成功。按照能力分类教学是社会不公在教育上的反映，不分等级地促进所有学生的成功才能培养更多优秀人才。

第三，在不降低教育标准的前提下，通过差异化教学实践满足学生多样化的需求。在提高学生成绩的同时，使学生感到乐在其中。

第四，只有优秀的教师才能教出优秀的学生。要通过提高待遇、营造尊重教师的社会氛围和团队合作的群体氛围，促进教师专业成长。

第五，卓越的教育系统要有远大的目标。制定学校的愿景，并内化为教师的内在情感。

第六，维持整个教育系统的优秀，鼓励有才华的校长和教师到困难的学校和课堂去，使每个学生都从优质教育中受益。

第七，确定适度的学校自主水平。给学校更大的自主权和更大责任，学校和教师更多参与制定与资源、课程、评估、招生和纪律相关的政策。

再有，保持政策的连续性。学校政策和教学实践在相对稳定的环境中有所改进，有所创新。

当你阅读了全书后,对这些原则会有真正的领悟。

3. 如何改得更好?

关键是要进行教育的变革。施莱克尔先生在书中说:"正如前几章所讨论的,如果不进行实质性的改革,教育系统所能提供的与社会需求之间的差距将逐渐加大,最终教育会变为我们的下一个钢铁行业,学校成为过去的遗产,这种风险确实存在。要大规模地进行学校教育改革,我们不仅需要另辟蹊径,开拓全新的视野,解锁未知的可能性,还要制定明智的策略,促进教育改革。"(本书第198页)而要想教育改革取得成功,施莱克尔的研究表明:首先要调动教师和学校领导的智慧和经验,他们能够连接课堂与不断变化的外部世界;改革要兼顾不同方面的利益和诉求;改革的另一个重点是明确传达学生将要达成的长远学习目标;教育改革要想成功,建立共识至关重要;如果制定政策的过程从一开始就让一系列利益相关方参与进来,那么达成共识的可能性则更大;在正式推出改革措施之前,政策试验和试点项目对评估改革方案很有必要,对形成共识、消除恐惧和克服阻力大有裨益;改革缺乏的往往不是财政资源,而是系统各个层面人员的能力不足,提高改革相关者的能力极为重要;等等。

尽管教育改革知易行难,但世界上仍然有很多成功的经验值得我们去研究和学习,同时,当你看完这本书后,也会相信,我们也有许多成功的、优秀的教育经验值得发扬,值得世界借鉴。

目 录
Contents

第一章 科学家眼中的教育　　001

教育不只是艺术，还是科学　　007
PISA 的起源　　008
"PISA 冲击"与自满的终结　　011
教育领域的关键问题　　019

第二章 走出误区　　029

穷人家的孩子在学校的表现总是很差；贫困就是命　　030
移民学生拉低了学校系统的总体成绩　　035
教育要想取得成功，就必须多花钱　　038
班级规模越小，教育效果越好　　040
花在学习上的时间越多，教育效果就越好　　041
教育的成功主要取决于学生继承的天赋　　042
一些国家教育表现卓越，原因在于他们的文化　　046

只有顶尖毕业生才应该成为教师 047
按照能力选拔学生方能提高标准 048

第三章　优质学校系统何以与众不同　053

我们对成功学校系统的认知 054
把教育摆在优先地位 056
相信所有学生都有学习的能力并能达到高标准 057
设定并定义高期望值 064
招募并留住优质教师 072
将教师视为独立且有责任心的专业人士 087
把教师的时间发挥出最大的效果 091
协调教师、学生和家长的动机 095
培养得力的教育领导者 100
找到学校自主权的平衡点 102
从行政问责转向专业问责 108
传递一致的信息 114
钱花得多不如花得巧 116
五大顶级教育系统的概况 120

第四章　为何教育公平如此难以实现　133

努力营造公平的竞争环境 142
政策如何帮助创建更公平的教育系统 150

协调选择与公平	163
大城市，教育机会更多	178
对移民学生的专项支持	180
教育中根深蒂固的性别差异	187
教育与抵抗极端主义	192

第五章　让教育改革成为现实　　197

为何教育改革如此困难	198
教育改革成功的必要条件	202
"正确"方法的不同版本	206
确定方向	207
达成共识	208
让教师参与改革设计	211
引入试点项目和连续性评估	213
系统内部的能力培养	213
时机就是一切	214
让教师工会成为解决方案之一	215

第六章　现在做什么　　219

为不确定的世界而教育	220
教育是关键的区分所在	224
为急速变化的时代发展知识、技能和品质	225

价值观的价值	237
成功学校系统的不断变迁	240
与众不同的学习者	242
21 世纪的教师	248
鼓励校内外创新	258
培养高效的系统领导力	261
重新设计测评	265
向前看的同时向外看	269
注释	272
参考文献	280

第一章

科学家眼中的教育

在 2015 年的国际学生评估项目测试中,约有 1 200 万名年龄为 15 岁的学生没有达到基本的阅读、数学和科学技能[1] 要求,几乎每两个参与测试的学生就有一人未达标。参与测试的学生来自 70 个不同的国家/地区,而这些地方的收入水平均为中高等收入。在过去的 10 年间,尽管西方世界对教育投入的经费增长了近 20%,但学生的学习成果几乎没有任何改善。在许多国家,只要知道学生住址或学生就读学校的邮政编码,就能够准确预测学生的教育质量。

说到这里,你也许很想扔掉这本书,放弃任何改善教育的想法。你一定在想,根本不可能对像教育这样复杂而且牵涉各方面利益的大规模领域进行改革。

但我却奉劝你继续读下去。为什么呢？我们不妨考虑一下,目前越南和爱沙尼亚的最弱势 10% 家庭的学生在学习成果方面比拉丁美洲的最富有 10% 家庭的学生还要优秀,甚至与欧洲国家和美国学生的平均学业表现相当(见图 1.1)。在大多数国家里,即使在条件最差的学校,我们也仍会发现优质的教育。许多当下的一流教育系统也仅仅是最近才处于领先的。因此,教育改革是可行的。

而且势在必行。没有正确的教育,人们只会在社会的边缘止步不前、饱受贫苦,国家也无法从技术进步中享受益处,而技术进步也不会转变为社会发展。但如果教育的缺乏阻碍了人们充分参与社会活动,这时我们就根本不能制定公平和包容的政策,使所有公民参与。

当然,任何一种变革都充满了艰辛。如果年轻人所接受的教育与现实世界的技能需求脱节,他们就不会将时间和精力投入到优质教育之中；如果员工随时会跳槽寻求更好的工作,企业就不会重视员工的终身学习。对于政策制定者而言,他们更愿意优先考虑当务之急,而不是更重要的议题。比如教育,即使教育关系到整个社会未来的幸福感,也莫不如此。

我曾有幸考察过世界上 70 多个国家的优秀教学实践,也曾和教育部长和其他教育领导者一起努力制定、实施具有前瞻性的教育政策及教育实践。虽然教育改革知易行难,但仍有许多成功的经验值得我们借鉴。这并不是说要简单复制其他国家的经验,而是认真和客观研究本国和别国的优秀教育实践,并深入研究不同经验在何种环境下能够发挥作用。

但是,我们很难从今天的学校系统中找到应对明天教育挑战的答案。为此,只跟随全球教育领导者的步伐远远不够。而且,未来的教育挑战之大,大到没有任何一个国家靠孤军奋战就能够应对。因此,全球教育工作者、教育研究者和政策制定者需要团结协作,一同寻找答案。

总而言之,容易教给学生的东西很容易实现数字化和自动化。而未来的教育则在于将计算机人工智能与人类的认知、社会和情感技能以及人类价值观结合起来。我们的想象力、意识和责任感使得我们能够利用数字化来创造一个更美好的世界。

社交媒体背后的各种算法把我们区分为志趣相投的不同群体,这些算法创造出了各式各样的虚拟现实,在拓宽我们视野的同时,也使我们与相异的视角隔绝;在使不同观点同质化的过程中,也加剧了社会的两极化。未来的学校不仅需要帮助学生独立思考,还要教会他们团队协作,在工作中和公民身份上具备同理心。学校需要帮助学生培养明确的是非观,提高他人对自己要求的敏感性,并且意识到独立行动与团队合作的利弊。不论是在工作单位还是在家庭或在社区,人们都需要充分理解不同文化和传统中他人的生活方式,都需要理解不同身份人群的思考方式,不论这些人群是科学家还是艺术家。此外,不管机器在何种程度上能够代替人类的工作,在社会生活和公民生活中,具有重要贡献意义的人类知识和技能的需求将会持续上升。

对于具备正确知识和技能的人来说,数字化和全球化不仅令人兴奋,还具有解放意义;但对于知识和技能尚不完备的人而言,数字化和全球化则会威胁到他们的工作,导致他们丧失希望。我们的经济正在转向生产中心的区

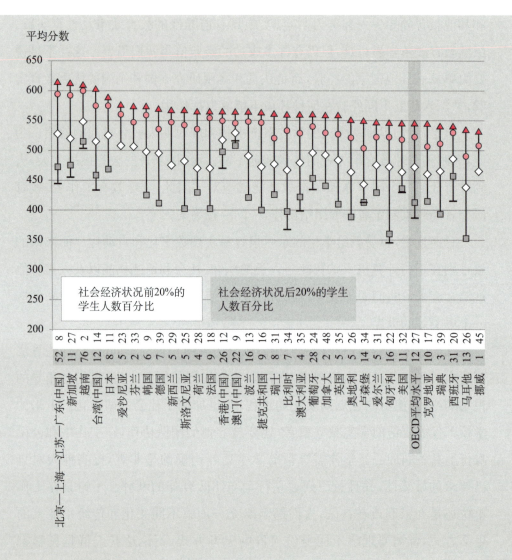

图 1.1 贫穷不是命

2015年国际学生评估项目的科学能力测试,图中的数据为国际十分位数,该数值衡量国际学生评估项目制定的经济、社会和文化状况指数的分布情况。

备注:国际十分位数是指国际学生评估项目制定的、全世界国家和经济体范围内经济、社会和文化状况指数的分布情况。该图只显示可收集到的国家和经济体的相关数据。

第一章　科学家眼中的教育

▲	最高10%
●	第80%—90%
◇	中间10%
■	第10%—20%
—	最低10%

国家	数值1	数值2
丹麦	53	3
意大利	24	15
布宜诺斯艾利斯自治市(阿根廷)	39	18
斯洛伐克共和国	22	8
立陶宛	24	12
拉脱维亚	11	25
智利	18	27
乌拉圭	13	39
俄罗斯	24	5
希腊	26	13
以色列	29	6
罗马尼亚	9	20
哥伦比亚	8	43
保加利亚	13	28
印度尼西亚	1	74
泰国	8	55
土耳其	4	59
摩尔多瓦	7	28
冰岛	57	1
巴西	14	43
特立尼达和多巴哥	18	14
哥斯达黎加	14	38
墨西哥	8	53
秘鲁	9	50
黎巴嫩	10	27
阿拉伯联合酋长国	12	19
格鲁吉亚	13	21
约旦	15	39
突尼斯	17	11
黑山共和国	48	3
前南斯拉夫马其顿共和国	18	13
阿尔及利亚	4	52
科索沃	19	10
多米尼加共和国	7	40

在国际学生评估项目制定的经济、社会和文化状况指数中，我们把不同国家指数最高 10% 的学生按照其科学能力表现的平均值进行降序排列。

来源：OECD 2015，PISA Database, Table I.6.4a.
链接：http://dx.doi.org/10.1787/888933432757.

域化，这些区域化的不同生产中心由全球信息链和商品链连接在一起，集中在比较优势得以建立并稳定存在的地方。这使得知识和财富的分布至关重要，并最终与教育机会的分布息息相关。

虽然数字技术会对我们的经济结构和社会结构产生颠覆性的影响，但数字技术本身并不会直接造成这种影响。人类自身具有能动性，我们会本能地根据数字技术的影响作出集体性、系统性的回应，这些回应将决定数字技术如何影响我们。

要大规模地进行学校教育改革，我们不仅需要另辟蹊径，开拓全新的视野，解锁未知的可能性，还要制定智慧的策略，建立行之有效的制度。目前的学校是工业化时代的产物，当时的主流规范是标准化和服从，教育得以批量地开展，教师也只需经过一次培训就可以在职业生涯中受用终身，这种教育模式不仅效果显著，而且效率极高。课程大纲的制定处于教学设计金字塔的塔尖，明确规定学生应该学习的内容，往往通过各级政府制定为教材，之后转化为教师教育和学习的环境，再由一个个教师在课堂上负责讲授。

这种教育系统和模式从工业时代的工作模式继承而来，明显跟不上当前急速变化的时代步伐。我们社会中的变革速度已经远远超过了目前教育系统应变的结构能力。即使全球最优秀的教育部长，也无法同时公平地满足成百上千万学生及教师、学校的不同需求。我们所面临的挑战是利用教师和学校领导者的专业知识，同他们一起设计高层次的政策和实践。这项任务无法仅仅通过"百花齐放"来实现；而是要求教育改革者精心设计有利环境，激发老师和学校的独创性，培养教育改革的能力。这项任务还需要领导者解决体制结构的问题。体制结构的建立往往围绕教育工作者和教育行政人员，而非学习者和领导者的利益和习惯，但后者才真诚地希望进行社会改革，在政策制定方面具有想象力，并且通过自己赢得的社会信任来开展有效的教育改革。

教育不只是艺术，还是科学

我投身教育领域的视角与大多数人不同。我曾经是学物理专业的，并且在医药产业工作过一些年头。物理学家围绕公认的原则和既定的专业惯例，进行跨越国家和文化间的交流和合作。相比之下，教育工作者试图审视每一个儿童个体，对概括性的各种比较深表怀疑。

但是我发现医疗行业和教育之间最大的不同在于职业运作的方式。进入医疗行业的人们期望科学研究可以改变自己的工作。如果医生没有仔细研究迄今为止处理某种病症最为行之有效的治疗方法，他们就不会认为自己是专业人士，也不会自己研发药物。

在医疗领域，医生给病人看病，第一件事就是测量病人的体温，诊断什么治疗方法最为有效。而在教育领域，我们倾向于使用同样的方法教授所有学生，所有学生的教学方法都一样，只是有时在学年末才诊断教学方法的有效性。

我的第一份工作是在菲利普医疗集团（Philips Medical Systems），我的上级都坚信我在测试每项研制成果和每件设备时都非常认真，他们很清楚如果我的工作出了任何差错，客户就会起诉我们。而当下的教育政策制定者在进行教育改革时只是把新的改革方案堆叠在旧的之上，不进行试验，没有质量保证，也不承担公共责任。

但我仍然发现教育领域极具吸引力，因为我知道教育的力量可以改善我们的生活和社会，也同样看到这样一种机会，使教育改革不仅成为艺术，更成为科学。

我领悟到这一点离不开三位杰出的学者，他们分别是 Torsten Husen，John Keeves 和我在汉堡大学工作的同事 Neville Postlethwaite，其中 Neville

对我的启发最大。Neville 不仅是一位优秀的教育学者，还具备出色的能力来发起及实施大规模的研究计划，汇聚世界各地的一流研究人员推动教育领域的发展。

我第一次遇到 Neville 是在 1986 年，那时我出于好奇无意中参加了他主持的关于比较教育的研讨会。从那天开始我就深受 Neville 的鼓舞，他自愿分享自己的知识、经验和联系方式，只要是你事先充分思考过的问题，他从不落下，一定会回答。

几周之后，Neville 问我有没有发表过什么文章，我不得不承认我当时还没有发表的经历。"那么，"他说，"我们一起着手准备你的第一篇文章吧。"Neville 教给我聚类分析的方法；为我提供用以分析的数据；为我批改、校阅论文，讨论其中每一页的内容；还向一家出版社推荐发表研究成果，并署以我的名字。学术圈的人其实清楚，这种情况实属罕见。

在接下来的几年间，我们一起在汉堡大学和许多其他地方共事，Neville 就像是我的第二个父亲，他帮助别人成长，从中获得乐趣，这一点着实令人敬佩。甚至在我离开汉堡大学，加入巴黎的经济合作与发展组织后，Neville 仍会阅读、评论我发给他的每一篇文章。

PISA 的起源

把科学研究的严谨应用于教育政策的制定，正是这一理念促使 OECD 于 20 世纪 90 年代后期建立了 PISA。我仍记得 1995 年在 OECD 参加的第一次高层教育官员会议。当时来自世界 28 个国家的代表齐聚巴黎，围坐在一张圆桌前。一些代表吹嘘他们的学校系统是世界上最先进的——或许这是因为他们对自己的学校系统最为了解。当我提出设计一个全球性的测试，让各个国家比较自己与他国学校系统的成功之处时,大多数人说这是不可能的,不应该这样做,或者说这不是国际组织的业务。

我当时有 30 秒的时间决定是就此罢手,避免情况更糟,还是再尝试一次。最后,我向我的上司 Thomas J. Alexander(时任 OECD 教育、就业、劳动和社会事务理事会理事)递上了一张黄色便利贴,上面写道:"我们承认尚未就该项目达成完全共识,但问一下各国代表我们是否可以进行试点试验。"就这样,PISA 的理念诞生了,Thomas 成了该项目最热衷的支持者。

当然,OECD 也早就发表了多项对当时教育成果的比较研究,但研究主要基于多年教育的测量,无法准确地展现人们如何对当时的教育进行改革,这并不总是一个很好的指标,以说明人们实际上能够对所接受的教育做些什么。

我们创立 PISA 的目标不是为了再建立一套自上而下的问责制体系,而是帮助学校和政策制定者把目光由向上转至向外,由官僚体制内部转向老师、学校和国家。

这就是 PISA 发挥的关键作用。该项目收集高质量的数据,并结合更广阔的社会成果信息;使教育工作者和政策制定者获得这些信息,做出更加明智的决策。

PISA 背后的改革理念在于通过国际公认的标准,直接测试学生的技能水平;将其与学生、老师、学校和教育系统的数据联系起来,以理解学生成绩的差异;然后利用多方联系的优势,通过制定共同的参考点,平衡同辈压力来处理数据。目前,PISA 不仅实现了通过具有代表性的样本测试,对不同国家的教育水平进行比较,世界各地成千上万的学校也自愿加入了以学校为基础的 PISA,以了解他们在国际水平中所处的位置。

在其他方面,我们也力求使 PISA 与传统的评估测试保持不同。我们认为教育是为激发学习的热情,提高想象力,培养出能够改变世界的决策者。所以我们不仅想让学生复制课堂上学习的知识,学生要想取得 PISA 的好成绩，还必须能够根据所学的知识进行推理，培养跨学科的思考方式，把所学到的知识创造性地用于未知的情境中。如果只教给学生我们所知道的东西，他们可能只会循规蹈矩；但如果教会他们如何学习，学生则可以开创新的领域。

有些人认为我们的测试不公平，因为学生在学校从未遇到过测试中的问题。但生活本身就是不公平的，因为生活中的真正试炼并不是考验我们是否记得学校所学过的东西，而是能否解决目前无法预料的问题。要想在现代世界有所成就，我们不仅要学习知识，更重要的是学会运用知识。

然而，实施试点试验的困难在于我们的资金不足。事实上，PISA 工作在前两年根本没有预算拨款。但事实证明这或许成了我们最大的优势。通常情况下，要进行测试，需要先有所计划，再聘请人员执行。因此，进行一项测试往往要花费数百万美元，而且这项测试的所有权属于某个组织，而不属于你需要的、能够改变教育的人。

于是我们改变了思路，巧妙地利用了这一点。PISA 的理念很快吸引了世界上一流的思想家，动员了数百名来自项目参与国家的教育工作者和科学家，和我们一同探索测试学生的内容和方法。现在我们称这种方法为"众包（crowdsourcing）"，但不管怎样称呼，这种方法构建的所有形式对我们的成功来说必不可少。

进行自下而上的全球性比较测试，其优势还不仅于此。2001 年，PISA 的第一份全球教育测试排行榜出炉，法国人看到他们学校的成绩不尽如人意，质疑这测试一定出了什么纰漏。但是 PISA 的首席评估方法设计师兼澳大利亚教育研究委员会（ACER，Australian Council for Educational Research）的 PISA 项目集团协调人 Raymond Adams 解答了这一问题。Raymond 使用了 PISA 测试，这些试题由法国人准备好，在法国文化和课程的相关性方面受到高度评价。PISA 以法国人认为教育中的重要问题为标准，来比较全世界不同国家的教育水平。[2]（我们也意识到在每个国家都执行这一标准是可行的。）后来各国的评估纷纷出炉，结果却惊人地相似，关于跨文化相关性和测试程序可靠性的质疑也都很快销声匿迹。

这些年来，PISA已经成为教育改革进程中一支颇具影响力的力量。该项目的测评每三年进行一次，以证据支持高难度的决策，帮助政策制定者降低了政治活动的成本。同时，测评也通过暴露政策和实践中不尽如人意的地方，提高了在政治方面无所作为的成本。巴黎第一次圆桌会议召开两年后，28个国家都签署了协议参加PISA。而在今天，世界上已有超过90个国家和地区参与了国际学生评估项目对教育问题进行的讨论，这些国家和地区占世界经济总量的80%。

"PISA冲击"与自满的终结

2001年12月4日，PISA的第一批测试结果公布，并迅速引发了热烈的讨论。测试结果显示的总体教育情况与许多人的想法大相径庭。

更加轰动的是，这是国际组织公布的为数不多的完整信息，没有掩饰任何的结果。我们设计了一套运作体系，让各个国家先知道自己的评定分数，再决定是否公布测评结果，但他们不知道自己的测评结果会与其他国家进行比较。这意味着当各国决定是否参与联合公布测评结果时，他们不知道与他国教育系统相比于本国教育系统的表现。

我们还采用了一套程序隐藏分析数据的来源，这样我们的研究人员在评估和分析结果时，便不会受到本国和他国不同表现的影响。

但是这仅仅是一个开始。随着PISA的测评不断展开，测评结果引发了更多的关注和讨论。2007年12月，2006年的测评结果公布，有关测评情况的讨论和争议也达到了高潮。那年我们不仅考察了不同国家当时的学校教育情况，还根据其他三项数据的指标探究了自2000年第一次PISA测评起，多年来各国学校教育情况的变化。

要解释一个国家的表现为什么不如另一个国家并不难；但要让政策制定者承认教育情况没有改观，或者教育情况的改善速度比其他国家要慢，这就要困难得多了。因为这必定会带来政治压力。2006 年 Angel Gurria 开始担任 OECD 秘书长，在 Angel 上任后不久我就向他汇报了 PISA 的情况，他马上意识到了利用该项目改革教育政策的可能性，并且准备大力支持，希望取得成功。

教育系统可以进行改革与改善，这是 PISA 最为重要的理念之一。也就是说学校的成绩并非无法改变。测评结果还表明，学生的社会条件劣势与在校表现较差之间并没有必然的联系。

这些结果令那些沾沾自喜的人也感受到了挑战。如果有些国家能够通过实施政策提高了学生成绩，弥合了不同学校测评结果之间的社会差距，那么其他国家为什么不能实现这一目标呢？

此外，有些国家的情况还说明了教育的成功可以转化为持续、可预测的教育成果。这些学校所处的教育系统往往都非常优秀，十分可靠。例如，在第一次 PISA 测评中，芬兰的总体测评结果最为出色。芬兰国内的任何一所学校都能达到高成绩标准，父母可以放心送孩子进学校学习。

而有些国家的测评结果则相对较差，不论是单独表现还是与其他国家的期望相比较，在这种情况下 PISA 的影响自然就显得尤为重要。在有些国家，PISA 则提高了公众的意识，为教育改革提供了强大的动力。但有时测评结果与公众对教育系统的认识大相径庭，这便造成了人们对 PISA 最为强烈的抗议。如果公众和政客认为本国的学校当属世界一流，而 PISA 的比较结果与他们的期望相悖时，则会引发强烈的反应。

在我的祖国德国，当 2000 年 PISA 的测评结果公布后，对教育政策的讨论非常激烈。面对未达到期望的学生表现，政策制定者也深受"PISA 冲击"之困扰。这一冲击引发了公众对教育政策和改革的持续讨论，该话题占据了国内报纸头条长达数月之久。

德国人认为本国不同学校的学习机会保持平等是理所当然的,因为德国已经做出了很多努力保证不同学校的资源充分、平等分配。但2000年PISA的测评结果表明,不同学校的教育成果表现出巨大的差异,原因在于学校间社会经济条件的差距。同时,测评还证明芬兰不同学校的差距只会给学生表现造成5%的差异,这种学校间的成绩一致性给德国人留下了深刻的印象。而德国不同学校的差距则会给学生表现造成近50%的差异。换句话说,在德国为孩子选择学校就变得至关重要。

按传统,德国的学校系统在孩子10岁时就按照发展方向对学生进行分类了,有些孩子被寄予希望能走上学术道路,成为知识工作者;另一些则被期望走上职业道路为知识工作者服务。PISA的测评表明,这种选择性的过程在很大程度上巩固了目前的社会阶层结构。换句话说,PISA的分析发现,在德国,社会经济背景具有优势的学生会系统地进入权威的、教育成果优秀的学术性学校学习。而社会经济背景处于劣势的学生则会进入权威性低的、教育成果不理想的职业学校学习。

在许多德国的教育工作者和专家看来,PISA的测评所显示的差异并不十分令人惊讶。社会经济背景较差的孩子在学校的表现也比较差,这却被视作理所当然,而且已经超出了公共政策改革的范围。项目测评结果的令人震惊之处在于它展现了社会经济状况和学校成绩对学生的影响,并且这些影响在不同国家之间的差距非常大,而其他国家在减少这一影响方面比德国要好得多。事实上,PISA的测评结果说明,教育改革是可能的,并提供了必要的推动力。

PISA帮助德国树立了对待证据和数据的新态度。值得注意的是,在德国,联邦政府对学校教育往往没有发言权。但联邦教育和研究部长Edelgard Bulmahn却在制定德国长期教育改革计划的过程中展现出了卓越的领导才能。

在刚进入 21 世纪的几年间,德国对教育的投入资金几乎翻了一番。除了经济支持外,对测评的讨论还在全国引发了大范围的改革尝试,其中的一些尝试颇具改革效力。幼儿护理也被纳入了教育范畴,关于学校的全国教育标准也建立起来(这在以前的德国简直难以想象,因为德国州的自治权神圣不可侵犯),同时,社会经济背景较差的学生也得到了更多的帮助,包括具有移民背景的学生。9 年后,在 2009 年的 PISA 测评结果中,德国的表现有了很大的改善,在教育的质量和公平方面都有了明显的进步。

德国并非在较短时间内成功改善教育系统的唯一国家。2000 年,韩国的平均成绩已经很高了,但是韩国人担心在 PISA 的阅读测评中达到优秀的学生只是少数精英。在短短的 10 年内,韩国就成功地让表现优秀的学生比例翻了一番。

对波兰学校系统的全面改革减少了不同学校间的成绩差距,让成绩最低的几所学校改头换面,在短短半个多学年的时间内提高了整体成绩。葡萄牙合并了自己分散的学校系统,改善了整体成绩。哥伦比亚和秘鲁的情况也与此相同。甚至连那些认为 PISA 中的参与国排名只反映社会和文化因素的人,也不得不承认改善教育是真正可能的。

爱沙尼亚和芬兰已经成为欧洲广受教育工作者和政策制定者熟悉的教育改革目的地。在这两个国家,学生在 6 岁之后才入学,每年上课的时间比大多数其他国家都短。15 岁时,这两个国家中来自不同社会经济背景的学生在全世界学生中的成绩均名列前茅。不同学校间学生的表现几乎没有差异,爱沙尼亚和芬兰成功地实现了贯穿学校系统的优秀和公平。

在前几轮 PISA 的测评中,大多数成绩优秀、改善迅速的教育系统都位于东亚。这些测评结果挑战了西方传统意义上的看法,亚洲国家成功的原因在于对学生施加的高度压力或机械学习,但有时是因为观察者把巩固性的学习误当作机械的训练和练习[3]。

要想在 PISA 的测评中取得成功,机械学习是远远不够的。2012 年,

PISA 第一次开展了富有创造性及解决问题的能力测评。当时许多观察者预测这将会逆转测试结果排行榜上的国家排名,或者至少显示东亚国家的学校成绩会比之前的测评结果低得多。但是新加坡学校的成绩却雄踞榜首,这个国家在短短一代人的努力下从一个发展中国家转型为现代工业国家。

当我 2014 年 3 月在新加坡公布这些结果时,时任新加坡教育部长的 Heng Swee Keat 先生强调了新加坡重视培养创造性与批判性思维、社会情感技能和性格品质的重要性。虽然我们印象中还认为新加坡是一个公民参与社会管理和政治决策程度较低的国家,但新加坡已经默默对教育进行过改革,而西方国家对此一无所知。新加坡目前正在引领一条新的道路,提高教育机构质量,提高教育工作者在设计和实施创新性教育政策中的参与度。

日本一直以来都是 PISA 中成绩最为突出的国家之一,可测评结果显示,虽然日本学生在需要记忆学科内容的任务方面表现出色,但在需要他们把知识运用到新情景的开放式任务中,日本学生的表现却不尽如人意。对一直习惯于大学入学考试中多项选择题的父母和公众来说,让他们明白这一点确实是一个挑战。而日本也在政策方面做出了改革,把"PISA 类型"的开放式任务引入国家测评。这一改革似乎也已经反映到教学实践的改变中。在 2006 年至 2009 年间,日本成为了 OECD 参与国中开放式任务测评进步最快的国家。我发现这一改进最为重要,因为它显示了针对薄弱环节做出的公共政策改变如何影响课堂实践。

在西方世界,我们常常低估了东亚国家通过教育改变公民生活的动力。2012 年 9 月,亚太经济与合作组织领导人会议在俄罗斯的符拉迪沃斯托克召开,我在会议上发言时意识到,解决教育问题不仅仅需要教育工作者,还取决于教育议程在最高层政府之间获得多高的关注度。

在美国,第一次 PISA 测评受到的关注相对较少。但 2006 年的测评结果出炉后,情况有了改观。2007 年 12 月 4 日,西弗吉尼亚州前州长、卓越教育联盟(Alliance for Excellent Education)主席 Bob Wise 召集了全国州长协会

(National Governors Association)、州立学校首席教育官理事会(Council of Chief State School Officers)、商业圆桌会议(Business Round Table)成员和亚洲协会(Asia Society),在全国新闻俱乐部上公布了 PISA 的测评结果。

数月之后,我在 2008 年 12 月的美国全国州长协会的冬季会议上讲到 PISA,发现州领导对国际性比较测评的兴趣非常浓厚。同月,我还与现已故的 Edward Kennedy 议员在他华盛顿的办公室交谈,向他展示了波兰如何在 6 年之内成功把表现较差的学生比例减少至原来的一半。当时 Kennedy 眼前一亮。我和他预约交谈的时间只有 20 分钟,但实际的谈话却长达近 3 个小时。2008 年 5 月,时任参议院多数党领袖的 Harry Reid 和参议员 Kennedy 安排了一次特别的午餐会,在餐会上我与约 20 位议员讨论了 PISA 的测评结果。

人们对 PISA 的兴趣越来越高涨。2009 年 8 月,我以外部顾问的身份出席了美国众议院教育委员会和劳动委员会(U. S. House Committee on Education and the Workforce)的一次招待会,在会上大家热烈地讨论了美国在教育政策方面有哪些地方可以向其他国家的教育领导者学习。一个月后,我陪同几位州教育领导去芬兰参加了一次由美国州立学校首席教育官理事会举办的招待会。[4] 这次我们没有进行抽象的讨论;美国教育领导不远万里,亲自与世界上最高水平的教育系统中的同行们进行了交流。

但是美国联邦政府直到下一轮,也就是 2009 年的 PISA 测评过后才真正开始关注测评结果。担任美国 2009 年至 2015 年教育部长的 Arne Duncan 带头对测评结果进行了研究。Arne 的"力争上游(Race to the Top)"[5] 提案不仅仅鼓励了美国各州之间的教育竞争,更是引导各州把眼光投向国外,关注国际上优秀的教育系统。我也参与了该提案马萨诸塞州的顾问委员会,该州的教育水平一般被认为是美国教育的典范。委员会进行的讨论主要聚焦于马萨诸塞州如何弥合本州在 PISA 测评结果上与世界优秀教育系统之间的差距。

美国"共同核心（Common Core）"教育标准[6]希望为每个年级学生所学的内容设计一套框架，我在担任该标准审定委员会委员期间发现，把美国教育系统与世界其他国家优秀教育系统进行的比较，正在影响着美国学生21世纪的学习目标。

由于媒体的广泛报道，PISA在全世界的影响力正在增强。（德国甚至播出了一套有关PISA的电视节目[7]，节目受到了观众的热烈欢迎。）对于教育问题的专业讨论借此转变为涉及教育、社会和经济之间联系的公众讨论。

一些政府还把PISA的研究发现作为参考他国教育同行的起点，研究那些在教育方面与本国面临相似挑战，但却在逐步改善的国家，对本国和他国的教育政策和实践进行对比研究。每次进行这样同行之间的比较，都会产生一系列教育改革的政策建议，进行这些参考已经成为我们在OECD开展工作的特点。

PISA不仅促进了不同国家政策制定者之间和研究人员之间的互相学习，最重要的是促进了不同国家之间教育实践者之间的交流，包括教师组织和教师公会。

最后，PISA还鼓励大众追求更优质的教育服务。许多国家的家长组织也积极地参与教育事务。除了在德国、意大利、日本、墨西哥、挪威、瑞典、英国、美国和欧洲议会参加议会听证会之外，我还与许多组织和行业的领导共同参加会议，这些领导不仅仅把教育视作为自己公司产出未来工人的工厂，还承认教育在塑造我们生活工作的社会过程中所起到的基础性作用。

提高政治不作为的成本

1997年，我们刚着手PISA项目时，我接到了一个来自巴西总统办公室的电话：巴西有兴趣加入PISA。巴西是第一个非OECD成员国，但却有兴趣加入PISA的国家，在某种程度上，我对此感到十分惊讶。时任巴西总统的Fernando Henrique Cardoso一定意识到了巴西会位于全球教育排行榜的底部。但是当我与这位总统先生谈到这一情况时,他说当时改善巴西教育系统的最大障碍不是缺乏资源和能力,而是在于学生在低标准的要求下仍能取得好的分数。因此,没人认为需要进行教育改革,并且这也不可能。Cardoso总统认为让人们认识到真相非常重要。所以,巴西不仅仅公布了PISA的分数,还为每所中学提供了在2021年之前达到OECD教育平均水平所需的相关信息。

自那时起,巴西在PISA测试中的进步就一直非常显著。参与PISA 9年后,巴西成为了自2000年第一次PISA测试以来,学生阅读表现进步最大的国家。

墨西哥也有着相同的经历。在2007年对墨西哥父母的调查中,据报告,77%的父母认为孩子就读学校的教育服务质量很好或非常好,然而2006年PISA的测评显示,约一半15岁墨西哥学生就读的学校仅能达到或低于PISA制定的学校标准。墨西哥父母眼中的学校教育质量与墨西哥学校在国际比较中的表现大相径庭,这其中的原因有很多。例如,目前墨西哥儿童就读的学校比他们父母就读学校的质量要高。

但目前的困难在于公众对公共资源没有进一步的要求,因此没有正当理由对其进行投资。2008年2月,我与时任墨西哥总统的Felipe Calderon进行了会面,他当时正在考虑为墨西哥中学教育建立一套基于PISA的国际成绩衡量标准。这套衡量指标强调学校的国内成绩与国际标准之间的差异。缩小差距的改革措施包括激励教职人员以及为他们的专业发展提供更好的机会,这些措施的执行将会受到严格监督。

许多国家也纷纷效仿,推行类似基于PISA的成绩指标。这表明国家在衡量教育系统的有效性时,不必再单单依靠与过去学生的学习成绩作比较。这些国家现在确定了自己的目标,把本国教育系统与世界一流教育系统进行对比,来衡量他们向目标实现方向所取得的进步。

教育领域的关键问题

教育与个人和国家的福祉

社会的发展方式以及运用公民知识和能力的方式是决定社会繁荣的主要决定因素之一。成人能力调查(Survey of Adult Skills)是来源于PISA的OECD国际成人能力测评项目（Programme for the International Assessment of Adult Competencies，以下简称PIAAC）。成人能力调查表明，能力较差的成人很难找到薪水高、待遇好的工作。目前，数字化正在巩固这一模式；随着新兴产业的崛起，其他产业将会衰败。正是人们所能接受的教育提供了经受这些冲击的缓冲。2016年5月，我会见了瑞典首相Stefan Lofven，他认为，人们的工作可能会消失，而唯一能够帮助他们接受这一现实的便是赋予他们知识，培养他们的能力，让人们有信心找到或创造一份新的工作。

如果大部分成人的能力较差，那么，要提高生产力、更充分地利用技术就会变得更加困难，而这也已经成为提高人们生活水平的障碍。而这一点远远不只是收入和就业的问题。我们对成人能力调查的研究表明，能力较差的人群不仅更容易受到不稳定的就业市场影响，还更可能感到受排斥，在政治进程中认为自己无能为力（图1.2）。

成人能力调查同样表明，能力较差还会引起他人和有关机构的不信任。虽然教育、身份和信任之间的根源关系错综复杂，但这些联系却十分重要，因为信任才是现代社会的黏合剂。如果人、公共机构和规范管理的市场之间没有了信任，对创新型政策的公众支持则很难调动起来，特别是在需要牺牲短期利益而长期利益尚不明朗的情况下。

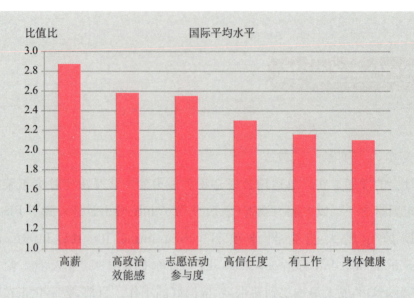

图 1.2 文化程度高的成人更可能产出积极的社会和经济成果

报告显示,与文化水平得分等级小于等于 1 的成人相比,文化水平得分等级为 4 和 5(比值比)的成人更可能获得更高的薪水、具有高信任度和政治效能感、身体健康、参与志愿活动并且有工作。

备注:比值比根据年龄、性别、学历以及移民和语言背景进行调整。高薪定义为劳动者每小时的收入高出国家水平的中值。

来源:Survey of Adult Skills (PIAAC)(2012,2015),Table A5.13, A5.14.
链接:R12 http://dx.doi.org/10.1787/888932903633.

教育工作者自然会选择站在道德的立场上为教育事业据理力争，但实际上教育质量和经济表现之间的联系非常紧密。这不仅仅是一个假设，而是真正可以衡量到的事实。Eric Hanushek 和斯坦福大学胡佛研究所（Hoover Institution of Stanford University）的经济学家及资深学者对此进行了计算，结果表明，由于工业化世界的学校系统并没有提供最优秀的教育系统所能达到的水平，[8] 在今年出生的这一代人生命期间，OECD 成员国[9] 在经济上将会损失 260 万亿美元（详情参见第 4 章）。换句话说，我们教育系统的缺陷所造成的影响等同于严重的经济衰退，并且这种影响是永久的。

让学生准备自己的未来，而不是为过去的我们填坑

自孔子和苏格拉底开始，教育工作者就已经认识到了教育的双重目的：传授过去的经验和知识；让年轻人准备好迎接未来的挑战。过去我们认为在学校所学的东西会使人受益终生，教育的中心是传授内容知识和常规的认知能力。而今天，我们通过搜索引擎获取内容知识，常规的认知任务也正在进行数字化和外包，教育的重点必须转向使人们成为终身学习者。

终身学习意味着针对情况的变化而不断学习、忘却学习、再学习的过程，这一过程需要进行不断的反思、预期和行动。我们在做决定、做选择和采取行动时，要跳出已知或认定的领域，采取不同的视角，这时就需要采用批判性的立场进行反思性的实践。进行预期需要调动分析性思维、批判性思维等认知能力，预见未来的所需或者当下的行动会对未来产生怎样的影响。反思性的实践和预期会增强人们对行动负责的意愿，因为人们相信塑造和改变事物的发展方向是人类力所能及的，这也就是主观能动性的培养。所以现代学校需要帮助学生不断地发展和成长，帮助他们寻找并调整自己在不断变化的世界中的位置。[10]

目前的学校比以往任何时候都需要帮助学生适应更快的变化，培养他们从事未来的职业，训练他们运用未来的技术，以及锻炼他们应对意想不到的

社会挑战。学校还需要让学生融入这个相互联系的世界，在这个世界里，学生会理解和鉴别不同的视角与世界观，与他人进行成功、互敬的交流，对人类社会的可持续发展和共同福祉负责。

教育通过增强人们的认知、情感和社会适应力，帮助人类、组织和系统在不可预见的干扰环境中持续发展，甚至高速发展。教育可以为社区和机构在社会和经济变革中提供他们赖以蓬勃发展的灵活性、智慧和反应性。

当然，尖端的知识永远都非常重要。具有创新性或创造性的人才一般都具备某一知识或实践领域的专业技能。同样重要的是学会如何学习，我们总是通过学习内容知识来学习，但是教育的成功已经不再主要是重现内容知识；而是从已知的知识进行推广，创造性地将知识运用于全新的领域。学习认知型知识要优先于学习具体的公式、名称或地点，例如，像科学家、哲学家或数学家一样思考。所以目前的学校教育需要更加重视思维方式（包括创造性、批判性思维、问题解决能力和判断能力）、工作方式（包括交流和合作）、工作工具（包括认知能力和开发新技术潜能的能力）以及在多元世界成为积极、负责公民的生活能力。[11]

学校的常规教育方法通常是把问题分解为易于管理的不同小问题，之后教给学生如何解决小问题。但现代社会通过综合不同领域的知识，在先前毫无关系的理念之间建立联系来创造价值。这就需要熟悉并善于学习其他领域的知识。

在当下的学校中，学生一般以个人为单位进行学习，在学年末以个人为单位考察学习成绩。但是世界的相互依赖程度越高，我们就越需要学生之间进行合作和协调。目前，创新很少是个人单独努力的结果，而是我们如何调动、分享和整合知识的结果。社会的福祉越来越多地取决于人们集体行动的能力。因此，学校需要更好地帮助学生培养多元现代生活的意识。这意味着把团队合作和个人学习成绩都作为教学任务，并给予学生奖励，让他们不仅进行独立思考，还学会团队合作。

但是目前的状况仍是学生大多数时间坐在自己的课桌前,合作学习的时间非常有限。在 2015 年 PISA 第一次有关团队合作解决问题能力的测评结果中,这种情况稀松平常,令人十分惊讶。在测试中,我们设计了一些通过团队合作来解决问题的任务,完成这些任务需要学生具备群体动力意识,共同行动以克服困难以及解决与他人的分歧。但就 OECD 成员的平均水平来看,尽管我们设计的任务内容比较简单,15 岁的学生中完成这些任务的学生比例仍不足[12](详情参见第 6 章)。

更加普遍的情况是,改变技能需求可以增强社交和情感能力的作用。这些能力在与他人完成目标、一同生活工作以及处理情感方面都会涉及,其中包括如坚持不懈、同理心或换位思考、考虑周全、品德高尚、勇敢和领导能力等在内的性格品质。事实上,培养这些性格品质正是我所参观过的好多精英学校脱颖而出的地方。但是对大多数学生来说,性格培养在学校中依靠运气,还取决于教师是否重视,因为很少有教育系统把如此宽泛的目标作为培养学生过程中不可或缺的部分。

而社交和情感能力在一些重要的方面相互穿插,体现出多样性。这些能力可以帮助学生在当下的世界中更好地生活工作,在这个世界中大多数人需要理解不同的意见、角度和价值观,需要与来自不同文化背景的人合作,通过技术克服时间和空间的障碍;当然,在这个世界中,学生的生活也会受到国际问题的影响。在成员多样化的团队中,有效的沟通和得体的举止是团队在许多工作中取得成功的关键,并且随着技术使全世界人们的联系不断便捷,这一规律将继续保持。公司也越来越希望吸引适应力强、能够将知识和技能进行转移、应用到新情景中的学习者。在当今相互联系的世界中,年轻人的工作准备包括理解复杂的全球化动态机制,以及以开放的态度对待来自不同文化背景的人。

理解不同的态度和世界观需要我们对他人的背景和影响以及自己对他人的看法进行审视。这也意味着要十分尊重他人的身份、对真实的看法和他们的态度,但承认他人的立场或看法并不意味着接受。从多个角度看待事物的能力为我们提供了机会,以坚持和质疑个人的态度以及做出更加成熟的决定。如果我们在这方面没有取得成功,我们教育系统的根基就打不稳。关键在于我们能够尝试划定边界,但却无法否认边界之间相互依存的现实。

我们面临的挑战在于,培养认知、社交和情感能力需要完全不同的学习和教学方法,对教师的标准也与原来不同。如果教学仅仅是传授预先准备好的知识,那么一个国家的教师质量则会很低。如果教师质量很低,政府则会明确规定教师应该做什么以及怎样做,让学校通过工业时代的工作组织方式来得到政府想要的结果。今天的挑战是让教师成为高级知识工作者的职业,并让他们在合作文化环境中工作时具有高度的专业自主权。这些工作者包括能力高超的专家、品德高尚的教育工作者、相互合作的学习者、具有创新能力的设计人、推动改革的领导以及社区建设者。

但是这些人在学校并不像泰勒主义工厂的可替换部件那样,主要依靠行政问责制形式和官僚指挥控制体系来指导他们的工作。现代学校为了吸引他们所需的人才,需要转换学校工作组织的类型,让专业的控制规范代替官僚和行政的控制形式。过去人们是获取智慧,未来是使用者创造智慧。

过去的教育是割裂开来的。教师和学习内容按照学科分类,而学生则按照他们未来的职业方向分类;学校也按照把学生留在校内,其余的世界留在校外的思路来设计;这些都导致学生与家庭的接触不足,不愿意与其他学校的同学交友。因此,我们在未来需要进行整合——重点强调学科之间的相互关系和学生之间的合作。我们的未来还需要建立联系,让学习与现实世界的情景以及当代问题紧密联系,并且让学习充分利用社区的丰富资源。有效的学习环境需要不断创造协同作用,寻找新的方法让学生与他人一起增强专业、社会和文化资本。要实现这一目标需要家庭和社区、高等教育、公司企业以及其他学校和学习环境的互动作用,其中最后两项尤为重要。因为这有助于建立创新型的合作关系。在一个复杂的学习体系世界中受到孤立会严重限制一个人的潜力。

过去的教学基于学科;而未来的教学需要更多地基于项目,帮助学生积累经验,让他们以跨学科的方式进行思考。过去的教学基于等级制度;而未来的教学基于团结合作,把教师和学生都视作资源及共同的创造者。

在过去,我们用相似的方法教育所有学生。而现在,学校系统需要接受多样性,采用不同的教学方法。过去的教育目标是标准化和服从,学生按照年龄段接受不同的教育,学校采用相同的课程标准,所有学生都同时进行测评。而未来要根据学生的热情和能力指导教学,为学生制定私人化的学习和测评方案,培养学生的积极性,挖掘学生的天赋,鼓励学生发明创造。

学校系统需要进一步认识到,学生的学习方法因人而异,同一个学生在人生中不同阶段的学习方法也各有不同。学校系统需要制定新的教育方法,把学习任务交给学习者,这样最能帮助学生进步。学习不是一个场所,而是一项活动。

在过去,学校是技术岛屿,技术常常限于支持已有的实践,而学生在选择和使用技术方面已经超过了学校。目前,学校需要挖掘技术的潜力,把学习从过去的规约中解放出来,在学习者、知识来源、创新应用三者之间建立强有力的新型关系。

在过去,政策的重点是提供教育服务;现在则是强调教育成果,把目光由向上转至向外,由官僚体制内部转向老师、学校和教育系统。在过去,行政部门强调学校管理;现在重心需要放在教学领导上,需要学校领导支持、评估和培养高质量教师,并且营造创新型学习的环境。在过去,我们强调教育质量管控;在未来,我们更应聚焦教育质量保障。

目前的挑战是教育系统改革得不到政府的授权,导致表面上的服从,而改革也不能仅仅自下而上进行。

政府无法在课堂上进行创新,但是却可以借鉴和交流改革实例,为21世纪指明一个指导性的愿景。政府在提供平台、宣传推广和推进改革方面扮演着关键的角色；政府还可以集中资源、营造促进政策实施的环境以及采用问责制和反馈机制的方法来鼓励新的教育实践。

但是在教育行业，我们需要更好地确定改革的关键因素并大力支持，寻找更加有效的方法测定等级，传播创新的思想和技术。这也意味着寻找更好的方法承认、回馈和接受成功，尽可能地为创新人员提供积极冒险、创新理念的条件。过去的学校分为公立学校和私立学校，而未来的学校则是二者的结合。

这些挑战虽然看上去令人畏惧，但许多教育系统马上就会找到创新的方法加以应对，而应对的方法不仅仅适用于当地的个别情况，并且可以系统、宏观地运作。

目光向外寻找灵感

曾经有这样一个故事，在一个漆黑的夜晚，一位司机准备开车时发现车钥匙找不到了。他在街灯下不断寻找着，有人问他是在街灯下丢了钥匙吗，他回答说不是，但是灯光下是他唯一能看清楚的地方。

在教育领域也是一样，我们总是在离自己最近、最显而易见的地方寻找问题的答案，这种本能根深蒂固。这些领域虽然是许多常见问题和答案的所在，但却并非寻求答案最佳地点。我们经常通过最容易衡量的指标来审视教育领域的进步，而重要的指标却常常被我们忽视。有关教育问题的讨论通常仅仅基于某个国家或地区的学校正在做的事，而非与其他国家和地区的学校进行对比。

虽然全球化对世界经济、人们的工作地点和日常生活造成了深远的影响，但是教育的视野仍停留在当地。当下的教育系统习惯于构筑各种各样的"墙"，不仅把教师、学校和教育系统本身隔离开来，还把这三者与学习隔离开来。而当下学校的组织方式和信息的管理方式更是为学校、教师分享工作知识制造了困难。虽然管理教育系统的人有途径了解关于教育系统优势、劣势的知识，但校长和教师等在前线提供教育服务的人通常不知道如何将这种知识转化为更加有效的实践。

而国家之间的教育系统之间也被分隔开来,使得不同国家很少有机会把目光转向他国设计和实施的教育政策。换句话说,国家之间教育经验的交流和借鉴尚且不足。这一点令人很遗憾,因为在教育领域实验新的教育政策和实践事关年轻人的生活和未来,涉及道德问题。而观察他国某些教育政策的实施情况则可以为本国提供经验和教训。

这也就是比较不同国家教育如此重要的原因。这些比较可以展现不同国家领导者提供的优质教育服务在质量、公平和效率方面进行提升的可能性。还可以帮助政策制定者制定可衡量的、具有意义的目标,帮助他们理解不同的教育系统如何解决相似的问题。或许更为重要的是,国际视角让政策制定者和教育实践者有机会更加清楚地审视本国的教育系统,更多地揭示本国教育系统的理念和结构、优势与劣势。只有深刻理解教育系统,才能进一步对其进行改革。

进行国际教育比较还可以显示教育发展的改革速度。以美国和韩国为例,在 20 世纪 60 年代,美国的高中毕业率为世界第一。[13] 作为经济和军事超级大国的美国同时也是一个教育超级大国,这得益于美国的"先发优势",为所有学生提供上学机会。对普及性学校教育的投资对美国的经济成功起到了促进作用。

但是在 20 世纪 70 至 80 年代,其他国家也纷纷开始迎头赶上。到了 20 世纪 90 年代,美国的高中就业率排名从世界第一降到了第十三。虽然美国在 55—64 岁年龄段中具有高中和本科学历的人群比例方面[14],仍然远远领先大部分国家,但 55 岁以下具有高中和本科学历的人群比例已经滑向了国际平均值。美国教育并没有倒退,而是进步不够快,越来越多的国家在平均教育水平上已经赶超了美国。

相比之下,在 20 世纪 60 年代,韩国的人民生活水平与今天的阿富汗相当,教育水平也是全世界最低的国家之一。但目前韩国已经成为世界上青少年中学毕业率最高的国家。[15] 基于教育的基础，韩国已经实现了高科技国家的转型。（有人可能会认为韩国等东亚国家的教育系统以牺牲学生生活为代价，正如经常报道的那样，韩国学生的生活满意度很低。但是根据PISA测评的最新结果，爱沙尼亚、芬兰、荷兰和瑞士等高成绩教育系统的国家，也能培养出学习成果优秀的学生，而且学生均保持很高的生活满意度——这一点值得东亚国家学习。）

当然国际测评中也有陷阱，主要的挑战在于设计可靠的测试。成功的标准必须以不同国家的可比性和本国层面上有借鉴意义的方式来定义。测试均需在相同的条件下进行，保证测试结果具有可比性。除此之外，政策制定者还要选择性地对测试结果加以利用，通常用于支持现有教育政策，而非探索其他的可能方案。

在2016年12月最新的PISA测评结果出炉前夕，世界各地的同行纷纷来电，询问PISA的全球排行榜有没有什么爆料。但是像PISA这样的国际性比较测评并没有发现什么令人惊讶之处。要保证教育质量和公平，我们需要经过精心设计并系统实施教育政策和教育实践。PISA证明，有些学校系统取得了迅速的进步，甚至连那些认为教育只能在一定时间、空间内取得改善，或认为国家的相对立场主要反映社会文化因素的人，都承认改善教育系统是可能的。PISA最惊人的发现在于，尽管全世界表现卓越的学校和教育系统各有不同，但他们也都具备某些超越文化、国家和语言边界的共同特征。这也就是为什么从全球视角研究教育颇具价值。

目前也是时候应该反思这样一些问题：我们从世界最先进的学校系统中可以学到些什么？如何运用这些体系的经验帮助别国的学生、教师和学校领导？政客和政策制定者如何从与本国困境相似的国家借鉴教育经验，做出更明智的决策？虽然目前在国际上已经树立了一些教育系统的典范，但事实证明想要学习他们的经验，避免再犯相同的错误仍然非常困难，所以这些困难到底在何处呢？这些问题亟需有人提出，并尽快解决。

第二章

走出误区

PISA 等国际测试反映了不同国家教育系统相互之间的比较情况。测试还显示,教育改革的进程仍受到许多错误观念的阻碍。

穷人家的孩子在学校的表现总是很差;贫困就是命

即使在世界各地的任课教师都在努力弥补学生的先天劣势时,有些人仍然认为贫穷就是命,无法改变。但是 PISA 的测评结果表明,这种观念是错误的——不同社会群体在学校或生活中表现的好坏并非无法改变。

这一问题具有两面性。一方面,在所有参加 PISA 的国家中,学习成果与学生和学校的社会背景相关——这对教师和学校来说是一个极大的挑战。[1] 但另一方面,社会背景和学习成果质量之间关系的强弱,因教育系统的不同而千差万别——这证明学生的社会背景就算处于劣势,他们的学习成果也不一定就比较差。在 PISA 2012 年的测试中,上海 15 岁年龄段中最弱势 10% 的学生数学成绩,比美国及其他国家或地区同龄的 10% 最优势学生还要优秀。[2] 同样,在 PISA 2015 年的测评中,爱沙尼亚和越南最弱势 10% 的学生的表现达到了 OECD 成员或地区学生的平均水平(参见图 2.1)。

所以,如果爱沙尼亚、上海和越南最贫穷的学生都能和西方学生的平均水平相当,那么为什么其他国家或地区最贫穷的学生不能和爱沙尼亚、上海和越南的学生表现得一样好呢?

社会背景相似的学生在学业上的表现也会完全不同,这取决于他们所就读的学校或所生活的国家。如果有些国家的弱势学生可以取得成功,那么,这些国家就能够改善社会不平等现象。一些国家能将最优秀的老师吸引到最具挑战性的课堂,将最有能力的学校领导吸引到条件最差的学校,并为教育工作者提供取得成功所需的一切支持。这些国家制定的教育标准很高,而且要求所有的学生都要达标。他们使用的教学方法让来自不同背景的学生都能以最适合自己、最高效的方法学习。

世界上的所有国家都有一部分优秀的学生，但却很少有国家能让大多数学生都变得突出。更好地实现教育公平对社会公正来说是必不可少的，同时也是更高效利用资源、保证所有公民有能力贡献社会的一种方法。最后，如何教育最弱势的学生实际上反映了我们社会的身份。

有些美国的批评家认为，国家之间的教育比较价值有限，因为在美国劣势学生的比例异常高。实际上，美国的社会经济优势比其他国家更为明显。与其他国家比较而言，美国更富有，在教育上的投资也更多；在年龄较大的人群中，美国人的受教育程度比大多数国家都高，这对他们的孩子来说是一项很大的优势；而美国社会经济条件较差的学生比例也都达到了OECD成员的平均水平。

过去PISA的各种比较结果表明，在美国，社会经济条件的劣势对学生造成的影响尤为强烈。换句话说，在美国如果两个学生的社会经济背景不同，他们学习成果方面的差异将比在其他OECD成员的差异大得多。

而有趣之处就在于：美国的PISA测试结果同样显示，学校系统成果差异的恶性循环会加重生活机会的不平等现象，也使本已下降的社会阶层流动性更加容易受到影响。

在美国，2006至2015年间，社会背景和学生表现之间的联系不断弱化，该情况比其他任何PISA成员都要明显。2006年，美国15岁的最弱势学生中，科学取得优秀成绩的人数比例不足五分之一；2015年，这个比例达到了近三分之一。所以说，可能实现提升社会阶层的美国梦的学生比例在10年间上升了12%。这些数据显示了即使美国优势学生和弱势学生之间的差距一直保持下去，美国的教育可能改善至何种程度以及所需的时间（图2.1）。

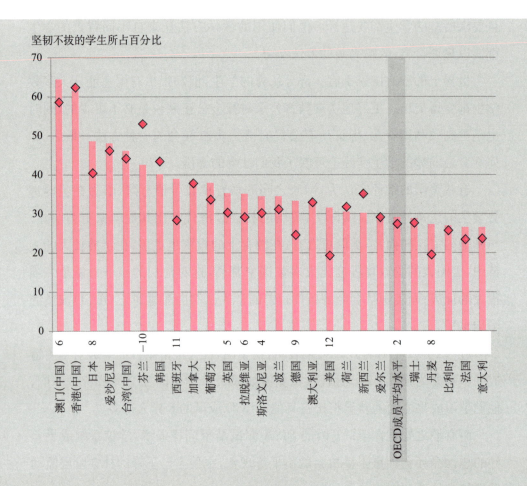

图 2.1 弱势学生能够逆袭成为世界的优秀人才

备注：在考虑社会经济状况下，我们按照 PISA 的经济、社会和文化状况指数来对一个学生的条件进行衡量，如果这位学生的条件状况指数位于统计结果排行的后四分之一，但是他的表现却位列学生表现排行的前四分之一，我们便可以说这位学生坚韧不拔。

国家或地区名旁边的是 2006 年与 2015 年具备坚韧不拔品质的学生所占比例的百分比差。图中只展现了表现出显著性差异的数据。

第二章 走出误区

47

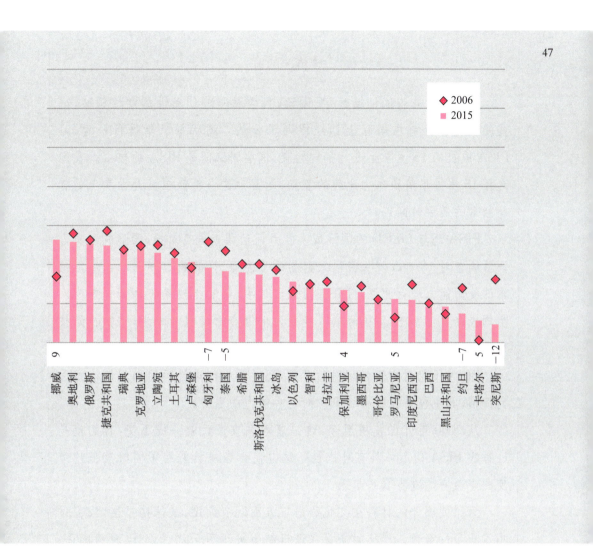

国家排名按照2015年具备坚韧不拔品质的学生所占的百分比降序排列。

来源：OECD, PISA 2015 Database, Table I.6.7.
链接 http://dx.doi.org/10.1787/888933432860.

PISA 简介

我们进行的测试包括数学、阅读、科学和一些创新性的学科领域,这些测试科目目前在国际上已经得到了公认。测试每三年进行一次,对PISA 成员的 15 岁学生进行抽样检查,这些测试便是 PISA 的核心。我们选择 15 岁的年龄段作为比较的节点,是因为这个年龄在很大程度上是普及教育的最后时间点。

PISA 还与 OECD 的国际成人能力评估调查进行对接,国际成人能力评估调查对 16—65 岁年龄段人群的读写能力、计算能力和信息与通信技术的使用能力进行测评。PISA 着眼于过去,聚焦学校系统如何有效为人生的成功奠定基础,而国际成人能力评估调查则着眼于未来,探究初始技能如何影响进一步的学习,影响重要经济成果、就业和社会成果。

PISA 不仅对内容知识进行评估,还对学生创造性运用知识的能力进行评估,其中包括在陌生场景中对这种能力的运用。

从 2000 年开始使用至今,这一基本调查设计就一成不变,目的就是让每次 PISA 的测评具有可比性。这也使得各成员能在不同时期把政策变化与教育的进步联系起来。

为了使测评的材料在文化和语言方面既有广度,又保持平衡,我们付出了大量的努力。严格的质量保证机制也被运用于测试设计、材料翻译、样本抽取和数据收集的各个环节。

PISA 是合作努力的结果。其成员的领导专家共同决定了 PISA 的测评范围和性质,以及所需收集的背景信息。各政府也基于共同的政治利益,监督这些决策的制定。

移民学生拉低了学校系统的总体成绩

近年来,成千上万的移民和避难者(包括数量空前多的儿童),跨越汹涌的大海,穿过铁丝网路障,来到欧洲寻求安全,希望过上更好的生活。但是,我们的学校准备好帮助移民学生融入新的团体了吗?学校能否为所有学生营造一个环境,让人们愿意并能够和来自不同文化背景的人合作?很多人都认为这是不可能的。

但是考虑一下下面的数据:PISA的测评结果表明,一个国家具有移民背景的学生比例与该国学生的总体表现之间并无关系(图2.2)。甚至具有相同移民历史和背景的学生,在不同国家的学业表现也大相径庭。学生在移民之前的教育很重要,但移民学生的定居地似乎更加重要。

例如,与定居于卡塔尔的讲阿拉伯语的移民儿童相比,定居于荷兰的讲阿拉伯语的移民儿童在科学的得分上要高出77分,等同于两个学年的成绩差距,而这还是在考虑了不同学生社会经济差异的情况。同时,与定居于丹麦的讲阿拉伯语的移民儿童相比,定居于荷兰的讲阿拉伯语的移民儿童在科学的得分上要高出56分。

出生于中国但移民至任何其他国家的学生,几乎都要比当地的同龄人要表现得更加优秀;但是移民的国家会对学生表现造成重要的影响。在澳大利亚,第一代中国移民得分为502分,与澳大利亚本地学生的得分相近。但是第二代中国移民得分为592分,远远超过澳大利亚本地学生的得分,等同于两个学年的成绩差距。换句话说,社会背景在某种程度上充分地体现为同辈效应,具有移民背景的学生要比非移民背景的学生从澳大利亚的学校系统中受益更多,而这也是考虑了不同学生的社会经济状况。

世界水准　如何构建21世纪的优秀学校系统

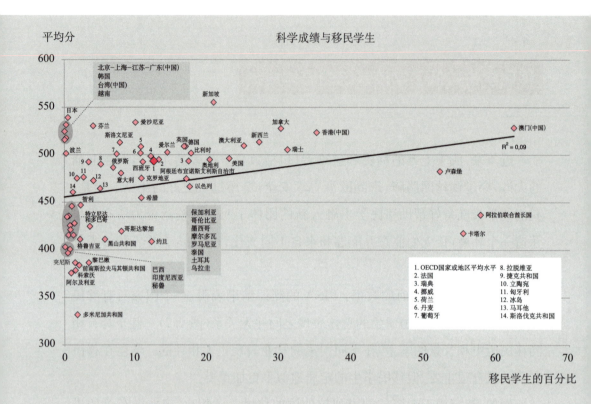

图2.2　移民学生的人口总数与国家的平均学生表现无关

第二章　走出误区

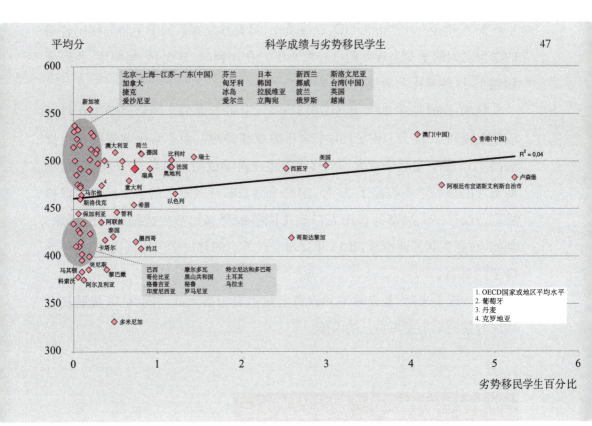

来源：OECD, PISA 2015 Database, Table I.7.3.
链接：http://dx.doi.org/10.1787/888933432897.

2006年至2015年间,OECD成员中,具有移民背景的学生与非移民背景的学生之间的学业表现差距已经缩小了。在比利时、意大利、葡萄牙、西班牙和瑞士,这种变化尤为显著。[3]

例如,同样是在2006年至2015年间,定居于葡萄牙的移民学生在科学成绩上提高了64分,相当于两个学年的成绩差距。而非移民背景的学生仅提高了25分。定居于意大利的移民学生在科学成绩上提高了31分,定居于西班牙的移民学生提高了23分,但两个国家非移民背景的学生成绩均保持稳定。没有一个国家的移民人口变化能够解释移民学生成绩改善的现象。例如,在意大利和西班牙,2015年父母受过教育的移民学生比例比2006年下降了约30%。

这些改善表明,教育政策和教育实践仍有相当大的空间,可以帮助具有移民背景的学生发挥自己的潜能。

教育要想取得成功,就必须多花钱

如果一国的公民想要过上富足的生活,国家就必须在教育上进行投资;但是投入更多的金钱,教育产出未必更好。

PISA的测评结果显示,当前对于6—15岁学生人均投资少于5万美元的国家而言,学生的平均投资与学生学习成果质量这两者之间有着强烈的联系。然而,对投入资金高于这一水平的国家而言,对每位学生投入的资金与学生的平均表现之间并无任何联系,大多数OECD成员皆属这种情况(图表2.3)。

匈牙利对6—15岁学生的人均投资为4.7万美元,而卢森堡对该年龄段学生人均投资为18.7万美元,但是即使考虑购买力平价,匈牙利15岁的学

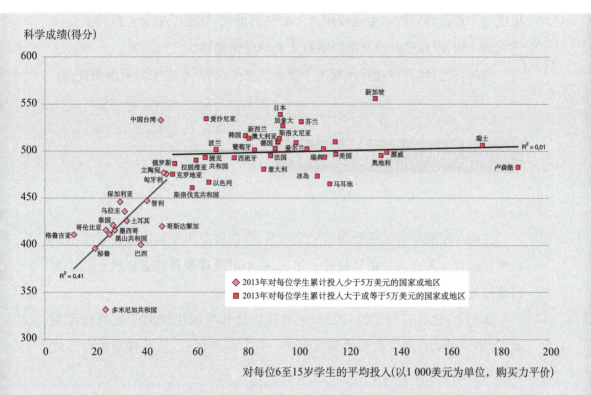

图 2.3 超过一定的门槛后,在每个学生身上的投入与学生的平均表现没有关系

备注:该图只显示可收集到的国家和地区的相关数据。显著性差异关系($p < 0.10$)用黑线表示。非显著性差异关系($p > 0.10$)用灰线表示。投入的数额已根据购买力平价进行了调整。

来源:OECD, PISA 2015 Database, Table I.2.3 和 II.6.58.
连接:http://dx.doi.org/10.1787/888933436215.

生也与卢森堡的同龄学生表现相当。换句话说,尽管在学生身上的投资是匈牙利的4倍,卢森堡并没有取得教育方面的任何优势。

简而言之,教育成功并不取决于投资的多少,而是取决于如何使用资金。

班级规模越小,教育效果越好

提倡小班教学可能在政治上颇受欢迎,但在各个国家均无证据显示小班教学是改善学习成果的最佳捷径。相反,减小班级规模意味着把资金从更为需要的地方转移走了,例如高薪聘请更优秀的教师。

事实上,比起班级规模,PISA中的顶级教育系统更倾向于重视教师质量;如果只能对班级规模和教师质量之一进行投资的话,这些优秀教育系统在任何情况下总选择后者。

减小班级规模可能会为实施新的、更有效的教学实践创造机会,在其他变量保持一定时,小班教学确实可以孕育出更优秀的教学成果。但是这种看法往往不切实际,因为国家只能把钱花在一个地方。减小班级规模意味着可用的资金更少,而这些资金本可以用于提高教师薪水、为教师提供机会进行教学外的活动,以及增加学生的学习时间。

尽管证明小班教学优势的证据尚不充足,许多国家仍把缩小班级规模作为教育中的首要任务。教师、家长和政策制定者都倾向于小班教学,因为他们认为这是提高个性化教育质量、普及个性化教育的关键。在2005年至2014年间,公众压力和人口变化迫使OECD成员的政府减小了中学低年级的班级规模,平均缩减的规模为6%。[4]

但是在大致相同的时期内,从2005年至2015年间,OECD成员里中学低年级教师的薪水实际增长仅平均6%,在OECD成员中,有三分之一的中学低年级教师的薪水反而下降了。目前,中学低年级教师的薪水仅为大学毕业的全职工作者的88%。[5] 如果教师的薪水不具有竞争力,他们就不会对自身进行投资;即使是进行投资,如果教师发现自己的专业技能和优势可以用于别处或得到认可,并获得更优厚的待遇,他们也很可能会离开教师岗位。

花在学习上的时间越多,教育效果就越好

在不同的学校系统中,学生用于学习的时间差别很大,特别是课后的学习时间。在每个国家内部相比而言,学生用在某门科目的时间越多,就越容易在该科目上取得好成绩。[6] 所以政策制定者和家长支持延长学生的在校时间是有道理的。但是我们在这方面对各国进行比较研究时,却发现结果出乎意料:在校时间和学习时间越长的学生在 PISA 测评中的成绩越差(图 2.4A)。这是为什么呢?

其实原因简单明了。学习成果是学习机会数量与质量的结合。当教学质量保持不变时,增加教学时间会产生更好的教学成果。但是如果国家能够改善教学质量,即使不增加学生的学习时间也能取得更好的教学成果。

例如,日本和韩国学生的科学成绩相近;但是日本学生每周的学习时间为 41 小时(28 小时在校时间和 14 小时校外时间),包括所有科目的学习时间,而韩国学生每周的学习时间为 50 小时(30 小时在校时间和 20 小时校外时间)。突尼斯和中国(包括北京市、上海市、江苏省及广东省)均参加了 2015 年的 PISA 测评,两国学生每周的在校学习时间均为 30 小时,校外学习时间均为 27 小时,但是中国学生的科学平均成绩为 531 分,而突尼斯学生的平均成绩仅为 367 分(图 2.4B)。这些差距及其他证据表明,学校系统的质量、学生对学习时间的有效利用以及学生在课后是否进行非正式学习这三点非常重要。

大多数家长希望自己的孩子在学校习得扎实的学业知识和技能,但也希望他们有足够的时间参加课外活动,例如戏剧表演、音乐和体育运动,这些活动可以培养学生的社交和情感技能,增强他们的幸福感。这总是一个需要平衡的问题。在芬兰、德国、瑞士、日本、爱沙尼亚、瑞典、荷兰、新西兰、澳大利亚、捷克共和国、澳门(中国),学生的学习时间和成绩之间保持着良好的平衡。

教育的成功主要取决于学生继承的天赋

许多教育心理学家的著作让人们形成了一种观念,即学生的学业成功是智力遗传,而非后天努力的结果。PISA不仅测试了15岁学生掌握的知识,还调查了学生认为测试成功和失败的背后原因。在许多国家,学生都不从自己身上找原因。在2012年的PISA测试中,法国学生代表了PISA测试学生的平均水平。法国接受测试的学生中,有四分之三以上的学生认为课程教材难度太大;三分之二的学生认为教师没有激发学生对教材的兴趣;一半的学生认为教师没有解释清楚概念,或仅仅是自己运气太差。[7]

但新加坡学生的观点却大相径庭,他们认为如果自己更加努力就可以在测试中取得成功;这些学生也相信他们的老师可以帮助自己取得成功。一些国家的学生一致认为个人成就主要是后天努力的结果,而非智力遗传。这一事实体现出学校系统和社会大环境让学生对待学校和成就的态度截然不同。

在大多数期望学生努力学习、取得成就的国家中,几乎所有的学生都一致达到了高标准的要求,这是PISA最为重要的发现之一(参见第三章)。

我们对学生的在校成绩和PISA成绩进行了比较,结果发现在考虑了学生阅读能力、学习习惯和对学校和学习的态度这些因素后,社会经济条件优

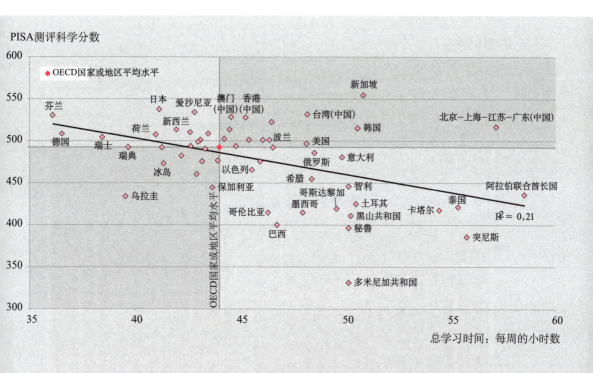

图 2.4A　学习时间最长的学生不一定是最优秀的学生

备注：总学习时长包括在校时间、作业时间、课外辅导时间和自学时间。

来源：OECD, PISA 2015 Database, Figures I.2.13 and II.6.23.
链接：http://dx.doi.org/10.1787/888933436411.

世界水准 如何构建 21 世纪的优秀学校系统

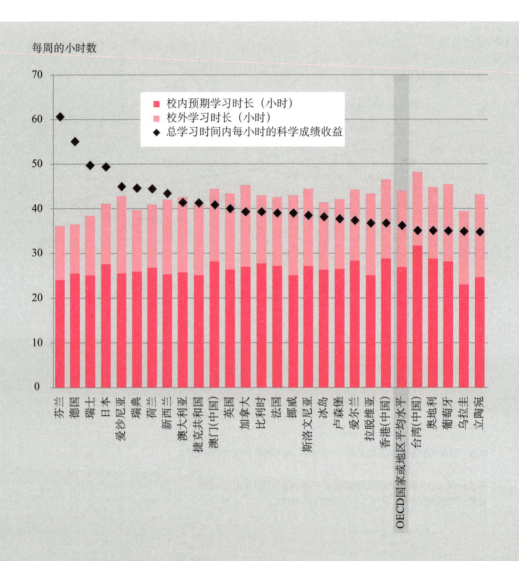

图 2.4B 学生表现取决于学习时间的数量和质量

第二章 走出误区

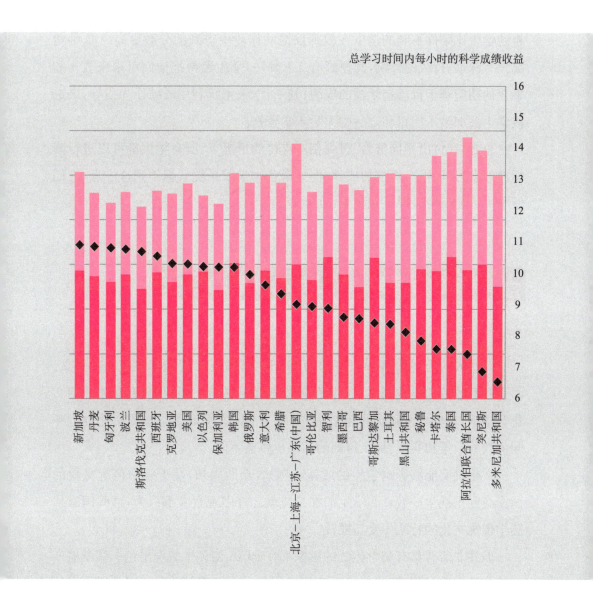

备注：菱形表示总学习时间内每小时的数学成绩。总学习时间包括所有测试学生的校内预期学习时长，以及校外的学习时长，其中包括家庭作业、课外辅导和自习的时间。

来源：OECD, P/SA 2015 Database, Figure H.6.23.
链接：http://dx.doi.org/10.1787/888933436411.

越的学生比条件不利的学生在教师反馈的作业中得到的分数更高。[8]这种情况具有深远、持久的影响,其原因有二:其一,学生经常把他们对未来教育和事业的期望基于自己在学校的成绩;其二,学校系统利用成绩作为指导,来选拔学生参加学术项目和之后的大学入学资格。

总之,在付出相同努力、得到相同支持的情况下,所有学生都可以进行高标准的学习,取得高标准的成就,但如果各国学校系统认识不到这一点,它们便不大可能跻身世界一流教育系统之列。

一些国家教育表现卓越,原因在于他们的文化

有些人认为,各国的文化千差万别,比较不同国家的教育系统没有意义,因为教育政策和实践都基于不同的基本规范和传统。因此,只有在相似的文化背景下,教育政策和实践才适用,如果一个国家采取了与本国文化规范不同的教育政策和实践,那么得到的结果也将会不同。

文化确实能够影响学生的成就。例如,众所周知,基于儒学传统文化的国家高度重视学校教育和学生的在校成就。许多观察者都认为,这些国家从儒学传统文化的特质中受益匪浅。

但并非所有具有儒学传统的国家都在PISA测评中表现出色。儒学遗产可能非常宝贵,但并不能确保教育成功。加拿大和芬兰也是PISA评估中的一流教育系统国家(而这些国家并不具备儒学传统),这说明重视教育的并不只有儒学文化。

据观察,在许多国家和经济体,学生的PISA成绩得到了迅速的提高,这便是最强有力的论据,说明文化并非教育成功的决定性因素。例如,在2006年至2015年间,哥伦比亚、以色列、澳门(中国)、葡萄牙、卡塔尔和罗马尼亚

学生的科学成绩得到了显著的改善。在这一时间段内,澳门(中国)、葡萄牙和卡塔尔的顶尖学生比例上升,表现差的学生比例下降。

这些国家和经济体并没有改变自己的文化或人口构成,也没有更换教师;他们改变的是自己的教育政策和实践。鉴于以上教育成果,那些认为PISA评估中成员排名主要反映社会文化因素的人也不得不承认,文化不仅可以继承,还可以创造,创造的方法便是通过精心设计的教育政策和实践。

只有顶尖毕业生才应该成为教师

在解释学生学习成果不理想的众多说法中,我最常听说的观点之一便是进入教师岗位的年轻人并非国家最优秀、最聪明的人才。这种观点认为,一流学校系统国家能够从最优秀的前三分之一毕业生中招募教师。

这种说法听起来合理,因为学校系统的质量永远不会超过其教师的质量。当然,顶尖的学校系统也会谨慎地选择教师队伍。但是这就意味着在一流学校教育系统的国家中,顶尖毕业生选择成为教师,而放弃成为诸如律师、医生和工程师吗?

我们很难知道这一问题的确切答案,因为教师知识和教师能力的比较证据很难获得。但是国际成人能力评估调查对成人的读写能力和计算能力进行了测试,其中也包括教师。利用这些数据,我们就可以把教师的能力与其他高校毕业生的能力进行比较。[9]

结果表明,在进行数据比较的国家中,没有任何一个国家的教师属于高校毕业生中最优秀的前三分之一(根据平均计算能力和读写能力来看);同时,也没有国家的教师是高校毕业生中最差的后三分之一(图2.5A)。事实上,在大多数国家,教师能力与普通高校毕业生的能力相当,但也有例外。例如，在芬兰和日本，一般教师的计算能力要高于一般高校毕业生，而在捷克共和国、丹麦、爱沙尼亚、斯洛伐克共和国和瑞典，情况却恰恰相反。

但是我们可以从另一个角度来看待这个问题。虽然在国际成人能力评估调查中每个国家的教师能力得分都与高校毕业生相当，但不同国家高校毕业生的知识和能力差距很大——这些差距也反映在教师群体当中。日本和芬兰教师的计算能力高居榜首，接下来是比利时弗拉芒、德国、挪威和荷兰的教师。意大利、俄罗斯联邦、西班牙、波兰、爱沙尼亚和美国教师的计算能力在国际测评中垫底。

有研究表明[10]，教师能力和学生能力呈正相关（图 2.5B）。然而在有些国家，例如爱沙尼亚和韩国，教师的计算能力一般，但他们的学生却在 PISA 数学测试中表现优秀。另外，在大多数优质教育系统的国家中，仅从平均知识水平和能力来看，学生的得分要高于这些国家的教师。这表明教师能力以外的其他因素也都与学生的出色表现相关。

总而言之，除非高薪聘请芬兰或日本的教师，各国需要更加努力地思考如何通过人才配备和资金管理，使教学成为令人尊敬的专业，使教师成为吸引力强的职业选择。各国需要在教师身上进行更多的投资，以用于教师发展以及为教师创造具有竞争力的就业条件。如果投资力度不够，国家教育就会呈螺旋式恶化，从教师专业的入门标准降低，到教师的自信心不足，再到实施规定性更强教学方案，以致教学的个性化程度降低，迫使一流教师离开教育行业，最终导致师资质量下降。

按照能力选拔学生方能提高标准

几个世纪以来，教育工作者一直在思考如何设计学校系统，以满足所有学生的需求。一些国家实行了非选拔性的综合性学校系统,希望为所有学生提供大致相同的机会,让每位教师、每个学校照顾到不同能力、兴趣和背景的学生。而其他的国家在面对多样化的学生时,则是通过学校或班级对学生加以区分,目的是为了根据学生的学术潜力和/或对具体课程的兴趣来满足他们的不同需求。传统观念认为第一种学校系统有利于促进教育公平,第二种则有利于提高学生质量、培养优秀学生。

支持选拔性政策的观点认为,学生之间在相互巩固学习兴趣之后,才能充分发挥自己的天赋。

而不同国家对学生的分类方法也千差万别。[11]PISA 的研究证据表明,对学生能力进行高度区分的国家(无论是以分轨、分流或留级的形式进行区分),没有一个跻身于一流教育系统国家行列,也没有一个能够进入优秀学生比例最高的国家行列。世界一流的教育系统为所有学生提供了公平的教育机会。

这一点与其他研究结果一致,有研究表明,通过分轨减小班级或学校中学生之间的能力差距,并不会促成优秀的学习成果。[12] 但是在班级内部对学生进行能力分组或具体学科的能力分组,情况就不一样了,在对课程和教学进行适当调整时,这种分组方式是有效的。

在过去,学校里只要有一部分学生能够取得成功就足够了,因为我们的社会和经济只需要相对少数受过良好教育的人。但是随着在成绩表现差的学生身上花费的社会和经济成本与日俱增,按照排他式的方法组织教育系统不仅不利于社会公正,还使得教育系统的效率极低。而现代教育系统和社会亟需公平与包容。

我已经澄清了一些关于影响学习成果的误区,现在是时候分析一下优秀教育系统的独到之处了。

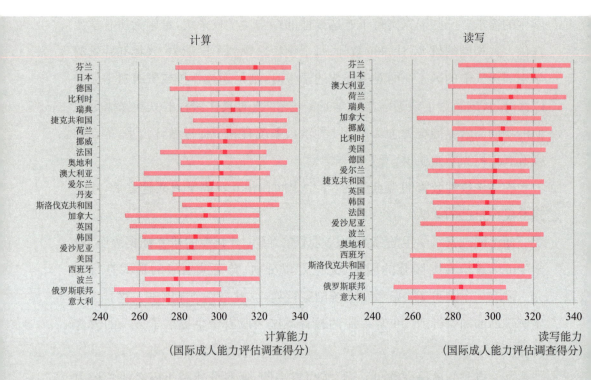

图 2.5A 教师的能力与一般高校毕业生的能力水平相当

备注：长条中较暗的部分代表一国教师能力的中值。横轴表示一国所有高校毕业生（包括教师）在认知能力上总体排名中第 25—75 百分位的区间。各国分别按照教师计算和读写能力的中值排名。

来源：改编自 Hanushek, Piopiunik and Wiederhold（2014），*The Value of Smarter Teachers：International Evidence on Teacher Cognitive Skills and Student Performance*.

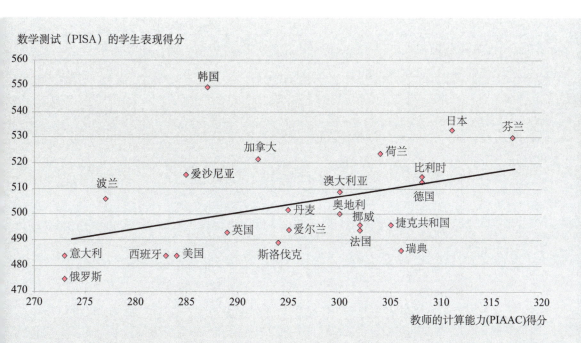

图 2.5B　学生表现与教师能力相关,但并不取决于教师能力

来源：改编自 Hanushek, Piopiunik and Wiederhold（2014）, *The Value of Smarter Teachers：International Evidence on Teacher Cognitive Skills and Student Performance.*

第三章
优质学校系统何以与众不同

我们对成功学校系统的认知

政策制定者希望能立即得到良方，但却往往受挫于数据、例证以及研究方面的缓慢进展。我有时甚至认为，政策制定者忘记了数据不是由事例叠加而成的这个事实。

PISA所收集到的数据未能解答许多疑问。上述数据展现了某一时间点学校系统的概况，但没有揭示——也无法揭示——学校系统是如何演变到这一地步，也没有揭示可能会促进或阻碍学校系统演变进程的组织或机构。此外，上述数据也未真正地涉及背后的因果关系。相关性往往具有欺骗性：虽然在日出时，鸟类就会鸣叫，并且这种情况日复一日地在世界各地出现，但这并不意味着因为鸟鸣才有了日出。

总而言之，知道成功学校系统如何运行并不能直接教会我们如何改善那些不那么成功的学校系统。这便是跨国研究的主要局限性之一，也是其他形式的研究所要攻克的问题。也正因如此，PISA无意告诉各国要怎么做。该项目的优势在于告诉各国其他国家正采取的做法。

但是，如果政策制定者想要从众多的国际测试结果中汲取经验，那么他们就要广泛地借鉴。

企业家会从他人身上找寻灵感，并将从中所得到的经验运用到自身实践之中，从而使自己的企业获得成功。同样，教育政策制定者也可以从跨国比较中获得帮助。对教育政策制定者而言，可以依据不同的标杆来进行跨国比较：先观察一国的教育与另一国的教育在质量、公平以及效率方面的差异，然后进行分析，最后再思考上述差异与相关国家教育系统的某些特点之间的联系。

上述比较方法的主要缔造者之一是 Marc Tucker。从 1988 年起，Marc Tucker 便开始领导美国"国家教育与经济中心（National Center on Education and the Economy）"。[1] 在 2009 年，他和我召集了一群知名学者，一起分析 PISA 所发现的优质且发展迅猛的教育系统，并且讨论美国能从中学到什么。在上述研究中，历史学家、政策制定者、经济学家、教育专家、普通民众、记者、实业家以及教育工作者参与了访谈。Tucker 的研究成为了一系列热门研究的基础，而这些热门研究则以有趣的方式对 OECD 的专题和国家政策研究进行了补充。

在审视某个国家的学校系统迈向卓越的历程时，应考虑该国独特的历史、价值观、优势以及挑战。然而，Tucker 的基准研究则揭示了所有优质教育系统所共有的一系列出人意料的特征。

- 我们的第一个发现是，优质教育系统中国家的领导者都让国民坚信：通过教育投资未来是值得的，不必目光短浅和只关注眼前的回报；同时，应该认识到，劳动力质量比劳动力价格更有竞争优势。

- 高度重视教育仅仅是优质教育系统成功的一部分原因。另一部分原因是必须坚信，每个学生都有学好的能力。在一些国家，学生在很小就按成绩或能力进行分类拔尖教学。这种做法反映了一种观念，那就是只有一部分学生才能达到世界一流的标准。然而，PISA 表明，如此的择优培养模式只会导致更深层次的社会不公。相比之下，像爱沙尼亚、加拿大、芬兰以及日本，家长以及教师都始终坚信，所有学生都能够达到高标准。这个信念往往体现在学生以及教师的行为之中。这些国家的教育系统的重心已经从"选拔人才"转变为"培养人才"。

- 在许多教育系统中，教师以相似的方式教导不同的学生。然而，顶级学校系统更倾向于在不降低或影响教育标准的前提下，注重根据学生需求的差异进行不同的教学模式实践。它们主张，普通学生也能拥有非凡的天赋，并认为应该提供个性化的学习体验，从而使所有学生都能达到高标准。此外，这些顶级学校系统的教师不只是关注学生的学业表现，还关注他们的幸福感。

- 学校系统的质量无法超越该体系中教师的素质。顶级学校系统在选拔和培养教学人员时非常谨慎，改善处于瓶颈期或者困境期教师的表现，并且合理调高教师的待遇来凸显教师的职业地位。同时，它们还创造环境让教师养成团队协作的氛围，并且鼓励教师在自己的职业领域不断成长。

- 顶级学校系统能够设定远大的目标，清楚地了解学生的能力，并使教师知道需要教给学生哪些内容。顶级学校系统已经从行政管理制和行政责任制的模式转变为专业化的工作组织模式。它们鼓励教师创新，提升自身以及同事的教学表现，并致力于通过专业化发展获得更好的实践经验。在顶级学校系统中，重点不是来自学校系统内行政的要求和压力，而是将焦点扩散到教师或学校，从而培育出协作文化以及强大的创新网络。

- 顶级学校系统在整个系统内提供优质教育，从而保证每个学生都能从优质的教学中获益。为了达到这个目标，这些有着顶级学校系统的国家将能力最强的校长吸引到最艰难的学校去任职，把最有才华的教师吸引到最具挑战性的班级去教学。

- 最后也很重要的是，优质学校系统倾向于使整个系统拥有统一的政策和规范，在相当长的一段时间内保持政策的连贯性，并确保上述政策的一贯执行。

优质学校系统所具有的特征值得我们进一步研究。[2]

把教育摆在优先地位

许多国家都声称，教育是第一要务。人们只要提出几个简单的问题，便可以知道这些国家是否做到了言行一致。例如：教师职业的地位如何？与拥有相同教育水平的其他岗位的职工所获得的薪酬相比，教师的薪酬如何？你希望你的孩子成为一名教师吗？媒体对学校和教育的关注度如何？社区在体育联盟中的排名重要，还是在学术领域的排名重要？

在PISA中表现最为突出的国家，教师一般能够获得更高的薪酬，并且学历也受到更多的重视；同时，与许多欧洲国家以及美国相比，这些国家教育支出的很大一部分被用于课堂教学。在许多欧洲国家以及美国，如果家长认为自己的孩子有机会成为律师、工程师或医生，那么他们就不会鼓励孩子成为教师。

对教育的重视很可能会影响学生将来对自己学习方向的选择，也会影响那些最有能力的学生是否会考虑成为教师。当然，教育的地位也会影响公众是否重视专业教育工作者的意见。

因而，2013年OECD"教学与学习国际研究（Teaching and Learning International Survey，TALIS）"所发现的问题——不同国家的教师所感受到的社会对教师职业的重视程度存在巨大差异——就显得不足为奇了。在马来西亚、新加坡、韩国、阿拉伯联合酋长国以及芬兰等国，大多数教师都表示，他们感觉到自己的职业受到社会的重视；在法国以及斯洛伐克共和国，只有不到5%的教师感觉到教师职业为社会所重视（图3.1）。

相信所有学生都有学习的能力并能达到高标准

对教育的重视可能是建立世界水平教育系统的前提。但是，如果某个国家的教师、家长以及其他民众认为，本国只有一小部分学生能够或需要达到较高的学业标准，那么即使他们都重视教育，教育对自己国家的影响也很有限。

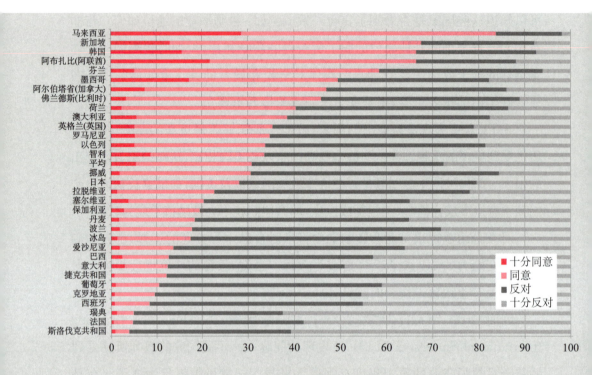

图 3.1 在一些国家或地区,大多数教师感觉自己的工作不被社会所重视

"同意"或"十分同意"以下陈述的初中教师所占的比例:我认为教师职业被社会所重视。

备注:按照"同意"或"十分同意"上述观点的教师所占的比例,对受调查的国家进行降序排列。

来源:OECD, TALIS 2013 Database, Tables 7.2 and 7.2.Web.
链接:http://dx.doi.org/10.1787/888933042219.

德国人直到最近都普遍认为,来自工薪阶层家庭的学生将来会在工薪岗位上工作,而且他们也无法从以学术为导向的高中(gymnasia)所提供的课程中获益。在德国许多地区的教育系统中,当学生达到 10 岁时,会被分成两类:一类学生会进入以学术为导向的高中,为进入大学并成为知识型人才做准备;另一类学生则会进入到职业学校,为将来成为知识型人才的雇员做准备。

PISA 的调查结果表明,学生对自己未来教育的看法反映了这些态度。参与 PISA 的 15 岁学生中,有四分之一的学生表示,他们希望能上大学或者取得高级职业资格(这个比例低于能真正实现上述目标的学生的比例);然而在日本以及韩国,有十分之九的学生表示自己希望能上大学或取得高级职业资格。[3]

相比之下,在 PISA 中表现优异的东亚国家以及加拿大、爱沙尼亚、芬兰等国的家长、教师以及公众在整体上倾向于认为,所有学生都能够取得很高的成就。新加坡教育部渴望能实现这些目标:每个学生都成为积极的学习者;每个教师都成为关爱学生的教育工作者;每个家长都成为支持学生学习的父母;每个校长都能成为教育领域内富有感召力的领导者;每个学校都成为好学校。上述情况往往能通过学生的观念反映出来。针对"数学与科学学习的趋势"的分析表明,东亚国家的许多学生都倾向于相信,通往成功的钥匙是努力而非天赋。[4] 上述分析结果也得到了其他研究的佐证。其他研究表明,与西方世界的学生相比,东亚地区的学生往往将成败归因于努力与否。事实上,亚洲的教师常常明确地告诉学生:努力以及勤奋是通往成功的钥匙。[5] 亚洲的教师不仅帮助学生取得成功,还帮助他们树立一种信念,即自身的能力和努力是成功的源泉。

在其他国家,当学生面临学习瓶颈时,教师会降低对他们的要求。教师的这种行为暗示了一种观念,即缺乏天赋是学生无法取得很高成就的原因。天赋不同于努力,被认为是学生所无法控制的东西,因而学生更有可能放弃努力。一些研究表明，如果教师认为某些学生能力更强，那么他们会给予这些学生更多的表扬、更多的帮助和指导，以及更详细的解答。[6]

如果教师不相信学生可以通过努力学习得到提升和进步，那么当他们对那些在他们看来无法取得更高成就的学生严格要求时，就会感到愧疚。这一点十分让人担忧，因为研究表明，如果教师给学生布置了一项相对简单的任务，并在学生完成任务时过度地表扬学生，那么学生可能会将教师的行为解读为对自己能力的否定。

上述发现十分重要，因为当我们进行自我评价时，对我们影响最大的是我们对自己成功完成某项工作的能力所做的判断。[7] 总体而言，一些研究表明，当我们认为我们应该对自己的行为所带来的结果负责时，我们的行为动力就会受到影响[8]；因此，如果我们相信努力会带来我们想要的结果，那么我们就更会做出努力。

上文的论述可能就解释了为什么"掌握学习（mastering learning）"虽然在西方得到首次定义并受到研究，但却在东亚地区更为普及，也更为成功。掌握学习理论基于以下认识：学习是一个前后相继的过程，掌握旧知识是掌握新知识的基础。美国心理学家 John Carroll[9] 认为，学生的学习效果反映了学生学习时所需的时间以及指导，也反映了学生所获得的学习机会以及指导的质量是否足够满足学生的需求。于教师而言，这意味着教师不需要为不同的学生设定不同的学习目标，而要使全班学生的学习目标保持一致，并且要尽一切方法确保每个学生都能得到适合自己的学习机会。一些学生需要教师花时间进行额外的指导，其他学生却不需要；一些学生需要与其他学生不一样的学习环境。上述观点的背后隐藏着一个根深蒂固的观念：所有的学生都有学习的能力并能取得成功；教师的任务是要在课堂内外创造一个能够帮助学生释放潜能的学习环境。因为所有学生都能成功完成每一个前后相继的学习任务，所以教师为不同学生设定不同学习目标的必要性就会降低，并且社会经济因素对学习成果的影响也会降低——正是这个结果才使得许多东亚国家的教育系统在PISA中显得与众不同。

图3.2为我们提供了另一个视角。PISA要求学生评价他们的老师对他们的支持程度。学生们的回答与他们被分至不同学校时的年龄密切相关。如果学生表示他们的老师给予他们的支持非常少，那么这些学生所在的国家往往在学生年龄很小时就依据学习能力对学生进行划分。例如，奥地利、比利时、克罗地亚、捷克共和国、德国、匈牙利、卢森堡、荷兰、斯洛伐克共和国、斯洛文尼亚以及瑞士等国就存在上述情况。虽然不同反应风格的存在意味着国别比较的结果需要经过谨慎的分析，但上述研究结果依然不怎么令人惊讶。将学生划分至不同类型的学校会导致班级同质化的情况更加严重。在同质化情况严重的班级中，教学会变得更加容易，同时教师可能会觉得他们不需要尽其所能地关注每一个学生——"对学生表现出兴趣"、"给予学生额外的帮助"或"与学生展开协作"。

新加坡在2015年PISA中排名靠前。然而，新加坡也曾在小学阶段将学生进行分类；后来，随着标准不断提高，新加坡改变了之前的做法。现在，新加坡采用了一系列策略以确保能够尽早发现面临学习瓶颈的学生并找出导致该问题的原因，同时给予这类学生所需的任何帮助以便使他们的学习重回正轨。虽然2015年PISA的研究结果显示，相较于加拿大以及芬兰，新加坡在实现教育公平方面还有很长的一段路要走，但是该国政府的经济以及教育政策已经促进了社会流动性，创造了一种共同使命感，并使几近普及的教育得到民众的重视。

芬兰的"特殊教师"也发挥着类似的作用：他们与"授课教师"紧密协作，发现需要额外帮助的学生，并以单独或小团队合作的方式对面临学习瓶颈的学生予以帮助，从而使他们赶上其他同学。发现问题并对"特殊教师"进行相应的提醒不仅仅是普通授课教师的责任。在芬兰，每所综合学校都有一个"小学生多专业关爱小组（Pupils' Multiprofessional Care Group）"。"关爱小组"每个月至少会进行两次为时两小时的会议；其组成人员包括校长、"特殊

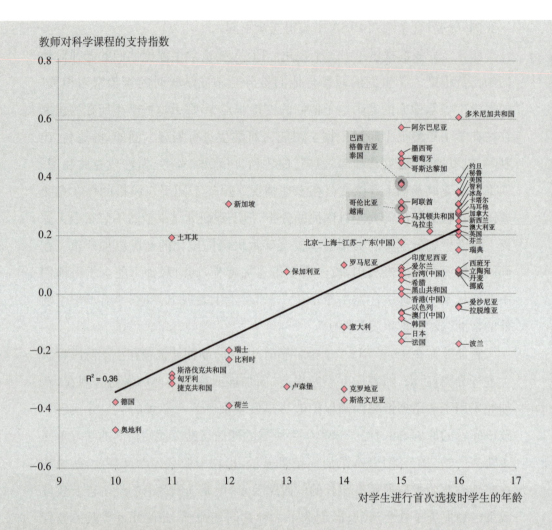

图 3.2 学生被分类选拔至不同学校时的年龄越大,他们就越能感受到教师所给予的支持

来源:OECD, PISA 2015 Database, Tables II.3.23 以及 II.4.27.
链接:http://dx.doi.org/10.1787/888933435743.

教师"、学校护士、学校的心理咨询师、社会工作者以及相关学生的老师。会议开始前,"关爱小组"会联系相关学生的家长,有时也会邀请家长参加会议。

为了避免出现辍学情况,加拿大安大略省的教育部门在高中发起了一项名为"学生成功倡议(Student Success Initiative)"的行动。[10] 该省的教育部门给所辖地区下拨资金,用于聘请"学生成功倡议"的行动负责人,并由该负责人负责协调其所在地区的各项行动。同时,教育部门还为所辖地区的领导人提供会议经费,使他们能够分享办学策略。该省为每所高中提供资金以聘请"学生成功倡议"的负责教师,还要求每所高中成立一支"学生成功倡议"小组来发现面临学习瓶颈的学生并对学生进行恰当的指导。安大略省发起的"学生成功倡议"以及其他方案极大地改变了当地的教育系统:在短短几年内,安大略省的高中毕业率从68%上升至79%。

在许多国家,从只有少部分学生才能够成功到所有的学生都能取得很高的成就,这一观念的转变已经经历了很长时间。为实现这种转变,需要在政策制定与能力建构的过程中采取协调一致且涉及多个层面的行动。然而,在研究拥有顶尖学校系统的国家时,可以发现这些国家的学校系统出现了缓慢的变化:在过去,所有学生被分在不同类型的初中,这些初中的课程对学生的认知能力也提出了不同的要求;现在,所有学生所学习的初中课程都对认知能力提出了类似的要求。

在OECD成员中,芬兰的学校系统在20世纪70年代最先出现上述变化;而波兰在本世纪初对其学校系统进行了改革,是近来才出现上述变化的国家。这些成员提高对学生的要求,将先前只要求尖子生达到的标准推广至所有学生身上。学习掉队的学生会很快被发现,他们的问题会得到快速准确的分析,并迅速采取恰当的措施。然而,这会带来一个无法避免的情况:一些学生会比其他学生获得更多的资源。但实际上,最需要帮助的学生才应该获得最多的资源,并从中受益。

为了将家长,特别是那些子女能够从选拔性更强的班组中获益的家长,纳入改革学校系统的进程之中,需要强有力的领导,也需要审慎、持续的沟通。2010年时,我在我的家乡——德国汉堡市——领悟到了这一点。2009年10月,来自汉堡市政界的政策制定者同意对学校系统进行改革,降低学校的分化程度,并减轻其所带来的影响。[11] 在做出上述决定之前,政策制定者就已认识到,为了提供更好更公平的教育机会,这个改革是最有效的途径。然而,上述改革的支持者却未能做出充分的努力,无法使家长相信改革所能带来的好处。同时,反对这项改革的公民团体也很快地形成并开展游说。这个公民团体的主要成员是那些尖子生的家长。这些家长担心,一个更加综合的学校系统会对他们的子女不利。最终,在2010年7月举行的公投中,上述改革被废除。

然而,一个基本问题依然存在:在不认可所有学生都有可能且有必要取得很高成就的前提下,从未有一个教育系统能够持续地带来良好的成效,并提供公平的学习机会。应按照相同的标准来要求所有学生并进行教学——这一点无论怎么强调都不为过。PISA的研究结果表明,在任何类型的文化中,按照相同的标准来要求所有学生并进行教学都是有可能实现的,并且能很快地取得成效。

设定并定义高期望值

通过以下方式制定标准,可以塑造优质的教育系统:设计严密、重点突出、连贯的内容;减少不同年级间课程的重复;降低不同学校间授课方式的差异度;最为重要的是,降低不同群体间社会经济方面的不公平程度。

大多数国家都已经使学校课程标准化,也常常使校外考试标准化。校外考试指的是由校外人士组织的考试。该类考试在初中阶段举行,常常成为学生进入职场或下一个学习阶段的途径。OECD的各个成员间,采用标准化校外考试的学校系统下的学生,比不采用标准化校外考试的学校系统下的学生在PISA中的平均得分要高出16分。[12] 然而,如果在设计考试时出现错误,则会阻碍教育系统的发展,使人们所重视的东西减少,也会使教学内容的范围缩小,抑或促使学生走捷径,在考试前临时抱佛脚或在考试中作弊。

值得注意的是,在PISA所研究的教育系统中,大多数优质教育系统注重于对复杂、高层次思维技巧的习得;同时,许多优质教育系统还关注如何将这些思维技巧用于解决实际问题。我们发现,优质教育系统下的教师会通过向学生提问,来帮助学生理解并启发学生进一步思考。这些教师所提的问题包括:谁是对的?你是怎么知道的?你能解释一下为什么这个人是对的吗?

上海将传统科目重组而形成的"学习领域"便是上述教育方法的一个例证。芬兰在这方面执行得更为彻底。芬兰现今的教育系统在很大程度上呈现出跨学科的特点,要求学生和教师进行跨学科的思考和工作。[13]

因此,一些有着优质教育系统的国家在组织考试时,所主要依赖的不是选择题与计算机评分系统,而是使用以下考核形式:要求学生以论文形式作出回答;对学生进行口头测试;有时会摒弃限时测试的形式,要求学生完成某些任务,并将学生在这些任务中所获得的成果纳入最终成绩。

与此同时,一些国家正做出更多的努力来提升考试的严谨性以及可比性。我曾在一个咨询委员会任职,该委员会负责德国最大的州——北莱茵威斯特法伦州的普通毕业考试。在工作过程中,我发现政策制定者以及专家尽力在不影响考试的相关性以及可靠性的前提下,改变完全以学校为核心的书面考试,而采用更加标准化的考核形式。

乍看起来,有效性和可比性间与相关性及可靠性间的矛盾似乎难以调和。然而,许多国家已经在建立优质考试体系方面取得了巨大的进展,既发挥了高风险考试的优点,又降低了此类考试的风险。

俄罗斯联邦成功地改变了其考试体系,令我最为惊讶。在很长一段时间里，由于考试中所出现的欺诈现象以及不法行为，俄罗斯人曾失去了对考试成绩以及学历的信任。然而，俄罗斯花了十多年的时间，坚持不懈地解决这些问题。现在，该国组织的国家统一考试为评估学生的学习结果提供了一个先进且透明的途径。

首先，俄罗斯没有落入许多考试体系所常常落入的圈套，即为了考试的效率而牺牲有效性，或为了考试的可靠性而牺牲相关性。俄罗斯所组织的考试不使用机读卡，而且几乎没有选择题。同时，考试是开放式的，常常包含文章写作，关注于对深奥知识以及复杂且层次更高的思维技巧的习得，并且越来越关注于如何将这些技巧运用于解决实际问题。

俄罗斯的国家统一考试重塑了俄罗斯人对教育以及考试的信任，这是其所取得的最大成就。信任无法通过立法方式建立，也不是随随便便就会形成。信任既是考试体系设计的结果，也是组织考试的前提条件。

那么，俄罗斯是如何使民众信任考试体系呢？首先，俄罗斯对最先进的考试安全技术进行投资，且该技术现已在俄罗斯全国普及。在学生及监考人员的见证下，试卷在考场当场打印并封装。同时，整个考试过程被360度相机监控并录制。

最后，在学生的再次见证下，试卷被扫描进计算机系统，学生的名字也会被隐去。因为更加复杂的作文无法由机器进行评分，所以作文由独立的阅卷专家进行统一评阅。这些专家都经过特殊的培训，他们的可靠性也要经受严格的审查。当然，在评阅作文时，往往会涉及一些主观判断。那么，要如何使学生相信他们的成绩是经过公平评判后给出的呢？学生可以亲自查阅试卷。试卷评阅结束后，会被公布在网上，以供所有学生核查各自的成绩。如果学生对自己的成绩不满意，他们可以提出质疑。然而，每年只有一小部分的学生会这么做。同时，学校也可以查询并跟踪学生的考试成绩。因此，如果说俄罗斯的学生、教师、学校领导层以及工作人员现今对学校教育以及考试体系更有信心，那么这绝不是偶然出现的情况。

考试：获取资格的途径

在一些国家，当考试结束后，报纸会公布试题，教育部门也会公布高分解答。因此，学生、家长以及教师都会知道什么样才是高质量的解答。同时，学生也能将自己的解答与符合标准的参考答案进行对照。

这些考试常常与国家资格体系相联系。在实行国家资格体系的国家，如果没有获取相关资格，就无法进入下一阶段的学习，或无法从事某个领域的工作。在国家资格体系下，每个人都知道需要怎么做才能获取某个特定的资格，都知道需要学习哪些内容，都知道为获取上述资格需要达到哪种水准。

瑞典以及其他一些北欧国家建立了标准化的国家资格体系，其目的是使人们在任何年龄阶段都可以获取某个特定的资格。在此类体系下，人们不能说某个人考试不及格，而要说某个人还未成功通过考试。因此，在OECD成员中，瑞典的成年人对自己学习什么、如何学习、在何处学习以及何时学习有着最大的自主权，可能就不是一个巧合而已。同时，瑞典成年人中参加正式以及非正式的成人学习项目的比例，也是OECD成员中最高的。[14] 在世界范围内，瑞典成年人的读写能力与计算能力也是最强的。[15]

在上述体系下，为了使人们在任何年龄阶段都可以获取某个特定的资格，考试一直都为人们敞开大门，但合格标准却从不被减低或被废除。学生都清楚，为了获取相关资格，需要学习难度很高的课程，并且要十分努力地学习。体系不会仅仅因为某个学生投入了规定的时间就让他进入下一阶段的学习。在此类体系下，学生需要承受很大的风险，但教师所承受的风险往往很低，甚至不要承受任何风险。

由于试卷由校外人士评阅，教师、学生以及家长会觉得他们都站在同一边，并为同一个目标而努力。因此，很少有家长会来到学校，试图更改学生的成绩。如果家长要求学校更改学生的成绩，那么教师与家长之间就出现了一种对立关系：一方面，教师希望能够坚持某些标准；另一方面，家长希望子女能尽可能地拥有最好的前途。家长与学生都清楚,教师以及学校都不可以更改成绩,因此提高学生成绩的唯一方式就是努力学习。

毫无疑问,高风险考试会使学生专注于准备考试,并导致一些问题:不注重真正的学习;使有利于富人的课外辅导行业蓬勃发展;催生考试作弊行为。这些问题都是真实存在的,但其影响可以降低。

有时,家长以及教育工作者也会认为,考试会使学生紧张,却无法改善学生的学习。尤其是那些可以决定学生未来——如进入某个教育项目或大学——的考试可能会使学生焦虑并且削弱其自信心。然而,对 PISA 所收集的数据进行分析后显示,学校校长所提供的考试频率数据与学生所报告的考试焦虑水平之间不存在联系。[16] 事实上,就平均水平而言,在 OECD 成员内,如果学生每月至少参加一次标准化考试或由教师命题的考试,则此类学生所报告的考试焦虑水平与那些参加考试不那么频繁的学生所报告的考试焦虑水平相近。[17] 学生的成绩与学校或国家对学生进行测验的频率之间的关系也很微弱。

相比之下,PISA 所收集的数据显示,学生在学校的体验与其感受到焦虑的可能性之间的关系更为强烈,而与其接受测验的频率之间的关系则相对较弱。例如,PISA 的研究结果表明,当教师给予学生更多的支持,或根据学生的需求对教学进行调整时,学生所报告的焦虑水平较低。当学生感觉教师对待他们的方式不公平时——如当学生感觉教师给他们的评分比其他学生要严苛,或感觉教师认为他们不比他们的真实水平来得聪明时,学生所报告的焦虑水平较高。

考试:设计课程的考虑因素

教育标准以及考试是教学体系的出发点而非终点。关键是要如何将这些标准和考试转化为课程以及教材,并最终转化为教学实践。在开发课程和教材,并使课程和教材与教育目标、标准、教师发展以及考试相符合的方面,一些国家所投入的精力和资源非常少,这一点常常使我感到震惊。

在一些国家,常常会出现这样的情况:由少数学者以及政府官员决定数百万学生的学习内容。这些学者以及政府官员常常会维护其所规定的学科领域的范围以及完整性,而不考虑学生需要了解什么,也不考虑学生如何才能在未来取得成功。为了撰写 2003 年 PISA 的评估报告,我对各个国家和地区的数学课程进行了研究,并常常反问自己,数学课程为何如此关注三角学以及微积分之类的教学内容。该问题的答案无法从数学学科的内部结构中找到,无法从对学生而言最有用的学习进步方式中找到,更无法从数学在当今世界的运用方式中找到。然而,上述问题的答案可以在数代以前的人类使用数学的方式中找到。几代人之前,人们将数学用于测量土地的大小,或用于进行复杂的计算;现在,这些计算早已能够在计算机上进行。

由于学生的学习时间十分有限,也由于我们似乎无法放弃那些不合时宜的教学内容,学生因此被过去的事物所奴役,学校也因此失去机会,无法使学生具备对于成功而言十分重要的宝贵知识、技能以及性格品质。

在 20 世纪 90 年代末期,为应对上述问题,日本废除了国家课程大纲中近三分之一的内容,以便为更深入的学习和跨学科学习创造空间。教师们一般认可日本的"减负教育改革"[18] 所设定的目标,然而政府与地方教育部门却无法为教师提供足够的支持,以便使他们能够在教学过程中朝着上述目标努力。

此外,中学教师尤为不愿意舍弃在过去行之有效且为日本的考试体系所认可的教学方法。2003 年,PISA 的研究结果显示,日本学生在数学方面的表现出现下降。家长因此失去了对改革后课程大纲的信心,认为新课程大纲无法使他们的孩子为应对未来的挑战做好准备。他们越来越依赖课外辅导来填补他们认为子女教育所缺失的内容。在 2006 年至 2009 年间,日本学生在处理 PISA 所考查的非结构化开放性任务方面的能力提高得比任何国家的学生都快,但许多日本民众并未意识到这一点。同时,在处理上述任务时,需要运用创造性以及批判性思维技巧,而此类思维技巧正是"减负教育改革"所要强化的内容。然而,由于要求废除改革的压力不断增大,在过去几年里,日本的课程内容又再次变得沉重不堪。

为了回应对学生学习内容的新需求,其他国家在本国课程大纲之上增添了越来越多的内容。这导致了教师需要费力地教授大量的学科内容,但教学却不够深入。往课程大纲中增添新内容是教育系统回应新需求的一个简单方式,但从中移除一些内容却很艰难。

家长往往希望自己的子女能够学习自己曾经学过的知识。他们可能会将课程内容的减少等同于标准的降低。如果课程变得越来越不详细,越来越不具有规定性,那么对教师工作的要求也将会变得越来越高,需要教师投入更多的精力以加深学生的理解。

通过 PISA 的研究,我了解到了一些一手信息。在 2008 年金融危机伊始,政策制定者试图加强学校的金融教育,并要求在 PISA 中对金融技能进行测试。政策制定者当初的设想是,更多的金融教育会使学生在金融素养方面表现得更好。2014 年,与此相关的第一批研究结果发布。[19] 这些研究结果却显示,学生的金融素养与他们所接受的金融教育的多寡没有任何联系。上海的学生在 PISA 金融素养评估中的表现最好,然而上海的学校却没有提供太多的金融教育。上海的学生在 PISA 金融素养评估中取得成功的秘诀在于,上海的学校培养了学生在数学方面的深入概念理解能力以及复杂的推理能力。因为上海的学生能够像数学家一样思考,并能理解概率、变化以及风险等概念的含义,所以当他们将自己的知识迁移并运用于不熟悉的金融情境时,不会感到困难。

这突出了十分重要的一点,即为了确定并定期复查教学时所涉及的话题,以及在学生学习过程中以何种顺序教授这些话题,需要汇集本国最优秀的人才——教育领域的顶尖专家,还要汇聚那些了解学生学习方式的人,以及那些清楚知道现实世界对知识和技能需求的人,清楚知道知识和技能在现实世界中的应用的人。

因此，要如何才能将标准引入精心制定的课程框架，并使课程框架能够指导教师以及教科书出版商的工作，就变得十分重要。严格缜密的考试应聚焦于复杂的思维技巧，并评估学生达到核心课程所要求的标准的程度。同时，应在上述考试的基础上，建立一个门槛制度，使其成为完善资格体系的一部分。

同时，还有一点也十分重要，即在建立教育系统时，应围绕学习科学中与学生的学习方式以及学生的进步方式相关的内容展开，而不是仅仅围绕学科展开。例如，新加坡在制定课程时，对学习的进步过程十分明确。随着学生从初等教育升入中等教育并进而升入高等教育，他们首先应该能够明辨是非，随后应该能够对节操有所认识，并能够拥有为正义挺身而出的道德勇气。同样，教师应该帮助学生进步，首先帮助他们了解自己的长处和短处，随后使他们相信自己的能力，相信自己能够适应变化，最终使他们在面对困境使能够变得坚韧。学生应该不断进步，首先应该与他人合作并分享，随后应该能够在团队中工作并设身处地地理解他人，最终应该能够进行跨文化协作并拥有社会责任感。学生还应不断发展，首先在小学阶段应该拥有强烈的好奇心，随后在中学阶段应该拥有创造力以及探索精神，最终在高等教育阶段应该拥有创新能力以及开拓精神。教师应该引导学生，首先应该引导学生独立思考并自信地表达自己，随后应当引导学生接纳不同的观点并进行有效的沟通，最终应当引导学生进行批判性思考并在交流过程中令人信服。还有一点也非常重要，即学生应该不断前进，首先应该为自己的工作感到自豪，随后应该为自己的学习负责，最终应该要追求卓越。

出人意料的是，直到本世纪第二个十年，各国才在课程设计方面采取了意图更加明显、更加系统的方法。这一转变在很大程度上受到了 Charles Fadel 等人的工作以及 Charles Fadel 在哈佛大学创立的课程再设计中心的启发。[20] 这一转变同时也呼应了我们在 2016 年发起的 OECD 教育 2030 课程设计项目。过去多年,各国一直拒绝从国际视角来讨论课程问题(各国一般将课程问题仅仅视为国内政策)。现在,各国将OECD置于领导地位,以开发一个具有创新性的课程设计全球框架。各国认识到,社会对教育的期待与当下的教育机构所取得的成果之间存在着越来越大的差距。各国还认识到,需要国际社会协调一致,努力缩小这个差距。

招募并留住优质教师

我们对教师有很多要求。我们希望他们能够对教学内容以及教学对象有着深入且广泛的了解,因为教师所知道以及所关心的事情对学生的学习有很大的影响。这包括了专业知识(如学科知识、学科课程知识以及与学生在该学科中的学习方式相关的知识)和专业实践知识,这样教师就可以创造能够带来良好学习成果的环境。这还包括调查以及研究技能,此类技能能使教师成为终生学习者并使他们获得职业上的成长。如果学生不认为他们的教师是终生学习者,那他们也不可能成为终生学习者。

我们对教师的期待远超教师工作说明中的内容。我们期待教师能够热情洋溢、富有同情心并体贴入微,能够鼓励学生的参与感和责任心,能够帮助来自不同背景且拥有不同需求的学生,能够促进宽容和社会凝聚力,能够对学生进行持续的评估并给予反馈,能够保证学生感觉到被重视、被接纳,能够鼓励合作学习。此外,我们还期待教师能够进行团队协作,并与其他学校以及家长展开合作,以制定共同的目标,计划并监测这些目标的完成情况。

一些因素使得教师的工作比其他专业人员的工作更加具有挑战性,更加不同。作为新加坡著名的国立教育研究院(National Institute of Education)的负责人,Oon Seng Tan 表示,[21] 教师需要擅长同时处理多项任务,因为他们要同时回应许多不同学生的需求。教师还需要在难以预测的教室环境中工作，且常常没有时间思考该如何应对各种问题。无论教师做什么，即使是针对某个学生所做的事情，都会被所有学生看到，并影响学校其他人今后对该教师的看法。

大多数人都会记得，所遇到的教师中至少有一名教师曾对他们的生活或志向真正地感兴趣，曾帮助他们了解自己并发现自己的喜好，曾教会他们如何热爱学习。

我认为，一个教育系统的质量无法超越该系统中教师的质量。因此，吸引、培养并留住最优质的教师是教育系统所要面临的最大挑战。为迎接这个挑战，政府可以把目光投向企业，了解企业如何组建团队。企业都很清楚：必须关注人才池的建设，以便从中招聘并选拔员工；求职者在求职前应达到的教育背景的门槛；如何培训新员工并引导他们适应工作内容；员工需要接受何种继续教育；如何构建员工薪酬体系；如何奖励表现最好的员工；如何改善后进员工的表现；如何为表现最好的员工提供机会，使他们能够获得更高的地位并承担更多的责任。

吸引优质教师

在研究优质教育系统招聘教师的方式时，我所了解的第一件事便是，优质教育系统使教师职业具有排他性，同时使教学工作具有包容性。

在任何行业或组织招募专业人员时，都要尽可能建设一个由潜在雇员组成的人才池，潜在雇员应属于最优秀的一部分人口。大多数企业和行业高度依赖学校、大学以及考试体系来为它们筛选人才。当日本的高级部委决定从东京大学招聘工作人员时，正是遵循了上述做法；当华尔街的企业主要从哈佛大学、耶鲁大学以及斯坦福大学的毕业生中招聘员工时，也遵循了上述做法。它们聚焦于这些院校，因为它们相信这些院校擅于识别最有能力的年轻人，而不是因为这些院校的毕业生所拥有的任何具体知识或技能。没有行业能够负担得起为所有岗位延揽最优秀的毕业生,因此各行业还要对自身运营进行组织,以便将最优秀的员工安排到关键岗位,并将其他不那么优秀的员工安排到辅助性岗位。各行业还时常通过岗位结构来充分利用其所拥有的最优秀的专业人员。

那么,什么造就了各行业用于筛选专业人员的人才池呢?一般而言,人才池受多种叠加因素的影响:工作所附带的社会地位、岗位候选人工作时所能感受到的贡献度以及工作所能带来的经济以及智力上的回报。

在一个国家,教师职业所拥有的地位对希望从事教师职业的有着深远的影响。在芬兰,教师是个具有高度选拔性的职业,全国各地的教师都拥有高超的技巧并接受了良好的教育。在芬兰,很少有职业能拥有比教师更高的声望。在传统儒家文化中的教师社会地位一直以来都高于西方国家的大多数教师。在一些东亚国家,教师的工资由法律确定,以确保教师的薪酬是所有公职人员中最高的。

在英国布莱尔领导的工党政府执政伊始,曾面临英国史上最严重的教师短缺问题。该政府执政五年后,每个空缺的教师岗位平均会收到八个申请。从某种程度上看,这与起薪的提升以及教师工作环境的显著改变有关。然而,一个精心策划且影响巨大的招聘及广告宣传项目也在其中发挥着重要作用。[22]

新加坡以复杂的方式提高人才池的质量,并从人才池中筛选参加教师教育的人选,这一点令人瞩目。新加坡政府认真筛选候选教师,并在职前教师教育阶段按月向候选教师提供津贴。相对于在其他领域工作的刚毕业学生所获得的月薪,该津贴十分具有竞争力。作为交换,这些候选教师必须承诺,至少从事三年的教学工作。新加坡还十分关注起薪,并调整新教师的工资。实际上,新加坡希望那些最符合条件的候选教师将教师视为一个在经济上与其他工作具有相同吸引力的职业。PISA的数据显示,新加坡的学校在做出教师聘请决定时所拥有的余地相对有限。然而,候选教师所要服务的学校的校长将会加入教师招聘小组，并对教师聘请决定做出权衡。校长清楚地意识到，做出错误的教师聘请决定可能会导致长达40年的糟糕教学。所以，该决定不仅仅关乎单个学校，更关乎学校系统的成功。

尽管使教师职业在经济上更具有吸引力相对比较容易，但使其在智力上更具有吸引力则要困难许多。然而，智力上的吸引力是吸引极具才能的人从事教师职业的关键；当许多人从事教学工作的目的是改变他们所处的社会时，情况更是如此。使教师职业在智力上更具吸引力十分困难，因为这取决于教师工作的组织方式、教师所拥有的职业成长方面的机会以及教师行业和整个社会如何看待教师的工作（参见图3.1）。考虑到上述情况，教师行业在国际范围内还没有更多的方式来表彰并奖励优秀教师，就显得十分不同寻常。2016年，电影行业颁发了第88届奥斯卡金像奖，但也正是在这一年，全球教师奖（Global Teacher Prize）[23] 才首次颁发。

如本书第二章所述，成人能力调查表明，没有一个国家的教师是来自大学毕业生中成绩最好的前三分之一学生（参见图2.5A）。事实上，教师的能力常常与拥有大学学位的普通企业员工出奇地相似。更有意思的现象是，在一些国家，教师的能力在国际上或与普通大学毕业生相比没有优势（波兰便属于此类国家），但这些国家却在教育方面取得了最快的发展。这说明，从最优秀的毕业生中招聘教师仅仅是发展教育的一个方面；各国在教师的持续性职业发展方面的投入也同等重要。

培养优质教师

成为教学富有成效的教师需要哪些因素？教育研究者Thomas L. Good和Alyson Lavigne[24] 总结了此类教师的一些显著特点：这些教师相信，他们的学生有学习能力，他们自身有教学能力；他们将大部分的课堂时间用于教学；他们使课堂井井有条，并最大限度地增加学生的学习时间；他们运用快速的课程节奏，并让学生一点点地进步；他们运用积极的教学方法；同时，他们会把学生教到熟练掌握为止。

然而,我们该如何培养这样的教师?我想用自然界的事例作类比:青蛙产下大量的卵,希望一些蝌蚪能存活下来并最终长大成"蛙";鸭子只下几个蛋,给予这些蛋保护和温暖直至孵化,并用生命来保卫小鸭子。这些不同的繁殖哲学反映在不同国家的教师教育方法之上。在一些国家,教师教育对所有人开放,但往往会成为不得已的选择,且有着很高的辍学率。在另一些国家,教师教育具有很强的选拔性;同时,资源被集中用于帮助那些被录取的学生,使他们成为成功的教师。

许多顶级学校系统已经完成了转变:过去,教师被大量教师教育专业院校录取,这些院校地位低,且录取标准也相对较低;现在,教师被相对少量的教师教育综合性院校录取,教师教育在这类院校的地位以及录取标准都相对较高。通过提高进入教师行业的门槛,这些国家阻止了那些资质较差的年轻人成为教师。这些国家明白,如果社会公认某个职业容易从事,并因此吸引到那些无法从事高要求职业的人,那么能力强且能够进入地位较高的行业的年轻人就不大可能从事这种职业。

芬兰已经使教师教育成为最负声望的学术项目之一。每年,该国教师教育的每个招生名额一般都会收到超过九个的申请。那些没有被教师教育录取的人仍可以成为律师或医生。学校会根据教师教育申请者的高中成绩以及入学考试成绩进行评估。但是,更加严格的选拔还在后面。一旦申请者通过了学历方面的初步筛选,他们就会在模拟教学的活动中接受考察,同时也要接受面试。只有那些有明显的教学天赋且学业表现好的申请者才会被录取。

通过提高进入教师行业的门槛,并使教师对课堂教学以及工作条件拥有更大的自主权和控制权,教师职业的地位得到了提升。教师现在是芬兰年轻人最理想的职业之一。芬兰的教师通过证明他们可以帮助几乎所有的学生成为成功的学习者,赢得了家长以及社会的信任。

顶级教育系统还致力于转变职前教师教育项目的模式,使其更少地关注于培养专业学者,而更多地关注于在课堂环境下培养专业人士。在这样的课堂环境下,教师更早地来到学校,在学校待上更长的时间,并在此过程中得到更多、更好的支持。这些项目更多地聚焦于帮助教师习得相关技能,使教师能够更早、更准确地发现面临学习瓶颈的学生,并对教学进行相应的调整。这些项目希望未来的教师能够自信地借鉴所有具有经验性、参与性、形象性、探究性的创新教学法。

在一些国家,职前教师教育包括对研究技能的学习。人们希望教师能够以终生学习者的身份使用这些技能,来对他们所处时代的普遍认知提出质疑,并对专业实践的发展作出贡献。研究技能是成为专业教师必不可少的内容。在芬兰,每个教师要完成一篇研究型硕士学位论文,才能结束职前教育。由于芬兰处于以创造力和创新力为导向的课程设计的前沿位置,芬兰教师的工作便和那些兼具研究性、开发性和设计性的职业有着一样的吸引力。

未来最大挑战之一是,我们变得更会认同教师的所知所会,而不是他们如何成为教师。我一直以极大的兴趣追踪研究了一段时间的"美丽世界(Teach For All)"支教行动。"美丽世界"网络中各机构的愿景是,从各学科和各行业招募具有潜力的未来领袖,让他们到弱势学校从事至少两年的教学工作,并成为教育质量和教育公平的终生推动者。

成为"教育优先(Teach First)"组织的理事会成员后不久,我便参加了该组织 2012 年在伦敦召开的年会,并发表了题为"如何改变 10 000 个课堂"的演讲。我在那里听闻了一些人的经历:为了给弱势学生的生活带来明显变化,这些人放弃了成功的事业,加入到教师队伍之中。一些年轻与会者的经历更加让我印象深刻:他们设计了教师教育强化课程,并且每年向 400 名尼日利亚教师讲授这些课程——尼日利亚基本上不存在教师教育机构。一名来自中国的与会者也分享了她的经历:她当时正与地方政府合作,在偏远农村地区建立亟需的教学力量。

Wendy Kopp 在 20 多年前成立了"美丽美国(Teach For America)"支教组织,并在 2007 年与他人共同成立了"美丽世界"支教组织。她回顾了"美丽世界"的发展历程:怀着对教育公平的共同承诺,来自少数国家的社会企业家组成了一个小组织;该组织现已发展成为一个由 47 个独立的成员组织组成的全球网络,这些伙伴组织致力于为最弱势学生的教育推动集体领导制。"美丽美国"是"美丽世界"最为成熟的成员组织。曾经参与过以及当前参与"美丽美国"的教师人数已经超过 5 万名,其中有超过 80% 的教师继续从事与教育相关的工作,或在资源匮乏的社区工作。当前参与"美丽美国"的教师人数超过 6 500 名,他们为全美近 40 万名学生服务。与此同时,曾经参与"美丽美国"的人正以教师、学校校长、学区领导者、政策制定者以及社会企业家的身份,努力实现持久的变革。"教育优先"是"美丽世界"网络中第二个创立的成员组织,目前在英国拥有超过 2 500 名教师,他们为超过 16.5 万名学生服务。曾经参与"教育优先"的 7 000 名教师中有近 70% 的人仍从事与教育相关的工作。同时,该组织被誉为伦敦公立学校变革的关键力量之一。在世界各地区,"美丽世界"网络下的各个组织正不断成立并壮大。在美国以及英国以外的国家或地区,正身处该网络的教师有 5 000 多名,曾加入该网络的教师有 6 000 多名。

这些组织的批评者认为,除传统教师培养模式外——从本科学习,到教师教育,再到成为教师——没有其他选择,传统模式有其存在的一定道理。然而,这些批评者可能低估了教育领域的创造力潜能。所谓的创造力表现为才能、热情和经验的结合。

这些支教项目如今的巨大吸引力不言而喻:即使在教师职业的总体地位处于下降趋势的地区,也能够招募到最有潜力的候选人。上述支教组织将良好的学业成绩和支持体系结合起来。在该支持体系下,教师们共同合作,以进行良好的教学实践。这些组织还为教师提供政策制定以及社会企业管理等需要运用到才智的职业路径,使教师能够获得职业上的成长,无论是以教师的身份，还是以学校层面、教育系统层面，抑或是其他领域的领导者的身份。最使我印象深刻的是，这些工作——从对教师领导力的培养到社区组织的建立——背后所隐含的对社会转型的愿景。显然，"美丽世界"没有提供替代传统教师教育的方案，但其中的许多教师已成为教师行业内亟需的创新者以及游戏规则的改变者。

更新教师的技能

如果我们希望学校能够帮助学生进行更有效的学习，我们应该更认真地思考如何为教师提供更多的学习机会。然而，如何才能以标准统一且可以为全部学校复制的方式使好的教师成为优秀教师呢？

教师职业发展教育往往聚焦于职前教师教育：教师在从事教学工作前所要掌握的知识和技能。同样，为教师职业发展教育所提供的大多数资源也常常被用于职前教育。然而，考虑到教育领域的快速变化以及许多教师漫长的职业生涯，必须从终生学习的角度审视教师培养，并将职前教师教育视为持续学习的基础，而不是职业发展教育的顶点。请想想技术创新和新媒体给教师带来的挑战，或想想最近涌入的移民给欧洲教师带来的挑战。数十年前，当今天的在职教师在接受教育时，任何职前教师教育项目都无法预见到这些挑战。

2010年，加拿大安大略省前省长Dalton McGuinty向我介绍了他是如何对现有学校和教师进行投资的，如何争取他们对改革的承诺以及如何支持他们的发展，而不是针对下一代教师才采取上述行动。这里涉及了在学校所进行的大量教师能力培养工作，还涉及了教育系统领导者与教师工会、监管组织以及学校领导者协会间为讨论如何制定改革策略而举行的季度会议。

其他国家也在教师的职业发展方面投入巨大。新加坡的教师每年可以接受100小时的职业发展教育，以使教师能够跟上所在领域的最新发展，并改善他们的教学方法。教师网络和职业化学习社群能鼓励教师间进行互助式学习。新加坡教师学院（The Academy of Singapore Teachers）于2010年9月成立，目的是进一步鼓励教师不断地分享最佳的教学方法。在新加坡，经常会听闻这样的抱怨：在职前教师教育阶段，教师教育没有为新教师提供充分机会，使他们能够在真实课堂环境下面对真正学生。要使新加坡每年2 000名新教师适应课堂，难度很大，并会带来混乱与巨大支出。

因此，我们可以做些什么呢？你是否关注过美国以及欧洲部分地区的教师教育？在这些地区，教师教育受地方官员所做出的大量决定的影响，然而这些官员却不清楚他们的决定正如何影响着教学的总体质量。你是否还关注过一些精英大学？这些大学为精心挑选的小部分人提供教师教育的学习机会，而与此同时，教师教育的全国标准却在下滑。新加坡已经尝试了许多差异巨大的方法。除了为期10到22周的学校教学实践外，新加坡国立教育学院（National Institute for Education）还使用数字技术，将课堂实况引入职前教育，使新教师能够实时接触到该国的课堂实况。新加坡国立教育学院还开展了一系列令人印象深刻的基于课堂的研究，旨在帮助教师提供个性化的学习体验，面对差异不断加大的课堂环境以及学习风格，并紧跟课程、教学法以及数字资源方面的创新。

在上海，每个教师都要在5年内接受240小时的职业发展教育。上海的做法在中国并非个例。我在北京师范大学——中国最好的教师教育机构——担任客座教授。每次在那里授课时，听课教师的专业性、他们对持续教育的投入、他们对别国使用的教学方法的热衷都使我印象深刻。

有效的职业发展教育应具有连续性，囊括教育、实践以及反馈，并为效果跟踪提供充分的时间。在成功的职业发展教育项目中，教师参加的学习活动应与他们将来在学生中开展的活动类似。

但是，关键往往不仅在于在职教师所接受的大量课程培训；更为重要的是潜在的职业结构及其与教师共同工作时间的互动方式，这种结构和方式以社会组织为形式，不仅需要、更能提供促成改变的新知识新技能。成功的职业发展教育项目能促进教师学习团体的发展,使教师能通过此类团体分享他们的专业技能和经历。人们对在教师行业内构建累积知识的方式——例如,加强研究与实践之间的联系以及鼓励学校发展成为学习组织——的兴趣越来越大。

在新加坡国立教育学院任职的 David Hung 发现,改变教师的观念是教育变革中最为重要的一点。[25] 他将改变教师的观念视为教学方面的转变:从传递知识到共同创造知识;从学习教科书上的抽象内容到在实验中学习;从进行总结性评价到对学生的成长过程进行监测。这往往要求教师把对失败的恐惧化为进行尝试的意愿。自我效能感高或低的教师不太可能使用他们所学的新技能,而对自我能力的信心适中的教师则最有可能使用所学的新技能。自我效能感与工作的组织方式有关:如果教师越多地观摩其他教师的教学,越多地参与协作式职业发展教育,越多地进行共同教学,则他们越会认为自己的教学富有成效(参见图 3.3)。[26]

然而,令人惊讶的是,人们对教师在整个职业生涯内持续学习的途径知之甚少。这促使我开展了首次 OECD 教学与学习国际研究,使教师能够发出自己的声音。与上述研究相关的第一批研究结果于 2009 年发布。[27] 结果显示,教师参与度相当低的职业发展教育活动往往被视为是最有效的。2013 年进行的第二次 OECD 教学与学习国际研究[28] 也显示,在各个国家,教师频繁展开协作并参与非正式的交流,然而课堂观摩及研究或团队教学等与教师教学成效联系最为紧密的职业发展教育活动的开展频率仍然非常低(参见图 3.3 以及图 3.4)。

OECD 教学与学习国际研究的结果表明,对教师的教学实践有影响的职业发展教育活动一般在校内开展,并能使教师在合作小组中工作。拥有高度职业自主性以及在合作文化下——其特点是高水平的合作以及教学领导——工作的教师表示,他们更多地参与校内职业发展教育活动,且这些活

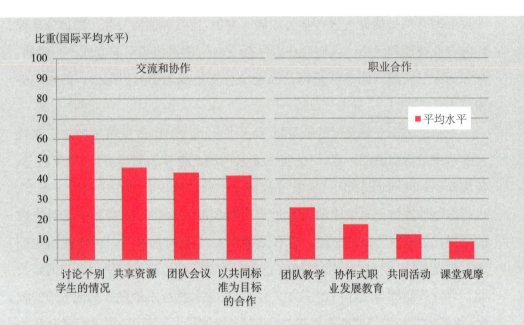

图 3.3 相较于深度职业合作,非正式交流在教师群体中更为常见

每月参加上述活动的频率至少为一次的初级中学教师的比重

来源:OECD, TALIS 2013 Database, Table 6.15.

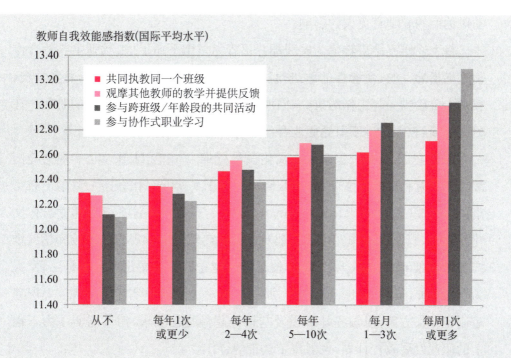

图 3.4　与同事合作能使教师感知到自我效能感

备注：教师职业合作所带来的教师自我效能感的强度。教师越频繁地参与各类的合作，自我效能感也就越高。

来源：OECD, TALIS 2013 Database, Table 7.10.
链接：http://dx.doi.org/10.1787/888933042295.

动对他们的教学有更大的影响。[29]

将上述研究结果转化为实践却并不容易。由下而上、由教师主导的合作和外界指导下的、系统性的改进过程间往往会出现紧张情况。在很多学校，教师十分珍惜一起工作的机会，但他们却没有尽量延长一起工作的时间。在另一方面，教师对过度引导职业合作方向的努力的接受度很低。

事实上，要在学校建立合作文化说易行难。Andy Hargreaves 现为美国波士顿学院林奇教育学院(Lynch School of Education)托马斯·莫尔·布雷南讲座教授(Thomas More Brennan Chair)。他常常关注在学校建立合作文化的难度，以及将合作文化从少数对此充满热情且领导得当的学校和学区推广出去的难度。[30] 他认为，一些学校系统所建立的合作文化实际上是一种"人为合作(contrived collegiality)"。那是一种由上层强迫实行的合作：上层通过制定合作方案，对做些什么以及与谁一起做提出要求，但却阻碍了由下而上的职业发展教育计划，也阻碍了真正的合作。

然而，可以采取下列政策来促进真正的合作：制定能够创造并维持学习群体的领导力发展战略；将与职业合作相关的指标引入学校检查和认证的过程；将对专业学习社群的投入程度与绩效薪资以及教师能力评估联系起来；为教师在校内以及校际间的自主学习提供种子基金。为培育教师集体效能感，需要形成能够鼓励教师进行合作的架构和流程，包括提供集体见习的时间和机会。教师间进行合作的活动可以包括由教师发起的研究项目，建立教师网络，观摩同事的工作、指导或辅导。通过支持与有效的教师职业发展教育联系最为紧密的条件和活动，政策制定者可以提高学生受到积极影响的可能性。

芬兰鼓励教师在职业生涯内为有效教学方法的研究做出贡献。中国教师教育系统也强调研究的重要性，并且该体系的改进仰赖于教师所开展的研究。在中国，有着大量由教师主导的研究，且教师很容易就能获得政府提供的研究经费，这一点一直使我印象深刻。研究取得成功的标准是，开展研究的教师可以证明,他们能够与其他教师一起,在其他学校重现研究发现。张民选早前曾任上海某实验学校的校长,随后又担任上海最主要的师范大学的校长。他向我介绍,学校所获得的研究经费被用于发展新的试点项目或政策,也被用于测试这些项目或政策能否推广至其他学校。这些学校中最有经验的教师随后会被选为合作研究者,以评估上述项目或政策的有效性。

亚洲其他国家也充分发挥本国最优秀教师的才能。这些国家的教育部门经常会找出最优秀的教师,并减轻他们的部分教学任务,从而使他们能够给他们的同行授课,做出示范,并指导他们所在地区、省份,甚至国家的其他教师。在学校层面上,最优秀的教师一般引导着课程开发过程。有经验的教师也会被要求去指导新教师,还会被要求去分析为何某些学生会在学习方面有困难,并在其中发挥着关键作用。

这些政策和做法会影响教师队伍本身的质量。例如,日本的课程研究传统意味着日本教师要携手提高他们所教授的课程质量。那些教学逊于教学带头人的教师能够知道好的教学是什么样的。由于教师行业的结构为教师提供了机会,使他们能够提升声望,承担更多的责任,因此对一名好教师而言,成为更好的教师是会有回报的。

新加坡通过"强化绩效管理系统(Enhanced Performance Management System)"鼓励教师的发展。该系统于2005年首次完全投入使用,是"教育服务职业发展与职业规划(Education Service Professional Development and Career Plan)"下属的"职业与表彰体系(career and recognition system)"的一部分。该规划有三个组成部分:职业通道、通过金钱奖励进行的表彰、评价体系。根据新加坡政府提供的信息,该规划认识到教师拥有不同的志向,并为教师提供了三条职业轨道:在教学轨道下,教师能够留在教学岗位上,并晋升为高级教师;在领导轨道下,教师能够得到机会,在学校以及教育部门担任领导职务;在高级专家轨道下,教师能够加入教育部门,加入一支"强大的专家团队,团队中的专家拥有教育领域内的具体方面的丰富知识和技能,将会开拓新领域,并使新加坡保持领先优势"。

"强化绩效管理系统"以能力为基础,规定了每条轨道所要求的知识、技能以及专业特点。这一过程包括了绩效规划、辅导以及评价。在绩效规划方面,每年伊始,教师都要进行自我评估,为学校的教学、教学创新以及改进措施制定目标,也为职业发展和个人发展制定目标。对教师进行考核的人员往往是某个部门的主管。教师要与考核人员会面,讨论标准以及绩效基准的设定。绩效辅导会贯穿于全年。在进行正式的年中回顾期间,考核人员要和教师会面,讨论工作进展以及需求,这时尤其要进行绩效辅导。

在年末的绩效评价中,考核人员会进行考评面谈,并根据绩效规划,考核实际的绩效。绩效等级会影响该年工作所可以获得的年度绩效奖金。在绩效评价阶段,会根据"当前预估的潜力",决定某个教师能否晋升一个等级。在确定某个教师的潜力时,会咨询与该教师共事的资深教师,依据的是观察、与教师的面谈、资质证明以及教师对学校和社区的贡献。

国际交流可以极大地丰富政策和措施。2014 年,时任英国教育与儿童保育事务副大臣,同时也曾是数学教师的 Liz Truss 有感于上海学生在 PISA 数学评估中的优异表现,她来到上海考察数学教学,并对上海的数学教学、教师间和学校间的项目印象深刻。她与中方一道,发起了一个中英两国教师间的交流项目。[31] 作为英国政府的"数学中心(maths hubs)"规划——数学卓越中心全国网络——的一部分,该交流项目旨在传播最佳的教学实践,并提高数学课程标准。

上述交流项目在最开始时遭受到质疑。项目发起时,BBC 采访了我以及一位来自英国全国教师工会的领导,我因此得以亲眼见证项目所遭受的质疑。该工会代表提出了一个十分常见的问题,即在某个国家或文化中行之有效的东西能否为其他国家或文化所借鉴。我反驳道,中国已经付出了上千年的时间来改进数学教学方法,并反问道,对英国而言,中国的经验是否毫无可取之处。然而,他似乎没有被说服。

不久之后，该交流项目就启动了。大约有 50 名懂英语的中国数学教师被分配至英国的 30 多个"数学中心"。他们展示了自己所使用的教学方法，包括以最高的标准进行教学以及一对一地帮助面临学习瓶颈的学生。他们每天都上数学课，布置作业并给出反馈。这些中国教师还会给当地的学校授课，提供特定学科的在职教师教育。在另一方面，英国的每个"数学中心"的主要数学教师也来到中国的学校工作。交流项目在两国引起了相当大的关注。这说明了，如果教师有机会向其他文化学习，如果我们敢于打破意识形态的藩篱，那么教师就能够，也会有意愿向其他文化学习。[32]

将教师视为独立且有责任心的专业人士

历史上，"专业化"这个概念指的是某个职业的从业人员所拥有的自主权和内部管理权的水平。在 18 世纪到 19 世纪的欧洲，职业和专业的区别在于，专业涉及特殊的知识、正式的行为规范以及国家授予的从事特定服务的权限。久而久之，传统上对专业的定义得到了扩大，大学教授以及高中教师都被视为教育专家。

在 20 世纪，教学的专业化受到了课程的不断标准化以及随之出现的工业化工作组织的挑战。在过去 100 年里，世界范围内教育机会的增多不仅导致教师数量增长，还带来了更加结构化和标准化的课程和教学设计。

然而，21 世纪初，人们重新将目光聚焦于教师的专业化，并将其视为教育改革的关键。由于提高教师素质被视为提高学生成绩的关键因素，教师的专业化引起人们的重视。事实上，教师行业内牢固且连贯的专业知识体系——教师对该体系抱有责任感——以及教师的持续职业发展，现被广泛地视为提高教师绩效以及教学效果的根本。国家间的教师专业化水平有着巨大的差异(图3.5),这种差异往往反映了文化以及历史差异,也反映了国家以及地方政策重点的差异。

在一些国家,教育工作者会将教学完全视为教师在自己执教的班级里所独自承担的责任。然而,这往往导致教师行业无法形成公认的教学方法。因此,挑战在于如何转变现有体系:当前,每个教师都能决定自己的教学方法;将来,教师要从教师行业所认可的有效的教学方法中进行选择。我们不能将自由当做特立独行的借口。在此情况下,最重要的一点是,专业化和专业自主权并不意味着教师可以在特定情况下做自己认为或感觉正确的事情,而意味着教师应根据自己对专业实践的深刻理解,做自己确定正确的事情。

教学与学习国际研究的数据显示,当评估教师的专业知识基础、他们对自身工作的决定权以及他们所拥有的与他人交流并得到帮助的机会时,教师仍面临着巨大挑战。教师很少像其他专业人员一样,拥有自己的职业标准。他们也很少拥有其他基于脑力劳动的职业所习以为常的工作自主权以及协作式工作文化。然而,该数据还显示,当教师共同执教一个班级、定期观摩其他教师的教学并参与协作式职业学习时,他们会对自己的职业更加满意,他们的教学效能感也会更高(图3.4)。

向优质教育系统学习并亲自了解什么样才是教师专业化是十分有益的。有趣的是,优质教育系统与世界上其他教育系统在实现教师专业化方面的途径同样多样。例如,相较于东亚的其他地区,香港给予教师更大的自主权。在香港,学校管理人员和教师可以自由地决定课程、教材以及教学方法。自主权的宽度和深度使教师形成了高度的职业自尊心,并对持续的职业发展拥有内在动机。即使是面对办学表现不佳的学校,香港政府也不会干预学校的管理。相反,香港政府十分信赖学校管理层以及教师的决定权。

相比之下,上海市政府则会制定相关政策,管理相关学校并介入教学方法的改进。上海的教师要接受全面且严格的职前教育,随后还要定期参加职业发展教育活动。他们应当遵循上海市政府所制定的标准以及课程方案,通

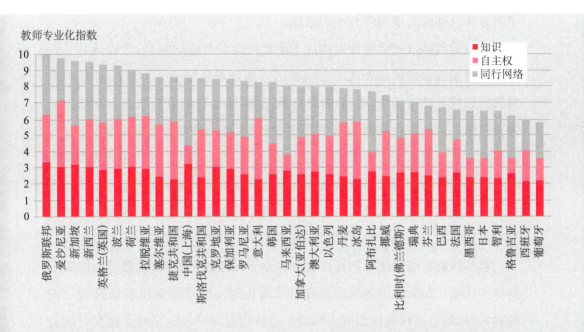

图 3.5　世界上教师专业化以及专业化的构成要素有巨大差异

备注：知识指的是教学所必备的专业技能,该指数包括：正式的教师教育,以及教师是否有追求职业发展的动机(如能够在工作期间参与各项活动)、是否能够参与涉及职业发展的活动。自主权指的是教师对与自身工作相关的事项的决定权,该指数包括对以下事项的决定权：教学内容、课程设置、学科实践、考核以及教材。同行网络指的是为维持高教学标准所需的信息交流以及得到帮助的机会,该指数包括：参与入职培训、指导项目和/或教师网络(通过直接观察获得反馈)。

来源：OECD(2016),*Supporting Teacher Professionalism*：*Insights from TALIS 2013*.

常对课程目标的解读拥有较小的余地。

优质的教师以及学校领导构成了新加坡教育系统的基石,并被认为是新加坡教育系统取得优异表现的主要原因。新加坡已建立了一个综合系统来对教师和校长进行选拔、教育、补贴以及培养,从而在教育前线建立起强大的师资队伍。大量职业发展教育都在学校进行,并由教职工培训负责人主导。这些负责人要找出与教学相关的问题,或引进新的教学方法。这使得教师对职业发展拥有更大的自主权,并促进由教师主导的卓越职业文化的发展。澳大利亚、加拿大、芬兰以及荷兰也采取了类似的策略,同时也因本国教师所拥有的决定教学方法的自由度而闻名。

教师所拥有的自主权在程度上有着差异,这表明自主权的影响力取决于具体的环境。如果一国的教师教育以及选拔程序能够培养出合格且独立的教师队伍,则自主权会使创造力和创新力蓬勃发展;反之,则自主权有可能会加剧错误判断和决策的影响。

芬兰以及加拿大安大略省的案例表明,原本集中式的教育系统已经将重点转向改进教学方法;转向注重执行,注重为教师提供机会,使他们能够实践新理念,能够向他们的同事学习;转向制定一个统一的策略,并为教师和学生设定一系列预期目标;转向争取教师对改革的支持。

其他国家也重新平衡了本国的教育系统,从而赋予学校校长和教师更多的决定权。当决定权与协作文化以及责任文化相结合时,才似乎和学校绩效有着密切联系。[33]

在一些国家,无论从整体上还是从个体上看,教师都拥有很大的决定权;在另外一些国家,绩效好的学校拥有的决定权更大,而绩效差的学校拥有的决定权更小。在一些国家,学校校长差不多相当于教师的带头人;在另外一些国家,教育部门则指望学校校长来引领方向并管理教师。然而,这些国家所共通的一点是,它们正使学校管理方式从官僚式管理转向在专业合作组织中更有可能出现的工作组织模式。

这些国家从许多案例中得到结论，即自上而下的改革不足以在实践上取得深入且持久的改变，因为改革聚焦于内容与教学，和学习的核心内容相去甚远；因为改革基于一个假设，即教师知道要如何完成工作，但他们实际上却不知道要如何才能完成；因为许多相互矛盾的改革要求教师同时完成许多工作；或因为教师和学校并不认同改革策略。因此，在过去，公共政策聚焦于建立与社会形成深入联系的强大社会制度，而不是假设政府可以直接接触学校、教师以及其他利益相关者。

另一方面，爱沙尼亚以及芬兰的责任体系完全是自下而上建立起来的。在某种程度上，选拔候选教师时依据的是他们是否能够表达出对公共教育核心使命的信念。他们所做准备的目的在于使他们对所有学生的学习和幸福形成个人责任感。从更高的层面看，上述责任体系则涉及学校。社会上大多数人给予学校的信任似乎能使教师对每一个学生的成功产生强大集体责任感。虽然芬兰的每一所综合学校都要向市政府汇报，但是各市政府所实施的监管的质量和程度却有着巨大的差别。市政府负责聘任校长，通常签订六年或七年的合同，但日常管理学校的职责却要由教师以及其他教育专业人士承担，他们同时还要负责确保学生能够取得进步。

把教师的时间发挥出最大的效果

2015年PISA所得到的最惊人的发现之一是，教育系统中的师生比与学校的班级规模之间的关系很微弱（图3.6）。直觉似乎在告诉我们，师生比越高将会导致班级规模越小，但相关数据却远远无法证明这一点。在巴西和日本，针对15岁这个年龄段，每个班级平均约有37名学生。但是，每名巴西教师对应29名学生，而每名日本教师则对应11名学生。相反，在美国和越南，

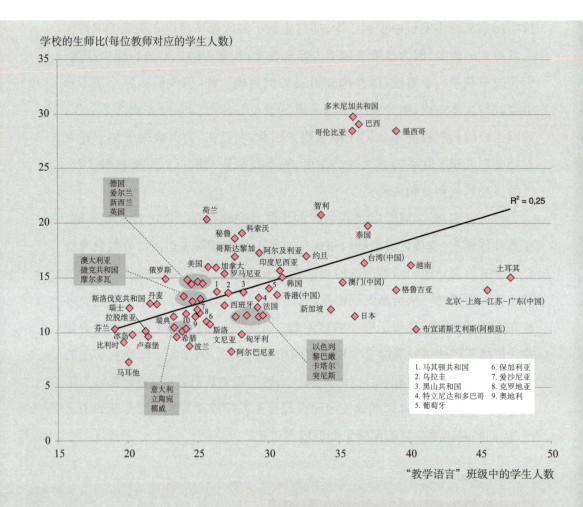

图 3.6 不同规模的班级可能拥有相似的生师比

来源：OECD, PISA 2015 Database, Table II.6.26.
链接：http://dx.doi.org/10.1787/888933436320.

每名教师大学对应 15 名学生,但越南学校的班级规模却几乎是美国学校的两倍。

这看似是统计上的偶然,其实和教育政策有很大的关系。巴西和美国的教师几乎没有时间做教学以外的事情。然而,日本和越南教师的教学负担却很轻,可以将大量时间用于做包括教学在内的事情。例如,他们要与个别学生及家长沟通,还要做一件最为重要的事情——与其他教师合作。

有些人可能依然认为,规模大的班级给教师留下的余地很小,使他们没有充分的时间来关注个别学生的需求。但是,根据 PISA 对学生的调查,教师的支持程度与班级规模之间似乎没有相关性。[34] 事实上,在日本,我曾观察了很多课堂;在这些课堂上,教师讲授的内容很少,但他们却开展课堂讨论,将讨论聚焦于概念理解以及与问题解决相关的基本概念,并使班上最机敏以及最迟钝的学生参与到讨论中来。通过这样的方式,日本教师尽量延长与班上每位学生的接触时间。同时,学生不会因为教师在与其他小组讨论而消磨自己的时间。实际上,日本福岛的一名教师曾向我抱怨道,班级规模变得太小,导致他们无法完全展示学生对某个特定问题的多种解决思路,而这恰恰是上好一堂课的基础。

芬兰的教育系统也追求类似的目标,但却采取了不同的策略。芬兰的学校将大约三分之一的教学时间分配给课外学习,因此教师能够有足够的机会来解决成绩不好的学生的问题,并培养学生的才能。在芬兰,特殊教育不是指对有学习困难的学生进行教学。在学习的某个阶段,几乎每位学生都会成为有特殊需求的学生,这仅仅是因为学校认为课外教学对他们更有好处。

在课内,则重点关注学生的自主学习和自我评估。当学生进入高中时,他们应该有能力规划自己的课程。同时,高中不存在年级的划分,每位学生都能按照自身节奏来学习。

在上海,探究式教学模块要求学生在教师的帮助和指导下,根据自身经历,确定研究课题。这么做是为了培养学生的能力,使他们能够学会如何学习,进行创造性以及批判性思考,融入社会并促进社会福利。事实上,在"把课堂时间还给学生"这个口号下,上海实施了一项重大变革,即在课堂上,相较于教师的教学活动,学生的活动增多。[35] 这从根本上转变了人们对好课堂的看法。从前,典型的好课堂是教师在课上讲授精心设计的内容。同时,在过去,展示好的教学范例的培训视频关注的常常是教师的活动;现在,在录制示范课时,需要用到多个摄像头,其中一个摄像头要用于录制学生的活动。此外,在评价教师时,依据的是学生的课堂参与时间以及学生活动的组织情况。

在类似芬兰、日本和上海这样的与众不同的地区,教师的工作需要得到本校其他教师的评议。教师的课堂不是他们的私人领域。

日本广岛的创造性学习时间带来的经验

当 Kadoshima 校长和我驱车前往他工作的那所位于日本广岛的学校时,路过了一栋办公大楼。他向我介绍,69 年前,与别处的其他大多数居民一样,他的祖母和两个叔叔在这里被活活烧死。他说,所留下的东西只有地板上的人影。

2014 年,在我来到广岛 Nagisa 高中的那天,一群学生来到了学校的操场。这看上去是一个普通的游戏活动,实际上却是一个精心设计并按照一定顺序进行的课程的一部分。该课程旨在帮助学生培养他们的五感,使他们形成对自我身份的认知,并锻炼他们与其他人合作的能力。

在第二课堂上,我观察到学生间以及师生间的积极互动。我还发现,来自澳大利亚的 Rudyard Brettargh 和来自美国的 Olen Peterson 在共同教授一门英语课。他们向学生证明了说一门语言的方式不仅仅只有一种,而是有很多种。

该校的许多教学方法都涉及体验式教学的内容,并要求脑力参与。在一节课上,我遇到了一群正在烹制大阪烧的学生。大阪烧是广岛当地最受欢迎的美食。当时,每位学生都在以自己的方式制作大阪烧,他们边做边从自己所犯的错误中吸取教训。

Kadoshima校长向我展示了学生多次到其他国家、到企业以及到日本其他地区进行课外参观学习的照片。在课外参观学习的过程中，学生了解了影响他们生活的全球经济、社会以及政治因素。有张照片记录了一群精疲力尽的学生在黎明时分躺在一个桥上的瞬间。Kadoshima校长介绍道，他们那时已彻夜步行了44公里。那次活动旨在增强学生的韧性，而这则出于一个认识，即在这个世界上生存就意味着要尝试、失败、适应、学习和进步。

协调教师、学生和家长的动机

为了理解人们为什么要做某件事，我们就要问自己，他们那么行事是出于何种动机。我们需要研究，相较于作用于一般国家的学生、家长和教师的动机，作用于某些国家的学生、家长和教师的动机是否更有可能带来更好的表现。这能够为我们提供重要的视角，使我们洞悉为何这些国家在教育领域中的排名要高于其他国家。

在一些实行高风险考试体系的国家，学生清楚自己要做什么才能实现自己的梦想，并为此投入必要的学习量。换句话说，在上述考试体系中，除非学生能够证明他们满足资格，否则就无法进入到自己人生的下个阶段——无论是工作方面还是深造方面。换言之，考试体系为学生提供了努力学习的强烈动机。爱沙尼亚、芬兰、荷兰以及瑞士之类的国家在PISA中的评估结果表明，在学校里努力学习并表现良好并不会自动降低学生对学校的强烈归属感，也不会降低学生的高度幸福感。

教师要努力工作，需要有什么样的动机呢？在重复性、缺乏灵活性的工业生产环境中，管理层会奖励那些产出超预期的人。在这样的环境中，员工间相互竞争。如果一些员工对比自己表现出色的同事心生怨恨,那么他们最终就有可能把该同事边缘化。然而,在专业化的工作环境中,整个团队的成功取决于将每个员工的产出最大化,因此员工倾向于合作。

学校环境也会受到家长的影响。在欧洲和亚洲的许多国家,某些教师会被任命为班主任。这些教师会随着学生一起升入下一个年级。他们要对自己班上的学生承担某些责任,还要和学生以及家长建立密切的关系。在亚洲和欧洲,教师和家长间通过社交网络来传递消息,这是十分典型的情况。这不仅是使家长参与子女教育的好方法,更重要的是,这还能够以对教师而言合适的形式,使家长承担起责任。

在这些体系中,家长容易和子女的班主任建立紧密的联系。国家教育与经济中心曾在丹麦开展了一系列焦点小组访谈。在访谈中,家长们被问及,当自己的子女遇到能力不足的班主任时,会出现什么情况。那会是个问题吗?家长们表示,班主任制度的优点远大于缺点。

班主任制度还有一个更不易察觉的优点。如果某个教师教导某个特定学生的时间只有一年,那么他可能会认为,即使他尽最大努力来教导分配给他的学生,他也无法纠正该学生在以前的学习中从其他老师那里养成的缺点,更无法使学生在未来的学习中避免遇到能力不足的教师。

然而,在班主任制度中,学生之前的教师是问题的关键,学生现在以及将来的教师同样也是问题的关键。在这个制度中,教师绝不可能逃避对学生所要承担的个人责任。出于职业自豪感,也由于教师与学生有着多年的紧密关系,对学生产生了个人责任感,教师因而自然而然地接触学生的家长。同时,班主任一般会与学生的各科教师共同协调学生的教育,还会在学生成长过程中为他们提供建议和引导。

关注学生的幸福感

PISA最为人所熟知的就是其所收集的与学习成果相关的数据。但是,在 2015 年,我们也研究了学生的生活满意度,他们与同学、教师以及家长的关系以及他们如何度过课外时光。[36] 研究结果表明,学生与本国其他学生以及别国学生在以下方面存在着巨大差异:他们的生活满意度;他们进取的动力;他们对学校作业的焦虑水平;他们对未来的预期;以及他们对校园霸凌或教师的不公正对待的看法。在 PISA 科学和数学的排行榜中,一些排名前列的国家的学生所报告的生活满意度相对较低;但是,爱沙尼亚、芬兰、荷兰以及瑞士的学生似乎能够兼具优秀的学习结果以及高生活满意度。人们很容易就会认为,学习时间长导致了东亚以及其他地区学生的低生活满意度。但是,数据显示,学生在校内或校外的学习时间与他们的生活满意度之间不存在联系。尽管教育工作者常常认为,焦虑是对考试负担过重的自然反应,但考试频率与学生对学校作业的焦虑程度之间也不存在联系。

然而,还有一些因素会影响学生的幸福感,并且其中的许多因素还与教师、家长以及学校有关。

首先,PISA 发现,如果学生认为自己与教师的关系是消极的,那么这会威胁到他们对学校的归属感。更快乐的学生常常会表示他们与教师间的关系是积极的。此外,与"令人不快乐"的学校的学生相比,"令人快乐"的学校(学生的生活满意度高于本国平均水平的学校)的学生会认为教师给他们的帮助更多。

就平均水平而言,在各个国家,如果学生认为他们的教师乐意提供帮助并对他们的学习感兴趣,那么他们感受到对学校的归属感的可能性是那些想法与他们相反的学生的 1.3 倍。反之,如果学生认为他们受到教师的不公正对待,那么他们在学校感受到被孤立的可能性要高出 0.7 倍。这一点十分重要。青少年间会形成牢固的社会关系,他们重视他人的接纳、关心和支持。如果青少年认为他们属于某个校园社群的一部分,那么他们更有可能在学业上表现得更好,在学校也会更有积极性。

各国间在这些指标上也存在着巨大差异。每四名学生中平均有三名学生认为他们对学校有归属感;在一些拥有顶级教育制度的国家和地区,如爱沙尼亚、芬兰、日本、荷兰、新加坡、韩国、中华台北以及越南,这一比例还会更大些。然而,在法国,每五名学生中仅约有两名学生认为他们对学校有归属感。

当然,大多数教师都在意是否与学生建立积极的关系,但一些教师可能未做好充分准备,无法处理棘手的学生和课堂环境。有效的课堂管理不仅仅是要建立并推行规则体系、奖励措施以及激励手段来控制学生的行为,还需要教师有能力创造一个促进并帮助学生积极参与学习、鼓励合作、提倡利他行为的学习环境。职业发展教育项目如果更多地关注课堂管理以及师生关系管理,可能会给教师提供他们所需的工具,从而使他们更好地与学生建立联系。教师还应要有时间与同事交流与学生的优缺点有关的信息,这样他们就能一起找到最好的方式来让学生感觉到自己是学校的一分子。

尽管考试频率并不影响学生的幸福感,但如果学生将考试视为威胁,那么他们对考试的焦虑程度就会受到明显的影响。平均而言,在OECD各成员国中,59%的学生表示,他们经常担心考试会很难;66%的学生表示,他们担心成绩会很差;大约55%的学生表示,在考试时,即使他们进行了充分准备,也会很焦虑。

PISA的研究结果再次表明,教师在这方面可以做的事情很多。即使在考虑了学生的表现、性别以及社会经济地位后,如果学生认为他们的教师调整课程内容来适应整个班级的需求和知识水平,那么当他们对考试做了充分准备时,感到焦虑的可能性就会降低,或者当他们学习时,感到紧张的可能性也会降低。当学生面临学习瓶颈时,如果他们的教师(在这个案例中,指的是他们的科学教师)提供一对一的帮助,那么他们感到焦虑的可能性也会降低。

相反,消极的师生关系似乎会削弱学生的信心,并带来更大的焦虑感。平均而言,在各个国家,如果学生感觉教师低估了他们的聪明程度,那么他们在学习时感到紧张的可能性要提高约62%,在考前感到焦虑的可能性也会提高约31%。这种焦虑感可能是学生对自己所犯的错误或害怕犯的错误的反应和解读。学生可能将错误内化,从而认为自己不够聪明。

因此,教师要知道如何帮助学生了解自己的优缺点,也要知道如何帮助他们认识到要怎么做才能克服自身缺点或减轻自身缺点的影响。例如,考试的频率可以更高一点,先设定容易达成的目标,随后再逐步提高难度,这样做可以有助于培养学生的控制感;同样,在进行重要的考试前,可以让学生有机会在低风险考试中展示自己的能力,这样做也可以达到相同的效果。有趣的是,在所有国家中,女生所报告的与学校作业相关的焦虑水平要高于男生。此外,对学校作业、家庭作业和考试的焦虑感与成绩呈负相关。对在考试中犯错的恐惧感常常会影响那些最优秀但却会"在压力下感到喘不过气来"的女生的成绩。

家长也应发挥重要作用。如果学生家长表示他们每天或几乎每天都"花时间与孩子交谈"、"与孩子坐下来一起吃正餐"或"讨论孩子在学校的表现",那么学生认为自己的生活满意度高的可能性就会提高22%到39%。"花时间交谈"这一亲子活动与学生的生活满意度之间的联系最为频繁,也最为强烈。同时,这一亲子活动似乎也关系到学生的成绩。如果学生家长表示他们"花时间交谈",那么这就相当于学生在科学科目的学习方面提前了三分之二个学年。即使在考虑了社会经济地位后,这些学生也仍然相当于提前了三分之一个学年。如果学生的家长表示他们会与孩子一起吃饭,那么也会出现类似结果。相较于PISA所衡量的大多数学校资源以及学习因素,亲子关系对学生成绩的影响更为巨大。

家长还可以鼓励孩子相信自己有能力完成各种各样的学习能力,从而帮助孩子处理考试焦虑。PISA的研究结果表明,平均而言,在OECD各成员中,即使在考虑成绩以及社会经济地位差异后,如果女孩认为家长鼓励她们相信自己的能力,那么她们在学习时感到紧张的可能性就会降低21%。

大多数家长还希望自己的孩子在学校有积极性。积极性高的学生往往也表现得更好。PISA发现，平均而言，在PISA测评得分方面，积极性最高的学生相当于比积极性最低的学生提前学习了一个多学年。成就动机与生活满意度间也形成了互相促进的关系。对生活十分满意的学生往往会拥有更强的韧性，并且在面对学业挑战时也会更执着。更强的成就动机，再加上业已实现的目标，可能会给学生一种人生目标感。可能正因如此，拥有更强的成就动机的学生所报告的生活满意度才会更高。

但是，成就动机也会有消极的一面。当成就动机是对外在压力的反应时，尤为如此。PISA的研究结果表明，如果某些国家的学生拥有很强的成就动机，那么在这些国家，即使学生做好了考试准备，他们也往往会对考试感到焦虑。教师和家长都要找到方法来鼓励学生的学习动机和成就动机，同时不使他们产生过度的失败恐惧感。

总而言之，提升学生幸福感的一个直接方式就是要鼓励所有的家长更加关注子女的兴趣和关注点，并对他们的校园生活表现出兴趣，其中就包括了子女在学校所面临的挑战。学校可以与家长以及社区一起营造合作的环境。教师要拥有更好的工具来争取家长的支持；同时，学校要能够解决弱势学生所面临的严重问题，例如缺少安静的学习空间。如果家长和教师建立起以信任为基础的关系，那么学校就可以依靠家长，将他们视为学生教育方面的珍贵伙伴。

培养得力的教育领导者

2003年9月，我接受了时任"国际督查常设会议（Standing International Conference of Inspectorates）"负责人Johan van Bruggen的来访。[37]他十分重视卓有成效的学校领导者及教育系统领导者，也十分重视学校督查所制定的用于观察和描述卓有成效的领导者的详细方法,我对此感到印象深刻。他强调,能力差的领导者甚至会无法发现最优秀的教师。如果将一名好教师放在管理混乱的学校,那么该学校将会次次都"胜出"。教师以及他们的学生常常是管理混乱学校的受害者,而非此类学校的缔造者。

OECD对学校领导者进行了比较分析,并找出了四组相互联系且对提高学习成果十分重要的领导职责[38]:

- 重视、评估并培养教师素质。这包括以下内容:聘请高素质教师;为新教师提供高效的入职培训项目;确保教师拥有教授特定课程所需的技能和知识;组织并支持教师互相协作以提高教学和指导的质量;监控并评估教师的教学实践;推动教师职业发展教育;以及支持真正的协作式工作文化。如果你想要取得实质性的持久改变,不要问自己有多少教师赞同自己的想法,而要问自己有多少教师有能力参与和同事的合作。

- 设定学习目标并制定评价方法以帮助学生达到高标准。这包括以下内容:使教学与统一的标准相符合;为学校设定与学生成绩相关的目标;根据上述目标,衡量学校所取得的进步;调整学校的教学计划以提高学生的个人成绩以及整体成绩。学校领导者需要能够使用数据统计手段来确保每个学生的进步都以图表的形式记录下来。在接触那些有与众不同的学习方法的学生时,学校领导者还应该要自信。

- 有策略地使用资源,并使资源与教学方法相匹配。

- 与校外的个人或组织建立伙伴关系,从而在那些关心每个孩子的成就和幸福的人之间形成更强的凝聚力。这要求学校领导者找出创新性的方式来加强与家庭、社区、高校、企业的伙伴关系,尤其是加强与其他学校及教育机构的伙伴关系。

我们对教学与学习国际研究的结果所进行的分析表明,教师提高自身工作方法的能力与他们的领导力发展之间似乎也存在联系。[39] 当教师可以引领他们所在的学校进行改进和创新时,他们会觉得自己更有能力、更加自信,他们的职业地位和士气也会得到提升。

当然,教育系统的各个层面都需要好的领导者(参见第6章)。因为诸多原因,这一点变得越来越重要。在许多国家,权利进一步下放的同时,学校拥有更大的自主权,对学校绩效和学生成绩负有更大的责任,需要更好地利用与教育和教学过程相关的知识库,并承担支援学校所在地的社区、其他学校以及其他公共服务部门的更广泛职责。[40]

Michael Fullan是加拿大安大略社广为人知的教育改革策略的缔造者。他介绍了教育系统内最优秀的领导者如何凝聚他人,并领导整个教育系统。[41]他表示,这些领导者能够发现可能对他们所领导的教师和学校至关重要的新趋势和新情况。他们的包容方式能够鼓励合作并为教师提供冒险的余地。这些领导者能够调动起创新所需的人员和资金,还能吸引到有才能的教师,因此从这个意义上看,他们是战略制定者,也具备企业家的素质。他们与各行各业和各个国家建立起牢固的联系,并与政府官员、社会企业家、企业经营者、研究人员以及公民社会的领导者建立伙伴关系,使他们参与到教育创新和培训创新之中。

找到学校自主权的平衡点

许多国家已经转变了教育的重点,使其以结果为导向。与此同时,这些国家将更多的职责下放给学校,鼓励学校对当地的需求做出更快速的反应(图3.7)。许多学校已拥有更大的自主权,从而使校长、校董会以及教师能够更多地承担与资源、课程、评价、招生以及纪律相关的政策职责。

PISA的数据表明,一旦国家为学生设定了明确的期望,则学校所拥有的确定课程细节和评价方法细节的自主权便与教育系统的整体表现形成正相关关系。例如，无论学校自主权和教育系统整体表现的因果关系如何，如果学校系统能够在学生评价、课程设置、课程内容以及教材选定方面赋予学校更大的决定权，那么该体系往往能在PISA中展现出更高的水准。[42]

支持教育系统自主权的另一个观点是，这能极大地激励创新。优质学校将会成为人们理想的工作单位；在那里，人们会发现，他们可以使好的想法成为现实。相比之下，等级森严的官僚体系会奖励遵从规则和规定的行为；在这样的体系下，进行创新型变革会更加地艰难。

2000年至2011年间，人们试图衡量教育系统中的创新情况，结果发现，在丹麦和荷兰等国，学校的自主权大，分权程度高，这些国家在"综合创新指数"中也名列前茅——该指数汇总了学校以及课堂实践中创新变革的各种指标。[43]

最近，OECD对"创新学习环境"进行了研究。该研究考察了OECD各成员的数个创新型学校和学校网络。[44] 尽管这些样本并不具有代表性，但这个案例研究囊括了不同教育系统下的一系列学校。一些学校是主流的公立学校，一些学校则隶属于条件类似于公立学校的特许学校网络，还有一些学校则是活跃于公立体系外的私立学校。然而，这些学校都取得了蓬勃发展，因为管理和监督政策赋予他们进行尝试的自由。

上述研究还突出了一个风险，即自主权可能导致各学校"分裂化（atomisation）"。与他人合作可以刺激创新，并保持创新的动力。然而，如果认为学校拥有自主权就是要孤立地办学，那么这种自主权将会产生反效果。因此，自主权应通过与许多伙伴合作的自由度和灵活度来表现出来。

由于缺乏对学校系统所面临的问题的共识，使该体系内保持一致的努力受到了阻碍——这一阻碍具有重要性但却常常被低估。当教师或家长不清楚政府正努力解决的问题是什么时，他们就很难理解政府制定的用于应对上述问题的政策。加拿大安大略省政府不懈努力，在利益各方之间形成共识精神和共同目标感，为我们提供了一个如何实现上述目标的例子。例如，加拿

图 3.7 决策自主权与学校性质及学生成绩存在联系

结果所依据的是学校校长的报告

备注：学校自主权指数的计算依据校长、教师或学校管理委员会所主要负责的工作所占的比重。社会经济地位的衡量依据是 PISA 经济、社会和文化地位指数。国家或地区按照学校自主权指数进行降序排列。

来源：OECD, PISA 2015 Database, Table II.4.5.
链接：http://dx.doi.org/10.1787/888933435854.

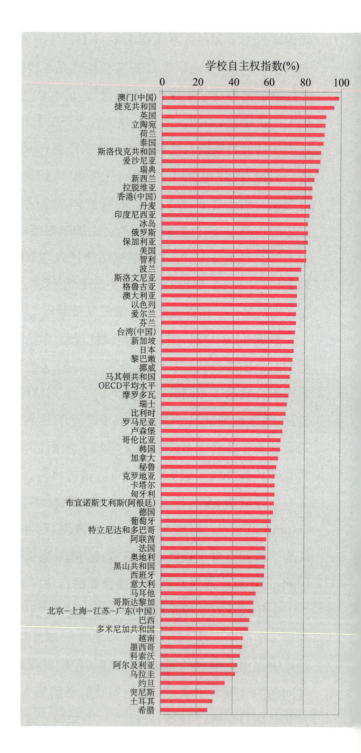

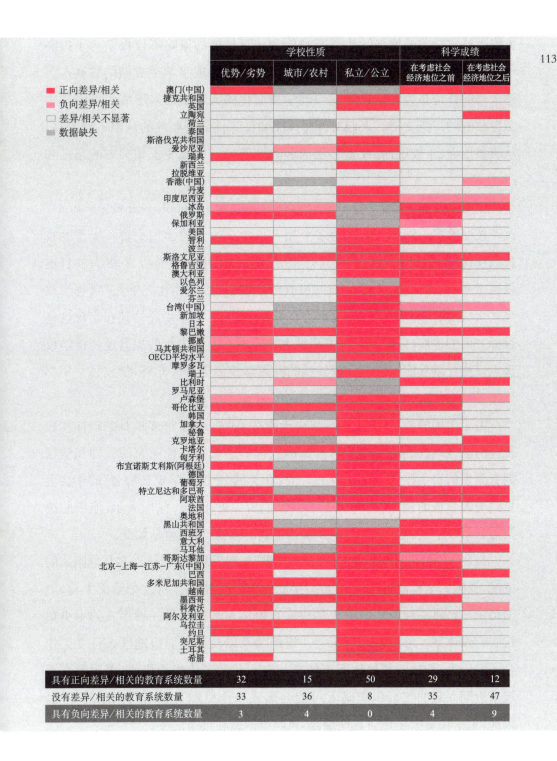

大安大略省制定的增强学生读写技能和计算技能的策略不仅仅是为了提高学生的阅读、写作和数学成绩,尽管该策略的确实现了学生成绩的提高。上述策略同样也是为了通过转变当地学校文化的大量举措来形成对增强学生关键技能的广泛支持。人们对读写技能和计算技能重要性的认识不断提高,从班级层面、学校层面、校董会层面和教育部门层面改变了相关方的态度和行为。[45]

新加坡的"思考型学校—学习型国家(thinking schools-learning nation)"改革按照地理位置将学校分为多个拥有更大自主权的学校集群。优秀的校长被任命为学校集群的负责人,负责指导其他人并推动创新。[46] 更大的自主权也带来了新的责任体系。旧的检查体系被废除,取而代之的是"卓越学校模式"。在该模式下,每个学校都为自身设定目标,并每年评估其在实现这些目标方面的进展,包括学生学习成绩方面的进展。自主权的提升还使得学校重点寻找并培养能够引领学校转型的高效学校领导者。此外,学校每6年都要接受一次外部评议。

由于美国的地方自治传统,也由于我在美国见到了许多最具创新性和启发性的学校,我以前一直认为,美国的教师和学校比其他国家的教师和学校拥有更多的自主权。2009年7月,当我在美国"全国中学校长协会"的年会上见到美国学校的领导者时,我惊讶于他们所做的报告。他们表示,他们的决策能力事实上受到约束——至少根据他们的报告,情况就是如此。

当我翻阅与此相关的PISA研究结果时,我发现,相较于许多其他国家的情况,美国的学校确实从地方当局接受到更多的指示。从这个意义上看,美国可能已经将一种形式的中央集权式官僚体系替换为另一种形式的中央集权式官僚体系。考虑到美式工会—组织关系以及比照周边地区来订立工作合同的压力,相较于其他体系下的更加专业化的工作组织模式,美国教育系统下近期兴起的工会组织确实可能会形成一个更加为规则所限制的环境。因此,无论在美国还是在其他地区,风险都隐藏在细节之中。

事实上，一些国家向本国大多数公立学校赋予的决策空间和美国特许学校所拥有的决策权相类似。英国的学院制中学便是一例。这些学院制中学属于公立学校，拥有自主权，但仍然要参与国家级考试，要根据自身的办学表现发布标准统一的公开数据，拥有相同的预算资源，要对公众负责，并且要按照人们对其他公立学校所期待的那样招收学生。英国的教育官员已将学院制中学及其更大的独立性视为解决学校办学表现不佳问题的出路。

但是，我们对其中所涉及的机制有多少了解？赋予学校更大的自主权要如何才能真正地使学生的成绩更好？如果改革是单向的，且学院制中学的地位意味着学校可以拥有永久的独立性，那么若干年之后，政策干预可能会没有效果。当学校变得更加自主时，要如何才能避免使它们自身变得更加孤立？

学院制中学证明了，专业自主权与教师及学校间的协作文化相结合十分重要。学院制中学体系所面临的挑战是要找到在学校间共享知识的方式。教育领域的知识具有黏着性，不容易传播。除非有强大的分享动机，否则此类知识往往会停滞不动。这意味着学院制中学以及其他类似项目的领导者需要努力思考，要如何才能使知识创新，要如何才能将最有才华的教师吸引到最具挑战性的班级去教学，将能力最强的校长吸引到最艰难的学院制中学去任职。

当然，这不是不可能的。丹麦、芬兰、日本、挪威、上海以及瑞典等地的学校在自治、团队协作以及合作方面有着良好的传统。这些学校建立联系，分享资源和想法，从而打造新的创新实践。但是，这种协作型文化并非是偶然形成的，需要通过政策和实践的细心打磨。例如，在芬兰的一些城市，学校领导者同时也是地方学校管理部门的领导者。他们将三分之一的时间用于处理地方教育事务，将三分之二的时间用于处理学校事务。通过这样的方式，他们在学校和城市当局间形成对学校教育的共同愿景。

对于扮演更高级别体系层面角色的学校领导者而言，领导职责就要由多人共同承担，并由领导团队来负责学校领导者的一部分工作。这样做的结果就是，学校领导者要经常与他们的同行会面。他们不再隶属于地方学校管理部门，他们就是地方学校管理部门的组成人员。负责地方学校管理部门的人不是大量的行政人员，而是那些熟悉学校管理工作的人。还是以上海为例。如果你是上海一所优秀学校的副校长，同时又想成为校长，那么只有在证明你能够扭转教育系统内表现最差的学校的办学情况之后，你才可能成为校长。

英国学校系统的一个特点是，所有学校都要面对严格的检查制度。在我看来，这种做法是世界上最有效的制度之一。为了使自身出色的领导能力得到认可，学校必须要证明自己正在帮助改进自身以外的教育。

但是，需要做的可能远不止这些。PISA数据显示，如果在某个学校系统中，教师之间能够共享知识，那么自主权就会带来积极的影响；但如果某个学校系统中不存在相互学习的文化及责任文化，那么自主权可能会给学生的成绩带来负面影响。需要有充分的知识流动和分享，还要有制衡机制，才能确保学院制中学能够有效且正确地运用它们的独立性。

然而，改革为教育系统的改进带来了巨大希望。如果自主权能够和协作文化相结合，那么不仅学校会受益，每个老师也都会受益。

从行政问责转向专业问责

为了调和学校自主权与学校系统的总体一致性间的矛盾，必须要有办法来使人清楚地了解学校的教育方式以及教育成果。评估和问责制使教育工作者以及政策制定者能够把脉教育的发展。大多数优质教育系统都拥有这样或那样的问责制度。一些教育系统会公布与学校办学表现有关的数据，尽管这个做法还远远未在优质教育系统中普及。如果在某个教育系统中,家长能够选择子女所就读的学校,那么比较性数据就会影响他们的决定。在一些教育系统中,学校管理部门还会根据上述数据来分配资源,而且经常是将额外的资源分配给办学困难的学校。

然而,随着学校系统自身的发展——规则会变成准则和优秀实践,而优秀实践最终会变成一种文化——问责制的实现方式也会演进。这个演进过程常常涉及"行政问责(administrative accountability)"和"专业问责(professional accountability)"之间平衡的转变。

在"行政问责制"下,数据通常会被用于发现优秀教师和优秀学校,也会被当做介入办学表现不佳的学校的依据。基于考试的责任体系是"行政问责制"的特点之一。在该体系下,学生的成绩数据被用于决定教师和学校校长的聘任、升迁和留用,也被用于决定每个教师的薪酬。

相比之下,"专业问责制"指的是教师对学校管理部门所承担的责任较少,而主要对其他教师及学校校长负责。大多数领域内的专业人员都认为自己对本行业所涉及的其他人负有责任。在教育领域中,"专业问责制"应包括教师所感受到的对其他教师、对学生以及对学生家长的个人责任。

加拿大安大略省、芬兰、日本以及新西兰更加重视专业性更强的工作组织模式。工作组织模式倾向于追求与大学所采取的模式更接近的教师及学校领导问责制。这么做的目的是要确保改革成为一项各方共同努力的事业,而不是一个由上级部门强加的任务。上述地区会认为,如果人们希望自己被视为专业人士,同时也认为自己是专业人士,那么他们更可能喜欢专业的和非正式的问任制模式,并且会厌恶行政性更强的问任制模式,因为他们会把这种问任制模式与工业生产环境联系起来。

加拿大安大略省的经验表明,政府间、学校间以及教师间伙伴关系的形成能够使人们发现优秀的教学实践,落实这些实践并更广泛地加以运用。安大略省没有强令改革,而是向学校投入种子基金来鼓励试验和创新。这么做传递了一个很强的信号,那就是在解决学生的阅读问题和数学问题方面,教师所想出的方法可能会比上级部门强制施行的方法来得成功。安大略省办学表现不佳的学校数量的大幅减少不是通过威胁要关闭这些学校来实现的,而是通过为它们提供大量的技术协助和支持来实现的。这种做法的背后所隐含的假设是,教师都是专业人士,他们都在努力做正确的事,教师在表现方面的任何不足更有可能是由于缺乏知识而不是缺乏动机。

与此同时,安大略省政府没有试图废除或弱化以前的政府所制定的评估制度。政府一直在向学校和公众传递一个信息,即根据省级评估中的表现所得的结果十分重要。

新加坡将"行政问责制"与"专业问责制"结合起来。教师、校长、教育部门的工作人员以及学生都有努力工作的强烈动机。政府设定年度目标,为实现这些目标提供支持,并评估目标是否达成。学生成绩的数据会纳入评估。同时,其他一系列指标也会包括在内,例如教师对学校和社区的贡献以及多数资深教师的评价。奖励和表彰体系包括荣誉和奖金。个人评价是在"卓越学校计划"的框架内进行的。

信任的重要性

一些人认为,因为芬兰学校系统的信任文化,所以不可能从芬兰那里借鉴到任何经验。这些人还会认为,信任文化不容易传播。但是,在教师与社会的关系方面,一些人也会认为,信任是政策决策的前提,但同时也是政策决策的结果。

考虑到芬兰教师历来所享有的尊重,改革有着坚实的基础。芬兰的领导者通过信任教师来向他们授权。在授权的过程中,芬兰的领导者创造了教学效率和创新学习环境的良性循环。同时,政策的高度一致性意味着决策在历经多个选举周期和多届政府之后,也会得到贯彻。这使得芬兰教师能够信任教育系统的领导者:教师信任领导者的人品,也仰赖着领导者兑现承诺的能力。

这不是盲目的信任。事实上,在芬兰,"专业负责制"的压力很大。在芬兰的学校间,学生成绩的差异只有5%。[47] 这表明,在学校需要额外的支持时,教育系统有能力介入。尽管一些人将芬兰视为没有标准化考试的天堂,但在2015年PISA的评估中,学生所给出的回应证明上述看法是错误的。在芬兰的学校,标准化考试的频繁程度接近于OECD成员的平均水平。[48] 区别就在于,芬兰的考试不用于发现教育系统的疏漏,也不用于记录表现不佳的问题,而是用于帮助学生学得更好,帮助教师教得更好,帮助学校更有效地运营。

信任和责任制度之间的联系可能比人们所想的要更为紧密。明确的责任制度可能是高信任度文化的一个必要特征:如果人们对目标在哪里以及评估标准是什么没有明确的认识,那么信任将难以建立。信任还要视具体的能力而定:你信任你的母亲,但是你信任她去驾驶波音747飞机吗?芬兰的领导者在本国教师的职业发展方面投入巨大,这起到了关键作用。芬兰的教师要经历更严格的职前准备;同时,政府将涉及课程和评价方法方面的决定权更多地下放给教师。正是上述两方面因素的结合才使得芬兰的教师能够行使其他领域内的专业人员享有自主权,并能够在得到信任的前提下行使自主权。政府给予的信任,再加上他们完成选拔性极强的学习项目后获得的大学毕业生的身份,使教师能够加深家长以及社会上其他人对他们的信任,并进而追求自身的职业发展。

谁有权决定教师优秀与否?

在强调教育前线的"专业负责制"的同时,应确保其不与整个教育系统内考核文化的建立相冲突,这一点十分重要。在一些国家,如果在教育工作者、教师工会领导者以及政策制定者的身旁提及"教师考核"一词,就会引发激烈的争论。[49] 美国和法国的教师会因为"教师考核"这个问题而罢工。在争论是否要将教师的薪酬与他们的绩效相挂钩时,英国的教师工会和校长代表会发现他们意见相左。

几乎所有人都认可,学校系统需要找出一个方法来鼓励有为教师,奖励那些已证明自身能力的教师,并将一向表现不佳的教师淘汰出教师队伍。然而,是什么使教师变得优秀?谁有权决定教师优秀与否?是学生?是家长?是其他教师?还是校长?

在参与2013年OECD教学与学习国际研究的23个成员中,那些曾接受评价并得到反馈的教师中有83%的人认为他们的工作得到公正的评估;其中又有79%的人认为评价有助于他们的教师职业生涯的发展。[50] 但是,至于要如何评估教师的技能,却很难达成共识。

在多数国家,教师评价体系即便是有,也仍在建立之中,尚不完善。在参与OECD教学与学习国际研究的成员中,约有13%的教师从未从任何地方接受到关于他们工作的任何反馈或评价。导致该结果的一部分原因是教师评价体系的设计和维护的成本很高——不仅仅包括金钱和时间方面的成本,还包括建立该体系所需的政治资本和勇气。然而,更常见的原因是,各方未就评估教师表现所依据的标准达成一致。是依据学生的考试成绩?还是依据教师吸引全班学生兴趣的能力?抑或是依据学生和家长的意见?由谁来进行评估:来自中央教育部门的检查员、学校校长或是其他教师?此外,要如何利用考核或评价的结果?该结果能否决定薪酬?能否影响教师的职业发展轨道?能否作为传递职业发展需求信号的途径?能否被用于淘汰表现不佳的教师?

但是,关于上述问题的共识正开始形成。学生的考试成绩提供了重要信息,但无法展示教学质量的全貌。只依赖于考试成绩会使视角过分狭隘。教师评价体系应成为对教师行业的整体研究的一部分,研究的其他内容包括教师教育与职业发展、学校领导者的培养以及如何使教师参与改革并参与构建有吸引力的工作环境。

与新加坡的所有政府职员以及其他专业人员一样,教师每年都要接受某个委员会的评价,评价指标涵盖 13 项不同的能力。这些能力不仅仅包括学术表现,还包括教师对他们所教学生的学业和人格发展的贡献、他们与家长及社区团体间的协作以及他们对同事和整个学校的影响。十分吸引我的是,教师似乎没有将评价视为一种自上而下的负责制度,而是视为取得进步和职业发展的一种手段。那些出色地完成工作的教师能够从学校的"奖金池"中分到奖金。从教三年后,教师每年都要接受评估来决定他们最适合三条职业通道的哪一条:是成为高级教师,还是成为课程或研究方面的专家,抑或是成为学校领导者。值得注意的是,个人评价体系属于学校的卓越教育总体规划。

责任由谁承担?

在大多数优质教育系统中,责任一般由一定层级的部门承担。这些部门一般是一些机构或是由机构组成的集团,负责整个教育系统的效益和效率。通常而言,它们是国家或州的教育部门。因为国家或州的教育部门对本国教育质量和效率负有责任,所以它们要负责长期规划。教育部门会委托他人进行研究,并在决策中有意识地运用上述研究的成果。在拥有优质教育系统的国家,许多人将能够在教育部门工作视为值得知名教育工作者追求的目标。教育部门的愿景得到认真对待,因为那里的工作人员受人尊重。

在设计教育系统时,需要使其中的各个部分相互配合。教育系统需要制定有效的规划,并保证这些规划得以执行。教育系统还要有能力进行必要的分析,给教育领域提供支持,监控其所制定的规划的落实程度,评估规划落实的结果,并在必要时改变政策走向。在联邦制下,如果联邦、州或由州组成的集团缺乏上述能力,那么就可能无法制定全面且一致的规划。即使它们有能力制定规划,但如果缺乏执行规划所需的能力,那么规划是什么可能也就没那么重要了。

在联邦政府对教育有监督举措的国家,它们的经验为我们提供了各州可以如何进行协作的有益启示。加拿大的"教育部长委员会（Council of Ministers of Education）"[51]以及德国的"教育部长常设会议（Standing Conference of Education Ministers）"[52]为省级教育部门负责人提供了一个进行经常性会面以及协作的论坛。尽管这些机构的正式权力有限，但通过使优秀理念和实践能够在省际间传播，它们发挥了重要作用。优秀理念以及理念得以传播的可能性推动优秀实践的形成，并促进各地区间的相互学习。

在德国，宪法规定，联邦政府仅能从事支持教育研究的工作。但是，在过去十年里，联邦政府为许多最重大的改革提供了动机和想法。例如，关于以能力为基础的全国学校标准的初步构想正是由联邦政府提出的，尽管上述标准和汇报制度的建立和监管是各州通过"州部长委员会（council of state ministers）"的运作才得以实现的。

传递一致的信息

当今，不同教育系统的趋势十分矛盾。一方面，人们担心，社会对学校的期望与学生的实际学习结果间的差距越来越大。另一方面，教育工作者越来越多地抱怨教育改革的步伐太快，导致没有多少时间或空间来深入思考如何实施改革。人们既认为改革过快，又认为改革过缓，这背后的原因是缺乏方向以及缺乏政策和改革各要素间的一致性。学校领导者和教师很少参与政策的制定。有时，他们只能在政策通过媒体宣布时才得以知晓。由于无法看到大局，他们就不太可能帮助打造出将政策意图和政策执行联系起来的交付链，而这个交付链却是成功的关键。

政策制定者没有什么动力去推动并实现他们前任的设想；又或者说，他们没有意识到，他们不需要为了取得更好的政绩而采取与前任不同的行事方法。他们通常倾向于将自己的政策主张放在早已堆积如山的政策议程的优先位置。这反过来又会加剧"短期主义"和政策的不一致，也会使一线教师产生不信任感，因为他们不得不在每届新政府上台后改变自己的工作主轴。

当一个教育系统试图进行改进时，非常需要一致性和连续性。无论是改变课程还是教育经费，抑或是采取不同的方式来支持教师，教育系统改进过程的不同方面需要同向而行，需要朝着一个一致的愿景前进。

这并不是说改革的过程能够一帆风顺。这一过程常常充满着政治争议，有时会很难进行下去。除政治和经济方面的挑战外，当一国将教育系统从中央集权制下的行政控制模式转变为专业自主模式时，如果该国的教师和学校尚未有能力执行这些政策，那么这种转变的效果可能会适得其反。如果没有就学生需要知道什么和能够做什么达成一致，并且如果标准定得不够高，那么权力下放可能会导致问题出现。如果被聘请的教师对不完善的职前教师教育系统感到沮丧，或者如果他们受到与教育行业完全脱节的臃肿官僚机构的厌烦，迫使这些教师彻底离开教师行业，那么即使是聘请到优质教师也是不够的。

用一个声音说话的新加坡

作为新加坡国立教育研究院的客座教授，我曾有机会广泛了解该国教育改革的方法。新加坡教育部、国立教育研究院以及每个学校都共同负责使政策及其执行相一致。新加坡国立教育研究院的教授经常参与教育部的讨论和决策，因此研究院很容易就能使自身工作与教育部的政策相一致。同时，学校校长也能直接通过教育部部长了解到主要的改革设想，而不是通过其他媒介才得以了解。如果没有制定一个方案来增强政策执行能力，那么就不要宣布政策。新加坡教育部在一个追求不断进步的文化中运作，不断地评估什么发挥了作用而什么没发挥作用，并利用全球各地的数据和教师的经验来为自身的政策设计和执行提供信息。在设计教师教育项目时，考虑的是教师，而不是为了迎合学术机构的利益。教师在上岗时，通常只有本科学位；随后，在职业生涯中期，他们会参与硕士课程，将实践经验融入到连贯的理论体系之中。

我在新加坡最惊人的发现之一是，在任何地方，无论是在教育部、国家发展部或社区发展部，还是在大学、技术研究所或学校，我都能看到人们共同且明确地专注于一些既相同又大胆的目标。新加坡教育系统本身具有相当的流动性，体系内的专业人员能够并且确实在研究、政策制定、管理以及教学领域间轮岗，并且在他们的职业生涯内，常常要轮岗多次。政策制定、研究以及教学实践间的密切联系使教师的眼界具有前瞻性和动态性。教育应当随条件的变化而改变，不应当停留在过去。

新加坡所谓的"里程碑式事业"将各部委的高级官员聚集在一起以形成对全国性目标的共识。政府的各个方面都关注着政策的有效落实。"畅想、设计并落实"是新加坡对其公共管理方式的恰当诠释。

新加坡政府十分清楚公民技能与经济发展之间的重要关系，因此针对教育需要什么这个问题提出了一个清晰的愿景。虽然实现这一愿景的政策是由教育部制定的，但教师每年都可以用100小时的时间来提升技能，并且通常是在新加坡国立教育研究院进行技能提升；同时，国立教育研究院也帮助设计包括相关政策在内的教育改革方案。

钱花得多不如花得巧

当研究在PISA中名列前茅的国家时，我得到的第一个发现是，这些国家的领导者似乎已经使民众相信，要选择将教育放在首位。在这些国家，与金碧辉煌的新商场相比，一个设施齐全的学校更受关注。中国的家长常常会把他们的最后一分钱投资在子女的教育上,投资在子女和国家的未来上。在许多西方国家,政府已经开始向下一代借钱来为当下消费提供资金。经济和社会进步正直面人们所累积的巨额债务的挑战。

2013年,我与时任成都市副市长的傅勇林共进了一顿有趣的午餐。在过去十年,成都经历了教育方面的快速变革,而傅勇林则是这一切背后的关键影响者之一。最使我印象深刻的是傅勇林的这个观点:中国在世界上的实力和角色最终不是由中国能生产什么产品以及能生产多少产品所主要决定的,而是由中国为全球知识库和全球文化所能作的贡献决定的。在中国,普通大学毕业生的薪水仅略高于大城市里保姆所能赚到的钱,所以金钱明显不是学习的唯一动机。中国的政治和社会领域的领导者似乎能够说服民众去重视教育和自己的未来,而不是当下的消费。

同样有趣的是,傅勇林副市长协调了传承过去与迎接变化这两者之间的需求矛盾。他说:"没有什么能够无中生有,所有东西都有其历史,都是从历史中发展而来的。"他十分清楚地认识到中国人所面临的学习曲线,认识到中国需要在全球化中扮演积极的角色,也认识到教育作为理解不同文化和知识领域的途径的重要性。他还十分清楚地意识到改变教育性质的需要。我问他,为什么他和成都的其他官员对我们关于未来教育的研究如此感兴趣——一些OECD成员那时仍以怀疑的眼光看待我们的研究。他看着我说,成都现在是数字设备生产方面的世界工厂,为1 400万人口提供了就业和财富。他表示,在今后十年内,那些工作都将由机器人来完成。他接着说道,我们所面临的挑战不仅仅是创造出新就业岗位,而是创造出人类可以比机器人完成得更好的新就业岗位,并培养出思考和工作方式不同于机器人的人。

但是,正如我在第二章中所讨论的那样,教育系统的改进不能简单地通过投入大量资金来实现。两个教育支出水平类似的国家可能会取得不一样的成效。换言之,一旦达到最低支出标准,国家在教育方面支出的多寡就没那么重要,重要的是如何利用这些资源。如果表现平平的OECD成员想从中等水平提升到顶尖水平,那它们要么从根本上提高自身教育系统的效率,要么大幅度提高在教育系统方面的支出。

大多数政府面临严峻的资金短缺问题,并且这种情况不太可能在短期内改变。因此,在可预见的将来,大幅增加教育支出是不可能的。因而,我们面临的挑战是要把一块钱掰成两半花。问题是,要如何才能做到把一块钱掰成两半花。优质教育系统的经验提供了几种可能的方法。

例如,日本将很大一部分资源投入到核心教学服务之中,而不是像大多数OECD成员那样,花巨资建造豪华的教学楼并提供学校服务、大量的教科书以及昂贵的体育课程。[53] 日本所省下的一部分钱被用于给教师提供相对较高的薪酬。其余一部分则回到纳税人手上(2014年,日本在公立和私立学校方面的支出达到国内生产总值的3%;在OECD成员中,这一比例是第四低的,仅高于捷克共和国、斯洛伐克共和国以及匈牙利)。

不用花更多钱就能取得更好效果的另一个方法是,对教育系统的组织方式进行基础性变革。直到日本学龄儿童数量出现下降之时,美日两国的师生比都几乎是一样的。但是,日本选择了大班制教学——日本学校的班级规模有时是美国学校的两倍。这一选择使日本教师有更多时间来备课,与其他教师讨论那些面临学习瓶颈的学生的情况,并辅导那些学习掉队的学生。美日两国付出了相同的东西(就师生比而言),但日本的政策制定者以扩大班级规模为代价,使教师有更多的时间来进行规划,也有更多的时间以学生小组的模式来开展学生工作。与此同时,美国的政策制定者则选择缩小班级规模,使教师没有很多的时间来进行规划,或以学生小组的模式来开展学生工作。

日本并不是唯一这样做的国家。正如前面所述,无论何时,当优质教育系统需要在较小的班级规模与更优秀的教师间进行抉择时,它们倾向于选择更优秀的教师。然而,许多西方国家则已选择了较小的班级规模。

2006年至2015年间,OECD成员对每位小学生、初中生和"中等后非第三级教育"的学生的支出几乎增长了20%。[54] 但是,在这一时期,大多数

OECD 成员优先选择了较小的班级规模,而没有优先选择更优秀的教师,也没有优先选择给学生更多的指导时间和更加个性化的帮助,更没有优先选择提供更公平的教育机会。在 OECD 成员中,人口压力以及人口变化迫使政府将初中教育阶段的班级规模平均缩小了 6%。换言之,驱动支出上涨的是受家长和教师欢迎的决策,而不一定是能够帮助学生取得长远成功的因素。

那些选择大班制教学的国家能够有资金给本国教师更高的薪酬。如果授课教师有很不错的薪酬,那么想要进入教师行业就要面对更大的竞争,同时候选教师也能够在地位更高的教师教育机构中接受教育。因此,这些教师的从教时间就会更长,流动率会降低,教学过程中对专业协助的需求也会更少。这意味我们所需的教师教育机构数量会减少,余下的教师教育机构就会得到更多的资金。长期来看,考虑所有成本之后,一个看似低成本的解决方案(聘请能力较差的教师,并使他们在支出较少的机构接受教育)可能在长期变为一个成本更高的解决方案。

聘请低薪教师意味着学校需要更多的专业教师,也意味着需要更多的管理人员来监督和协调这些低薪教师。在拥有顶级教育系统的国家,虽然教师的工资可能相对较高,但对管理人员和额外的专业教师的需求会降低,这使得这些国家既能够聘请优质教师,又能减少净支出。因此,十分重要的一点是,要从整体上考虑教育系统的设计和净支出,而不能孤立地考虑单项支出。

问题的底线在于技能和资金间的关系显著不对称。虽然技能的提升始终能为个人和国家创造更大的利益,但资金的增加却不能自动使教育得到改善。

PISA 的研究结果已表明,一些国家通过对教育的系统性改革和投资,使自己获得新生,并使教育系统的相对地位发生了根本性改变。这意味着,世界不再被划分为教育先进的富国和教育落后的穷国。各国可以选择建立一个卓越的教育系统,并且如果取得成功,就可以带来巨大回报。这一路线会带来更好的生活和更优质的工作机会,并进而推动社会前进。

但是，要提高教育成果，所需的远不止资金；还需要使人们相信，每个孩子都能取得成功。在大多数东亚国家，学生都坚信，成绩主要是努力的结果，而不像西方国家的学生那样，认为成绩主要是天赋的产物。这一事实说明，教育及其所处的社会环境能够发挥影响，使人们形成可以推动教育取得成功的价值观。

学校系统的质量无法超越该体系中教师的素质。所有优质学校系统都十分关注如何选拔并培养教师及教育领导者。当决定朝哪个方面投入资金时，优质学校系统会将教师素质而非班级规模放在优先位置。它们为教师提供需要运用到才智的职业路径，使教师能够获得职业上的成长。

优质教育系统已经从官僚管理制模式转变为专业化的工作组织模式。它们鼓励教师进行教学创新，提升自己以及同事的教学表现，并致力于通过专业化发展获得更好的教育实践经验。

五大顶级教育系统的概况

显而易见，拥有优质教育系统的国家或地区之所以与众不同，不是因为其所处的区位、所拥有的财富或所承袭的文化，而是因为其能够敏锐地察觉到自身教育系统的不足及不公平之处，并能调动各类资源、激发人们的创新力和意愿来解决这些问题。下文将简要介绍一些教育系统的情况。

新加坡

在 2015 年 PISA 的评估中，新加坡的得分高于其他任何国家或地区。作为一个拥有约 500 万人口的亚洲城市国家，新加坡的成就引起了人们对其如何建立起一个成功教育系统的兴趣。其他国家想要知道自己能从新加坡的快速发展中学到什么经验。

新加坡所取得成就的显著特点之一在于,该国的成功始于一个非常低的起点。新加坡于1965年独立,曾是一个贫困国家,自然资源贫乏,人口的读写能力差。在过去,新加坡几乎没有中小学和大学,经济欠发达且技术含量低。同时,新加坡的人口由不同族群组成,他们操着不同的语言并信奉不同的宗教。

然而,在过去50年内,新加坡从无名之国成为国际排名第一的国家,超越了欧洲和北美的主要经济体,也超越了东亚地区实力强劲的竞争对手。新加坡仅用了约一代人的时间,便从"第三世界国家"一跃成为"第一世界国家"。

所以,新加坡成功的要素有哪些呢?

第一个要素可能是与意向有关。新加坡在教育方面的进步不是偶然,也不是某种顺理成章的现象,而是因为该国经过深思熟虑,决定将教育作为发达经济体建设的基础。教育要成为经济发展的引擎。

新加坡没有自然资源,且邻国的国土面积和实力都比它要大得多,因此它将受过教育的人口视为最宝贵的资产。教育成为这个年轻国家建设的不可或缺的一部分。教育帮助新加坡形成了一种共同的身份认同感,并将族群和宗教背景不同的人凝聚在一起。

新加坡对教育的关注点经历了一系列的转变,反映并推动了该国的经济发展。在独立后的几年,新加坡处于生存期,因此教育系统发展的目的在于给本国工人提供基础教育,从而吸引海外制造商。

在这一时期,新加坡建立了一个统一的教育系统,聘请大量教师,修建学校,并印刷教科书。在十年内,所有儿童都接受了小学教育。在20世纪70年代,新加坡普及了初中教育。

然而,上述教育的标准并不是特别高,这一问题在新加坡工业发展的第二阶段得到解决。在20世纪70年代末期,新加坡从追求生存转变为追求效率,并试图将本国经济从低薪酬、低技术含量的模式升级为劳动力技能更高的模式,从而吸引国际高科技公司。这一经济升级是通过教育系统改革来实现的——推行新课程大纲并为学术教育和职业教育提供不同的路径。20世纪90年代早期,新加坡成立了工艺教育学院(Institute for Technical Education)以提高职业教育的地位和质量,并提供能与大学教育相媲美的技术培训。

20世纪90年代末期,新加坡教育系统进一步优化从而为知识经济做准备,因为在知识经济中,新加坡将不得不依靠高技能的劳动力来在全球化的经济中竞争。更深入且更有效的学习这一想法体现在新加坡总理李显龙推动的"少教多学"运动之中,也体现在"思考型学校—学习型国家"这一持续性运动之中。

支撑教育发展的是对教育重要性的坚定信念。新加坡的教育发展是一个系统性工程,持续了数十年,并得到公共政策和支出的支持。2010年,新加坡教育支出占政府支出的20%,是除国防支出外的最大支出。从新加坡的抱负来看,教育支出一直都是经济投资的关键支撑,并且增强了该国的创收能力。

教育与经济的协调以及雇主的需求是高度整合的教育系统的一部分。新加坡对学校和个人所要达到的标准、对严格的考试体系以及对高水平的学术标准有着清晰的目标。通过教育所取得的发展是一个推动社会流动性的精英化过程,使学生能够取得他们的潜能所能允许的最高成就。

然而,即使是这样运行平稳的架构也需要人来启动。新加坡学校的成功经验中常常强调的是这些学校的教师。新加坡从最优秀的大学毕业生中招聘教师,并使教师得到良好的培训和激励,这种做法已成为典范。

新加坡采用了一个方法来聘请并培训优质教师,这是为了将最聪明、最优秀的人才吸引到教学队伍之中。此外,新加坡十分强调职业发展教育,从而使教师可以不断更新自身技能。新加坡认为,这些聪明、有抱负的教师会希望在职业生涯中不断进步,因此教师每年都可以接受100小时的职业发展教育。

这个中央集权制所严密控制的教育系统具有一致性这一优点。所有教师都在同一个机构接受培训,因此每一位教师都将在相同的"生产线"上成长并达到相同的标准。任命教师的原则是要保证所有学校都能公平地分配到最优秀的教师。这些教师将会进入学校,并会清楚地知道社会对他们的期望是什么;作为回报,他们也有望获得很高的地位和公众的认可。

新加坡的经历体现了一个贫穷小国追求更美好未来的过程。在每个阶段,新加坡的教育系统都经历了改进和调整,从而使上述愿景成为可能。新加坡展示了在相对较短的时间内,教育可以有多大的改变。通过提高教育标准,新加坡已成为全球化的受益者,而非受害者。新加坡的学校系统被公认为是世界上顶级学校系统之一。如何保持现有地位将是新加坡面临的下一个挑战。

爱沙尼亚

在2015年PISA的评估中,爱沙尼亚是数学、科学和阅读方面排名前十的国家之一。

作为波罗的海沿岸的一个小国,爱沙尼亚因其所取得的成功而被称为"新芬兰"。在2015年PISA的评估中,爱沙尼亚在数学和科学方面超越芬兰。此后,爱沙尼亚愈发被人称为"新芬兰"。20世纪90年代,芬兰的专家就教育改革向爱沙尼亚提出建议。因此,芬兰和爱沙尼亚两国教育系统的成功的确有一个关键的相似之处:无论是由于政策,还是由于文化倾向,两国都在本国教育系统中形成了强烈的公平感。富裕学生与贫困学生间在成绩方面差异很小正体现了上述公平感。

在爱沙尼亚,社会经济地位的影响明显小于其他大多数国家。在这一方面,爱沙尼亚的情况与加拿大、香港以及挪威类似。然而,爱沙尼亚的情况与奥地利、法国以及德国等国家和地区有所差异，因为在这些国家，社会经济地位与学生成绩间有着更强的联系。

在 2015 年 PISA 的评估中，爱沙尼亚的优异表现特别引人注意的一点不是高分学生的比重，而是在三门核心科目中，很少有来自爱沙尼亚的低分学生。

公平还十分明显地体现在儿童接受早期教育的机会上，这促进了学校系统的发展。孩子直到 7 岁才开始接受义务教育，但大部分的三四岁孩子都接受国家提供的早期教育。在这些早教机构中，师生比只有 OECD 成员平均水平的一半。

在另一个年龄段内，爱沙尼亚完成了中学教育的学生比例很高，该比例在工业化国家中排名前列。这意味着，不管家庭背景如何，所有学生都有望获得良好的教育。

独立后，爱沙尼亚将与学校系统相关的权利下放，给予学校更大的自主权，使学校能够自由地决定课程设置、预算以及教师的聘用和解雇。家长有权为自己的孩子选择学校，因此学校不得不展开竞争来吸引学生。

学龄儿童数量的下降意味着爱沙尼亚的学校系统必须确保学校与学生的住所足够近，同时还要确保学校招到足够多的学生，从而使学校能够经营下去并能够提供足够丰富的课程。这一点在中学阶段尤为重要，因为在这一阶段，学生会想要找到学习的主修方向。

这种情况引出了资金投入的问题：向能够服务大片区域的大型学校投资更有价值，还是要保护当地学校？在撰写本书时，爱沙尼亚的中学班级规模是发达国家中最小的。

人口下降也已成为爱沙尼亚的大学所面临的一个大问题。面对潜在申请者数量的不断萎缩，该国的大学不得不为招生展开竞争，同时还要面临来自其他国家的大学的竞争。爱沙尼亚的企业也担心是否能够有足够多的年轻毕业生。

此外，爱沙尼亚的教师队伍也在老化——这一问题比任何OECD成员都来得严重。为了吸引更多年轻毕业生进入教师行业，教师工资已被大幅调涨，但教师职业仍然不是一个具有竞争力的工作选择。

与北欧以及波罗的海沿岸的其他国家一样，爱沙尼亚的教育是由政府投资的，而且教育领域内的私人投资相对较少。但是，爱沙尼亚的教育支出却少于挪威等国。虽然爱沙尼亚在学前教育方面师资强大，但教师的薪酬相对较低。爱沙尼亚的国内生产总值远低于OECD成员的平均水平，因此推动该国在教育领域成功的因素绝对不是高支出。

要研究爱沙尼亚在PISA中的优秀表现，就应关注低分学生的比例。谈及在PISA评估的三门核心科目中（科学、阅读和数学）取得高分的学生比例，爱沙尼亚的表现不错，但谈不上出色。有几个国家虽然在PISA中排名较低，但在高分学生的比例上却与爱沙尼亚旗鼓相当，甚至更高。例如，在学生成绩优异的新加坡，有39.1%的学生得高分；相比之下，爱沙尼亚只有20.4%的学生得高分。

作为全球教育领先者，爱沙尼亚真正出色的地方在于该国比例相对较低的低分学生。在爱沙尼亚的15岁学生中，仅有4.7%的学生在三门科目中达不到熟练掌握的基准水平。这一比例低于芬兰、香港、新加坡以及韩国等在教育方面表现优异的国家和地区，并且大约仅为德国和美国的低分学生比例的一半。

134

加拿大

在2015年PISA的评估中，加拿大是表现最优异的国家之一：在阅读方面，该国排名第三；在数学和科学方面，排名前十。这个成绩使加拿大在阅读和数学方面的表现优于芬兰。

加拿大教育系统的一个突出特点是，该国十分强调公平，也强调本国是否能够使包括有移民背景在内的社会背景不同的学生取得优异成绩。就国际水平而言,加拿大的富裕学生和贫困学生在表现方面的差异很小。这反映了一种能够支持家庭得到健康和幸福的国家理念。

在加拿大的学校,来自移民家庭的学生比例很高,这些学生的表现与非移民家庭的学生常常没有任何区别。在学生融合方面,加拿大的学校系统确实是模范。考虑到在移民来到加拿大时,该国早已居住着讲法语和英语的人口,还居住着"第一民族"原住民,加拿大尤其堪称模范。在教学方面,加拿大采取了独一无二的方法:它将来自不同文化的内容融入课程之中,从而使学生很小就学会从不同视角看待这个世界。教师也会帮助学生形成对多样性的积极态度,还会调整自己的教学,从而使来自不同社会背景及族群的学生能够成功。

加拿大在 PISA 中的成绩代表着全国水平。但是,加拿大的教育系统接受省级和地区层面的管理,并由地方教育部门负责人管理本地区的学校系统。这便产生了一些疑问:当不存在可供分析的单一联邦制时,要如何解释加拿大在 PISA 中的成就。虽然在一些成功的教育系统中,相关权利被高度集中和控制,但在加拿大的教育系统中,职责被分散,并且这种情况似乎仍在持续。

加拿大除了在 PISA 中取得成功外,接受过高等教育的成年人比例也异常地高。相较于世界上其他任何地方的学生,加拿大的年轻人更有可能为了消遣而阅读,这是高教育水平社会的另一个标志。

那么,加拿大优异的学术表现背后有哪些推动因素呢?

与在 PISA 中表现优异的大多数国家一样,在加拿大,要进入教师行业也得面临选拔,并且更优秀(且薪酬更高)的教师往往能使学生取得更好的成绩。

加拿大教育系统最有趣的特征是,该国能够使大量来自移民家庭的儿童融入学校。加拿大在 PISA 中的成绩说明,来自移民家庭的儿童表现得比其他同学差的情况是可以避免的。这表明,顶级学校系统能够接纳许多移民家庭，同时又能够不降低标准。

当前，移民到加拿大的人主要来自亚洲——中国、印度、菲律宾和巴基斯坦。这些移民中有很大一部分人来到蒙特利尔、多伦多或温哥华这样的大城市。然而，PISA 的研究结果表明，新移民来到加拿大的头三年内，这些家庭的孩子的 PISA 得分就能和非移民家庭的同学一样高。

出现这种情况的原因可能有很多。

首先，加拿大国土面积大，人口相对较少，并且一直以来都想要吸引那些可能为其经济作出贡献的移民。许多新移民都来自书香门第，为了从事专业性工作才来到加拿大。即使要学习第二语言，这些家庭的孩子也很快就能够赶上他们的同学。换言之，这些孩子乐于接受学校提供的课程。

无论家庭的受教育程度是高还是低，移民家庭的孩子都能受益于加拿大为新移民提供的支持，也能受益于加拿大为确保他们能够融入社会而做出的努力。针对有特殊需求的孩子，加拿大还在语言学习方面提供额外的帮助和支持。加拿大的教育系统能够在尊重不同文化和建立对加拿大身份的共同认同之间找到平衡点。

这些因素的结合似乎产生了有益的影响。大量移民家庭的孩子得到接纳，并融入加拿大的优质教育系统。移民家庭的孩子很快就能达到该国教育系统的高标准。就国际标准而言，加拿大人口中移民所占的比例很高，但这却没有造成负面的影响。

不可否认，加拿大的案例十分让人好奇，因为这个案例表明，在一定程度上，即使没有全国统一的教育策略，也能取得成功。虽然各地区所采取的策略千差万别，但总体上都朝着相同的方向推进。

如果加拿大的案例意味着世界上不存在提高教育标准的统一方法，那么该案例还表明，在移民家庭的孩子的比例比大多数发达国家都高的情况下，使学生取得大多数国家都羡慕的成绩是完全有可能的。

芬兰

在全球教育排名中,芬兰一直都是最为成功的国家之一。芬兰几乎成为卓越教育的代名词。的确,其他许多国家已经派遣专家到芬兰去实地考察那些能够运用于它们本国学校的成功政策和实践。

在 2015 年的 PISA 中,芬兰在阅读方面排名第四,在科学方面排名第五,在数学方面排名第十三。与前些年的优异表现相比,芬兰这次的表现可能有点下滑(芬兰学生中,在数学、科学和阅读方面得分低的学生比例高于加拿大、爱沙尼亚、香港、新加坡和越南等其他表现优异的国家和地区,这拉低了芬兰学生在三门科目中的平均得分),但芬兰依旧是高分学生的比例最为稳定的国家之一。

芬兰证明了成功的道路可以有很多条。在芬兰教育系统中,学生的在校时间短于许多竞争激烈的亚洲国家的学生,学生的家庭作业很少,并且学校检查作业的做法也已被废除。

但是,与其他许多优质教育系统一样,芬兰的教育系统是基于这样的假设:弱势学生也能在学校获得成功,并且无论学校所处何处,都应该是优质学校。与北欧以及波罗的海沿岸的其他国家一样,在芬兰,社会经济地位对学生成绩的影响要比平均水平来得小。

还有一个因素与最高分考生有着紧密联系,这个因素就是芬兰对教学质量的重视。芬兰已使教师工作成为一个受欢迎的职业。芬兰的教师职业拥有很高的社会地位,同时要获得职前教师教育的入学资格需要满足很高的要求:十名申请者中约仅有一名会被录取。教师工作吸引着最聪明的大学毕业生,不仅是本科毕业生追求的工作,还是拥有硕士学位的人追求的工作。一旦教师被分配到学校,他们就要继续学习,并且要强制接受职业发展教育。虽然薪酬不是特别高(根据欧洲标准,芬兰给每名学生的预算以及给教师的薪酬都处于中等水平),但是教师工作被视为一个重要且受人尊敬的职业,同时教师受人信任并拥有很大的独立性。

任何想从芬兰寻求灵感的人可能都会发现芬兰的经验更加证明了一点,那就是教育系统的质量无法超越该体系中教师的素质。然而,芬兰还证明了,教育的成功可能需要数十年才能实现。作为教育领域的超级大国,芬兰的地位是通过一系列的教育改革以及满足不断变化的经济需要才得以缓慢且有意识地形成。20世纪60年代末期,芬兰决定建立一个综合性教育系统,使所有学生都能获得优质教育,而不是只有被文法学校挑选的少部分学生才能获得优质教育。直到20世纪70年代末期,上述体系才最终建立完成。为了使上述转变过程取得成功,也为了人们减轻对这些变化的担忧,这一转变过程中伴随着大幅提高教学质量的动力。教师的教育被移交给大学,且变得更加严格。

芬兰教育系统的演变所处的经济环境并非总是有利的。20世纪90年代早期,芬兰的失业率接近20%,国内生产总值下滑,公共预算飙升。随着投资重点向科技领域转移以及电信市场的成长,教育为芬兰经济的重塑提供了新途径。在研发领域就业的芬兰人数量快速增长,这一过程还伴随着诺基亚等公司的崛起。诺基亚最初是一家于19世纪创立的纸浆生产企业,然而到21世纪初,却成长为最知名的手机生产企业之一。

这些因素的结合意味着芬兰经济需要受过良好教育的劳动力,还需要一个录取公开且教学质量高的教育系统来培养优质劳动力。

芬兰对卓越的概念也有着与众不同的特点。芬兰学校的综合性不仅仅体现在学生能力的多样性上。在这些学校,每个人都可以吃到免费的热菜。同时,这些学校还提供医疗、口腔、心理以及咨询等方面的服务。为有特殊需求的学生提供支持被视为芬兰学校系统不可分割的一部分。学生经常能在学校得到单独的照顾。

中国上海

2009年,上海学生首次参加PISA的评估时,他们在阅读、数学和科学这三门科目中都名列前茅。三年后，他们又一次取得了同样出色的成绩。这激发了人们对这一地区教育系统为何能做得如此成功的更大兴趣。

上海并不能代表中国，但上海的2 400多万的人口规模比参与PISA的其他国家和地区都来得大。

2015年，北京、江苏、广东同意与上海一起参加PISA的评估，这些地方的人口总数达到2.32亿。在PISA数学和科学的评估中，上述省市所共同组成的实体排名前十。

然而，直到20世纪90年代中期，上海的学校系统才有能力向所有学生提供六年的小学教育和三年的中学教育。在此之前，上海的关注点在于重建在1966年至1976年"文化大革命"中遭到破坏的教育系统。

作为一个国际化的外向型城市，上海处于中国教育改革的最前沿，并利用各种机会来发展自己的教育改革方法。在"一流城市，一流教育"的口号下，上海将提高教育标准作为首要任务以实现自己的经济抱负。

当查阅上海的学生在2009年PISA中的得分时，十分惊人的一点是，很少有学生的得分很低。上海有很多学生的得分很高，但正是由于缺少低分学生，上海才在PISA排名中名列前茅。当然，上海15岁的学生中也仍有许多人无法接受高中教育，其中就包括那些从中国其他地区迁到上海的学生。然而，对于那些能够完全接受高中教育的学生——其中包括来自弱势家庭的学生——而言，上海的教育系统使他们取得了优异成绩。

上海的教育系统基于这样的假设：每个学生都可以成功，或者至少可以达到适当的学业水平。该体系不是一个基于"选拔机制"的体系，其目的是确保几乎每个学生都能完成学业，而在"选拔机制"下，少数优秀学生才能最终完成学业。

上述假设适用于来自任何家庭背景的学生。虽然上海的教育系统没有完全消除，也不能够完全消除优势学生和弱势学生在成绩方面的差距，但该体系认为，这类社会因素不能够成为失败的借口。因而，在2012年的PISA

评估中，来自上海贫穷家庭学生的表现胜过了来自美国中产阶级家庭的学生。

在建立学校系统时，上海的目的就是要取得上述效果。最优秀的教师被分配到最需要帮助的学校。实力雄厚的学校要帮助实力稍弱的学校，从而提高整体水平。这是一个基于精英主义原则的系统性方法，其目的是要使学生发挥出全部能力。

教育也常常伴随着激烈的竞争。上海学生为了对课内学习进行补充，常常要花很长的时间来完成作业并接受课外辅导。人们对这些学生抱有很高期望：约有80%的学生会继续接受高等教育。然而，上海学生相信，他们能够控制自己实现目标的能力。他们认为学好数学不是一种天赋；他们接受的教育告诉他们，学好数学要靠自己的努力，还要靠教师的正确指导。家长也愿意帮助自己的孩子，并愿意让孩子知道，教育是家里的头等大事。

上海学校系统的另一个关键特征是优质的师资，该特征也同样存在于其他优质学校系统之中。该体系通过优秀教师的选拔、培养和分配，将政策付诸实践。职业发展教育贯穿于教师的职业生涯，并十分强调教育研究。

第四章

为何教育公平如此难以实现

141　　　世界水准学校系统令人印象最深刻的一点或许就是贯穿整个体系的高质量教育,每个学生都能从优质的教学中受益。实现更广泛的教育公平不仅是社会正义的当务之急,也是一种更有效利用资源,增加知识供给和技能供应,以促进经济增长、提高社会凝聚力的方式。

2015 年初,我与斯坦福大学的 Eric Hanushek 和德国经济研究所(German Institute for Economic Research)的 Ludger Woessmann 合作,为教科文组织的教育世界论坛(Education World Forum)撰写了一份报告。该论坛旨在探讨教育作为"可持续发展目标"之一的全球性目标。[1]

Hanushek 提出了一种方法来计算提高教育质量的长期经济效益。计算结果显示,提高教育质量能给发达国家和发展中国家带来潜在效益。PISA 则提出了一种测量不同国家教育质量的方法。因此,将 PISA 和 Hanushek 提出的方法相结合有助于检验提高教育质量所能带来的经济影响。

Hanushek 和 Woessmann 的研究成果首先表明:一个国家的教育质量从长远来看能有效地预测出这个国家未来将创造的财富。

在不触及学校系统质量的情况下,在最基本的层面确保每人都有机会接受教育,就会带来一定的经济收益,这种效益在许多儿童仍然无学可上的贫穷国家尤为明显。

142　　　而教育质量的提升会带来更大的影响。如果每个学生都能证明自己具备基础技能,就会给经济带来直接重大的长期效益。事实上,Hanushek 和 Woessman 的研究结果表明,如果每个 15 岁的学生在 2030 年之前至少都能在 PISA 水平测试中达到 2 级水平,这将极大地推动经济增长和可持续发展(见图 4.1)。

他们研究的所有国家之中,西非国家加纳的中学入学率最低(46%);与其他国家相比,该国 15 岁学生的成绩最差。如果加纳能通过教育让所有学生掌握最基础的阅读和数学能力,根据现市值计算,以今天出生的孩子为基准,这一代人一生实现的经济效益将相当于当前 GDP 的 38 倍。

对于中低收入国家而言,相同举措带来的收益将相当于当前GDP的13倍,而且在未来80年,它们的GDP将平均提高28%。对于学生在学业上通常表现更佳的中高收入国家而言,该举措将使它们的GDP平均提高16%。

从这项研究中我们明显可以看出,提高教育质量不仅利于贫穷国家,也利于富裕国家。

以石油生产国家为例。2010年3月,我曾在埃及与阿拉伯国家的教育部长交流,当时我产生了疑惑:这些国家是如何成功地将自然资源转换为购买力,却未能用已有财富培养出新一代有技能的年轻人,从而让他们能够保护国家在经济和社会方面的长期福祉呢?

以色列已故总理Golda Meir曾打趣说,摩西带领犹太人历经40年穿越沙漠,只是为了把他们带到中东一个没有石油的地方。然而以色列人民已经解决了以色列缺乏"黑金"的问题:如今,以色列拥有一个创新型经济体,其人民享受的生活水平远远超出了大多数石油盛产邻国的居民。我们的数据表明,一般而言,从自然资源中获取更多收入的国家往往在经济和社会方面更加欠发达,因为国家资源的出口会提振本国货币、降低进口价格、使工业基地的发展更加艰难。除此之外,资源富饶国家的政府向公民征税的压力较小,因而它们对于公民的责任也较少。

我们的研究发现向自然资源富裕的国家传达了一则重要讯息:其人民未开发技能中蕴含的财富远远超出了他们从国家自然资源中攫取的财富。虽然自然资源取之有尽——消耗越多,剩余越少,但知识却是可以积累的资源——使用越多,积累越厚。对人类发展影响最大的科学发现就是人类对自己无知的认识,更认识到学习是一种丰富知识的手段。

PISA数据还表明,各国从自然资源中赚取的财富和从学生所具备的知识和技能上获得的收入之间存在明显的负相关关系。正如《纽约时报》专栏作家Thomas Friedman所言,同时拥有PISA成绩和石油并不容易。[2]从学生在校的学习成果来看,以色列并不是唯一一个远远胜过其石油盛产邻国的国

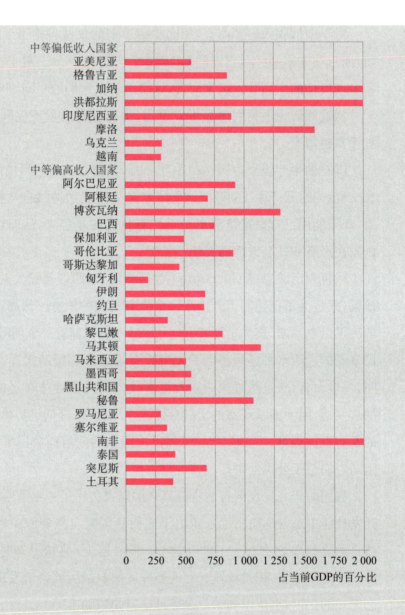

图 4.1 如果每个孩子在中学至少掌握了基础技能,经济将会振兴

拉脱维亚于 2016 年 7 月 1 日加入 OECD。
备注:根据当前 GDP 计算,如果改革能认每个孩子都能接受中学教育,且在 PISA 测试中至少取得 420 分,那么 2095 年前 GDP 增长的预估贴现值将如图所示。加纳为 3 881%,洪都拉斯为 2 016%,而南非为 2 624%。
来源:Hanushek and Woessmann(2015),*Universal Basic Skills: What Countries Stand to Gain.*

第四章 为何教育公平如此难以实现

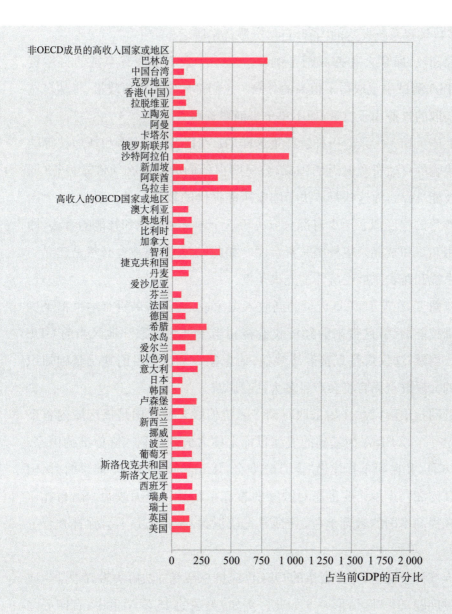

备注：根据当前GDP计算，如果改革能让每个孩子都能接受中学教育，且在PISA测试中至少取得420分，那么2095年前GDP增长的预估贴现值如图所示。

家：大多数教育系统发达的国家，自然资源都很匮乏。

澳大利亚、加拿大和挪威则是例外。这些国家不仅拥有丰富的自然资源，在 PISA 测试中也取得了很高的分数。它们都制定了审慎政策，将从自然资源中获取的收益用于投资，而不单单是消费资源。

对上述负相关关系的一种解释是这样的：在以芬兰、日本和新加坡等国为典型代表的自然资源匮乏的国家，公民明白他们的国家必须依靠智慧（即知识和技能）而活，而这些都取决于国家所能提供的教育质量。因此，一个国家重视教育的程度似乎至少有部分取决于这个国家对知识和技能的看法，即如何利用知识和技能来填补国家资金库。如此，高度重视教育必然是建立一流教育系统和蓬勃发展经济体的先决条件。

总体而言，在非 OECD 成员的高收入国家或地区，如果所有学生都至少具备基础技能的话，这带来的经济收益将相当于这些国家和地区当前 GDP 的五倍。当然，这仅仅是直接经济效益；请想象一下这对目前缺乏基础知识和技能的大量群众而言将会产生多大社会影响。

最近阿拉伯国家才开始采取行动。阿拉伯联合酋长国是该区域内首个通过制定一个以 PISA 为基础的成绩目标来使之成绩达到国际标准的国家。2015 年 8 月，我在阿布扎比做"斋月分享会（Ramadan Majlis）"演讲时，该国王储及其内阁坚定承诺要迅速对国家的教育系统进行全面改善。阿布扎比如今正在提高本国的教育地位，其领导人认识到，高收入并不会弥补教育上的短板。

有人或许会认为，至少富裕的 OECD 成员总会有办法解决教育中学生成绩极差的问题，但实际情形并非如此。例如，美国的 15 岁学生中，有四分之一的人甚至连 PISA 最基础的测试都无法完成。

如果美国要保证所有学生都具备基础技能，在这些学生的工作生涯中，该举措所带来的额外经济收益可能会超过 27 万亿美元。因此，即使在高收入的 OECD 成员中，如果所有学生毕业时都至少具备基础知识和技能，也会带来巨大的经济收益。对于这些成员而言,即使不改善教育,未来的GDP也将平均增长3.5%。该增长数额几近于目前这些国家在学校教育上的总支出。

换言之,到2030年,高收入的OECD成员解决学生成绩极差问题后所获得的经济收益,就比所有学生的初等教育和中等教育的支出更多。

这种提高学生成绩的做法完全符合实际。例如,波兰能在十年内将在PISA测试中表现较差的学生比例减少了三分之一,从22%降至14%。2009年至2012年间,上海则将表现较差的学生比例从4.9%减少至3.8%。

当然,更加大刀阔斧地提高学生成绩能够带来的潜在收益更大。如果在所有学生都掌握基础技能的情况下对收益加以计算,所得的估算结果会太过保守,因为这种计算方法已事先假设,提高学生成绩的做法不会对已具备更多知识和技能的学生产生影响。但PISA的数据证明,学校改革不仅能够提高成绩较差学生的学习成绩,同样有助于成绩优异的学生。

Hanushek的计算表明,在处于不同发展水平的国家,具备基础技能的学生的比例所产生的经济影响是相似的。这些数据也表明,对于那些想追赶最具生产力国家的国家而言,增加成绩拔尖学生的比例所带来的经济影响更加重大。在成绩优异学生占比更多的国家,经济收敛的过程似乎在加速。这更加凸显了投资卓越教育的重要性,尤其对于中等收入国家而言。

成绩拔尖学生占比更大的国家也更可能为所有学生提供公平的教育机会。因为对于卓越教育和教育公平的投资似乎相辅相成,当国家培养出具备强大的基础技能的学生人口时,也极有可能培养出比例更高的成绩优秀的学生。

当然,这样的长期愿景只是对未来的一种预测,只有假设基础可靠,预测才会可靠。不过Hanushek的分析只建立于两个主要假设之上。第一,接受过更好教育的劳动力会带来更多的新想法,使技术的发展进程更迅速。于一些人而言,上述假设可能有些保守,因为这个世界正在向一个知识密集型的世界演进,并能立即回报拥有更高超技能的人。

对于持怀疑态度的人而言，Hanushek则描述了另一种情景：生产力停滞不前，每个新工人只是对拥有相似技能的现有工人群体的数量扩充，他们继续以同等的生产力工作，直至职业生涯结束。在如此悲观的情景下，人们重复着前人的工作。这会导致一个结果，即提高学校教育后能带来的经济回报虽然依旧可观，却会变得更少。

第二，技能的提升将实际作用于经济发展。国际成人能力评估调查（PIAAC）的结果表明，不同国家从各自人才库中获取价值的能力明显不一。[3] 因此，虽然提高学校教育是经济发展的必要条件，但各国仍然需要保证增加更高附加值的工作岗位，让更多人从事高技能工作并获得更丰厚的薪酬。上述所有的假设都基于Hanushek的分析：一个国家的新技能将被该国有效吸收，如同以前经历过相似转型的国家那样。

迈向包容性的社会进步

收入不平等与经济发展之间的关联很紧密。如果收入不平等太过严重，那么大多数人都无法再参与经济发展，也不能增强自身技能以提高社会地位。当然，如果收入太过均衡，在工作上前进的动力就会减少，经济和发展也会被影响。

上述两种情况我们都不希望看到，要实现两者之间平衡，传统的方式是重新分配收入，例如通过税收（重新分配）。但是，与重新分配财富来解决收入不平等所造成的结果不同，直抵问题根源来解决收入不平等的源头问题，似乎更为明智。如此一来，这便不是一场零和游戏，更多人会从中获益。

造成收入不平等的一个主要原因是技能不平等。技能不平等等同于社会不平等。父母曾告诉我们应该努力学习才能找到一份好工作，获得一份体面的薪水——这一建议在今天看来尤为正确。

OECD的年度出版书籍《教育概览》（*Education at a Glance*）表明，受教育程度高的人如今享有更好的生活机会，而那些资质较差的人则面临更大的被社会和经济淘汰的风险。[4] 如果不刺激人们的收入，那些低技能的人的薪水会下降，而越来越多的高技能的人即使他们的收入未提高，也通常能够维持自身的薪资水平。

各个国家内或国家之间技能不平等造成的后果已远远超出经济和社会范畴。2008 年 2 月，我与北约各国的大使就 OECD 关于技能和教育不平等问题的工作进行了密切交流。由于担心这些不平等问题可能会对地缘政治稳定性造成长期影响，该话题当时被列入了会议议程当中。政策制定者们越来越意识到教育不平等会为激进主义提供肥沃的温床。在如今这个相互关联的世界里，一个国家的未来不仅取决于自身的教育质量，同样也取决于其他国家的教育质量。

我的同事 Marco Paccagnella 根据 PIAAC 的数据进一步研究了教育和收入之间的关系。[5] 他发现，如果所有成人都接受一年额外教育（毋庸置疑，这对其本人和国家的整体经济和社会福祉都有好处），高收入者实际比低收入者从中获益更多。收入不平等也因此会加剧。这些数据基本表明，人们的收入越高，教育的进一步提高对他们收入的促进作用也会更大。同时，这些数据还表明，高等教育对最高收入人群的经济回报会急剧上涨，而中等教育带来的回报实际会下滑。

这或许是由于人们能从高等教育中掌握专业的知识和技能，从而帮助他们在劳动力市场上得到更高的回报。这也可能是由于技术发展的主要获益者是高技能者，对他们的收入增长促进更加巨大。

简言之，仅提高整体受教育程度只会拉大薪水差距，而不会缩小差距。在大部分欧洲和北美洲国家，向知识型经济体的转移导致更多人会去接受更多的教育，教育更是在社会发展中扮演着前所未有的重要角色。然而，这并不是一个全面增加机会和提高跨国流动性的过程，而是一个将机遇和回报愈发集中于那些从出生起就有能力获取财富和知识的人身上的过程。中学和大学的选择是社会和经济阶层的反映。这些选择往往会加强而非缓解社会不平等问题。

不过 Paccagnella 的分析也表明，无论人们的能力或本身资质如何，保证更多人掌握重要的基础技能，都是一种实现收入增长更加均衡的有效方式。基于此发现，增加对基础技能的投资——通过提高每个人所接受的基础教育的质量——不仅会带来更高的生产力，为成年人增加更多的就业机会，还能保证人们能更加公平地享受经济发展效益。

从这个角度来讲，提高教育质量与简单的税收和再分配规划之间并不相同，后者只能改变社会的收入分配，无法增加产出。使人们普遍掌握基础技能则可能实现更具有包容性的增长；包容性增长更能确保公民能更加公平地享受经济发展效益。

公民技能较高的国家，人们技能的娴熟程度整体上也更加均衡。但是 Paccagnella 的分析也表明，在技能不平等程度更严重的国家，父母的教育对子女技能的影响也更大。换言之，在人们的技能掌握程度更加不均衡的地方，相较父母而言，年轻人掌握更高技能的可能性会更小——如此，便更加剧了技能和收入的不平等。

我们能从中获得几点认识：在公民技能和收入差距较大的国家，社会背景往往也对技能的掌握、学历的获取和收入有最强烈的影响。投资高质量的基础教育——投资成人教育和针对需要掌握基础技能的人所建立的教育项目——是一种增强国家人才库的有效途径，也是一种在经济和社会方面建立更具有包容性社会的方式。此外，应对不断加剧的收入不平等需要一揽子覆盖教育和培训、劳动力市场以及税收和转让制度的政策。

努力营造公平的竞争环境

明智的父母对子女的期望即政府对所有儿童应该寄予的期望。生长于富裕家庭的儿童会发现许多通往成功生活的大门，而贫困家庭的儿童一生仅有一次机会，即进入一所能为他们提供机会，使他们能够开发自身潜力的好学校。错过机会的人很少还能再跟上节奏，因为人生后续的教育机会往往会固化早年的教育成果。[6]

各国的家庭、学校和国家本身的社会经济背景会在多大程度上影响其在PISA这类测试中的成绩？针对这个问题，人们有过许多讨论。的确，如果一个地方的学生具备经济、社会和文化优势，那么就更有可能具备更好的条件以实现更好的发展。这不仅与物质资源的匮乏有关，同样与志向和希望的缺失有关，二者同等重要。学校系统只会复制社会优势和社会劣势；PISA的结果证实了这点。而令人尤为失望的是，许多国家在为所有儿童提供一个平等的成功机会方面，几乎毫无进展，这让人感到惊讶。

然而，在不同国家间，社会背景对教育方面的成功有相当不同的影响；该事实表明，弱势学生比优势学生成绩更差不存在必然性。正如我先前所提及的那样，爱沙尼亚、香港、上海和越南等不同地区的教育系统的表现结果表明，一个地区最贫困学生的分数可能会高于另一个地区最富裕学生的分数。

2015年，清华大学的优秀学生潘媛媛曾在PISA团队里实习。[7]那年夏天，由于要拜访中国四川省的都江堰市，我向她征询了一些参观学校的行程安排的建议。后来发现，原来她出生于四川一个资源非常匮乏的小镇。但是，她的老师发现了她的才华，尽一切可能支持她学习。于是，她后来通过了标准苛刻的高考，以及据说是中国最具声望的一所大学的面试——该学校的工程和计算机科学专业在全球一直排名前列，每年都吸引超过一千多万的学生报考。

潘媛媛并非特例；近来，为了增加贫困地区的聪明学生进入中国名校的机会，中国政府采取了更多措施。如今，贫困偏远地区的学生通过政府的优惠政策来获得高考加分，从而增加他们的录取机会。其中成绩最优异的学生将获得中国一流大学的全额奖学金。

提供高质量的早期儿童教育和保育常被认为是在教育和生活中营造公平环境最有效的方式。但正如图 4.2 所示，现实尚未能符合理论。图 4.2 表明，有一点可能在人们的意料之中，那就是如今 15 岁的学生在不同程度上都接触过学前教育——从土耳其的平均一年到爱沙尼亚和瑞典平均超过四年。但令人失望的是，在大多数国家，相比弱势学校的儿童，优势学校的儿童接受的学前教育年限更长、获益更多。这反映出在没有过多规划的情况下提供早期儿童教育和保育实际上会加剧而非缓和社会不平等。

正如我曾多次说明的那样，卓越教育和教育公平之间并不互相排斥。例如，虽然来自法国和荷兰最优势家庭的学生在 PISA 测试中的成绩相当，但荷兰最贫困学生的成绩与法国中等收入家庭学生的成绩一样优秀。[8] 研究这些数据时，我都会感慨：对贫穷的感知与实际的贫困率同等重要。

在一些国家，学校的校长能够意识到他们正在相对贫困或相对优势的地方教学。例如在巴西、智利、马来西亚、墨西哥和葡萄牙等国，校长们已经发现，各自学校里拥有大比例的弱势学生。与此类似，捷克、丹麦、芬兰、冰岛、日本、挪威和韩国等国的校长在管理弱势学生数量有限的学校时，也意识到了这种情况。

然而，真正的弱势和校长对弱势的感知之间并不总是一致。[9] PISA 在 2012 年的评估表明，美国 65％ 的校长表示，他们的学生中有 30％ 以上来自弱势家庭——该比例远远超过其他任何国家的调查结果。但是，PISA 记录的美国弱势学生的实际比例只有 13％，略高于日本和韩国的弱势学生的比例。但是，仅有 6％ 的日本校长和 9％ 的韩国校长所汇报的各自学校里弱势学生的比例与美国校长所汇报的比例相当（见图 4.3）。

换言之，上述三个国家中，儿童贫困的实际发生率大体相同，但汇报称学校里有超过 30％ 的弱势学生的美国校长人数是日韩两国持相同看法的校长人数的六倍以上。相反，在克罗地亚、塞尔维亚和新加坡，超过 20％ 的学生属于弱势学生，但只有 7％ 甚至更少的校长认为学校存在大量的弱势学生。

或许是由于在美国被视为贫困的儿童在他国却被视为富有。但相对而言,在美国的学校里,人们所感知的社会经济弱势问题要严重于真实情况。法国也存在类似的感知与实际有偏差的情况。

社会经济弱势情况对学习成果有明显影响——虽明显,却并非无法避免。实际上,该影响反映出一种教育系统所提供的公平学习机会程度。在芬兰、冰岛和挪威,人们可能会认为这种影响较小,因为这些国家学校里的弱势学生相对较少。当一个社会公平分配财产和家庭教育时,很容易就能在学校实现公平。不过像新加坡这类在PISA测试中成绩顶尖的国家更加令人印象深刻:在这些国家,社会经济弱势情况虽然严重,但对学习成果的影响却很一般。

上述国家看来非常擅长培养普通学生的非凡天分,善于让每位学生都从卓越教学中获益。相比而言,法国的弱势学生比例虽然较小,但各学校的校长却认为该比例比实际情况要高。在法国,学生的成绩与社会经济地位紧密相关——事实上,比除智利和斯洛伐克共和国以外的其他任何国家都更为紧密。令人吃惊的是,研究结果表明,校长对学生弱势情况的感知与教育机会不平等之间的关联程度,要强于校长的感知与真实的弱势情况之间的关联程度。

还有其他事例也能证明这一点:在中国香港、中国澳门和越南,社会经济地位位于底层的四分之一学生中,超过60％的学生在2015年的PISA测试中取得的成绩可以名列全球所有学生的前四分之一;在爱沙尼亚、日本和新加坡,最弱势的学生里约有一半取得的成绩位列前四分之一。相比之下,在智利、希腊、冰岛、以色列和墨西哥,只有不到五分之一的最弱势学生取得的成绩位列前四分之一。[10]

以上所有意味着什么?社会经济弱势对各地教育工作者而言都是一种挑战,但在一些国家和地区,校长对弱势的感知远远严重于真实的弱势情况;而且,校长的感知似乎对学生成绩产生了重大影响。在其他国家和地区,真

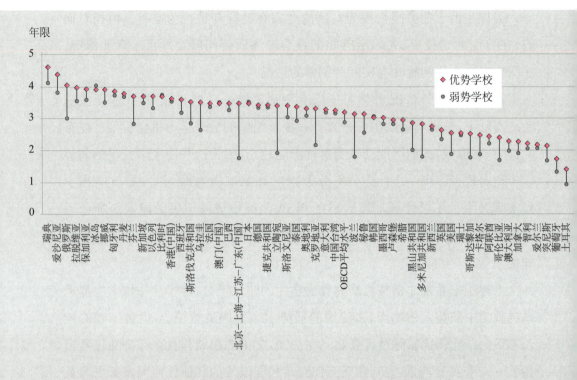

图 4.2 优势学校里的 15 岁学生受过学前教育的可能性更大

以上为社会经济背景弱势和优势学校里学生受过学前教育的年限

来源：OECD, PISA 2015 Database, Table II.6.51.

第四章　为何教育公平如此难以实现

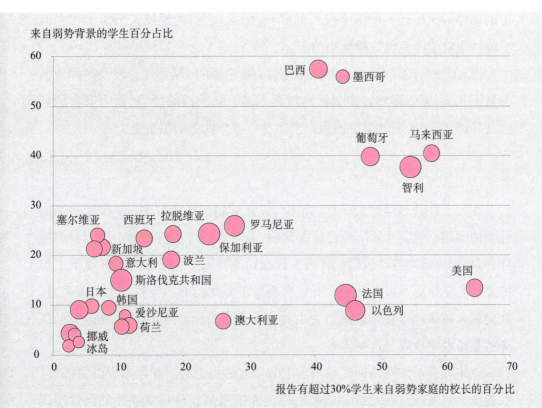

图 4.3　学生的真实弱势与校长对弱势的感知有时差异很大

备注：气泡大小代表社会经济背景与学生 PISA 数学测试成绩之间的关系强弱。

来源：http://oecdeducationtoday.blogspot.fr/2014/07/poverty-and-perception-of-poverty-how.html.

正的弱势情况却远远严重于校长的感知；但是，它们的学校甚至整个社会似乎能够帮助学生克服这种弱势情况。

PISA 数据还表明，对许多国家而言，成绩差的问题不仅会波及贫困地区的贫困儿童，更会影响许多邻近地区的儿童。更关键的是，同原生家庭的社会背景相比，学生所就学的国家对学生学习成果的影响似乎更大。

使资源与需求相匹配

在关于社会多样性的课堂讨论中，我常听到这样的看法：学校无法解决社会的问题。但我常常问自己这些问题：除了期望学校解决社会所面对的挑战外，我们应该期望学校做些什么？什么比支持那些在最艰苦的环境下工作的老师和学校更重要？什么比支持那些最需要帮助的学生更重要？很明显，社会越来越依赖学校来解决过去由其他人解决的社会问题，而公共政策的任务就是帮助学校满足这些需求。

许多教育系统在协调资源与需求时都能做得更好。在物质资源方面，已取得极大进展；但在多数国家，吸引最优秀的教师去最具挑战性的课堂授课仍然十分困难。这不仅仅是给在弱势学校工作的教师更多报酬那么简单，还需要采取全面的方法以确保教师在面对额外挑战时，能感受到自己在职业和个人生活上受到支持，并清楚额外的努力会得到重视并被公众认可。

对教师而言，将稀缺的额外时间和资源分配给最需帮助的学生十分困难。对于那些鼓吹班级学生多样性的价值的人，他们所讨论的对象往往是别人家孩子所在的班级。同样，要说服那些在社会经济上占优势且孩子与其他优势儿童一起上学的父母，让他们认同班级学生在社会背景方面的多样性能造福每个人，也十分困难。政策制定者也发现，将资源分配到挑战巨大且资源能产生重大影响的地方很难，通常是因为贫困儿童找不到人为他们游说。

在许多国家，如果你需要了解儿童正在接受哪种教育，邮政编码会告诉你一切。如果学校受欢迎，其所在学区的房价就会上涨，进而分化人口。那么,资产、收入和受教育较少的公民最后只能在教育和社会机会较差的地区居住。这样一来,在大多数国家,与社会不平等相关的教育成果差异依旧根深蒂固,依然有许多人才有待挖掘。

然而,公平只在一定程度上与社会经济地位相关,也只在一定程度上与对最贫困儿童分配更多资源的需求相关。意识到不同个体的学习方式以及需求的差异,也同样重要。如果说20世纪的挑战在于追求平等的权力,那么21世纪的挑战将是追求与众不同的权力。

对学生的自我指导保持开放态度

2017年,我和Richard Branson爵士共度了三天时光,地点是他位于尼克岛(Necker Island)上的家。Richard Branson爵士16岁时抱着破灭的幻想离开了学校,因为他认为学校对开发他的创造性和创业天赋毫无作用。(学校也未诊断出他有阅读障碍。)在校的最后一天,他的校长断言他最终不是进监狱,就是成为一名百万富翁。最终的结果大家都知道:Richard Branson爵士成为了英国最成功的企业家之一(也是一名亿万富翁),他将维珍集团(Virgin Group)的品牌从伦敦的一家唱片店发展成涵盖健康、音乐、媒体和旅游(包括太空旅行)公司的跨国集团。可以说,他受益于这个世界——这个根据知识和技能而非学历给予人们奖励的世界。

我曾问过他,为何他的航空公司——英国维珍大西洋航空公司(Virgin Atlantic)——在其他许多公司破产时反倒欣欣向荣。他的回答很简单:他的处事方式与众不同。当其他人都遵守效率最大化原则并根据这个目标来架构工作组织时,他却将员工放在首位,并询问他们需要什么才能取胜。他授权员工去创造一个能为客户提供最佳服务的环境。

他也有一个教育愿景:重视性格和价值观。两者在面对社会不平等和分化时显得尤为重要,因为人们那时需要一种强烈的是非观,需要保持对他人所提要求的敏感度以及需要把控个人和集体行为的限度。

Richard Branson爵士并非孤军奋战。像托马斯·爱迪生、爱因斯坦、比尔·盖茨、乔布斯和马克·扎克伯格这样的辍学者，他们都成为了自己所处领域的变革者。然而，一些经济体依旧只认可职业生涯初始取得的资格，而不认可人生阅历中获得的能力。在这样的地方只有极少数的辍学者才能成为Richard Branson爵士那样的人，更不用说在教育变革中拥有发言权了。

与Richard爵士相处的三天里，我意识到，做与教育相关决定的人通常是曾受益于教育系统的人，而不是挣扎于其中的人。但是，往往是后者才能指明一个教育系统的缺点，并能强调做出改变的紧迫性。

学校有多种方式来利用学生的意见和经历——无论他们是成功的还是"失败的"——以提高学校教育与学生的相关度，并改善学校教育的组织方式。在2016年，葡萄牙的教育部长Tiago Brandao Rodrigues向我介绍了他们的首批措施之一——给学校下拨额外资金用于招生，而学生自己也能决定怎样使用这笔资金。起初，并非所有资金都能被妥善使用。据报道，有所学校的学生投票将这笔钱用来给每个人买冰淇淋。不过随着时间的推移，许多学生都在自己的学校拥有了资源分配的自主权，范围远远超出上述有限的预算；他们帮助学校更好地将资源投入到真正改善学生的生活和学习的地方。美国教育作家Marc Prensky和教育研究员Russell Quaglia做了大量工作以研究学生的意见和能动性（agency）所能产生的影响。在使教学与学习者之间更加相关的努力上，他们的观点发挥了重要作用。[11、12]

政策如何帮助创建更公平的教育系统

我们对待最弱势的学生和公民的方式展现了我们的社会状态。提供公平的教育机会不是一道技术性难题。PISA的数据也表明，在某些国家——

在许多国家的部分学校——即使最弱势的学生也能在学校里取得很高的成绩。只有在上述难题与政治、既得利益交叉时，才会变得难以处理，因为政治和既得利益会极大地扭曲最符合学生利益的做法。

PISA数据表明，能影响学生成绩的最重要的因素中，有一个因素是同一班级里其他学生的社会经济背景。这意味着分配给学校和教室最重要的资源之一就是学生本人。在二战前后，德国未能加入其他北欧国家，摆脱基于社会阶层的三阶段中学组织结构（tripartite organisation of secondary schools），导致其很难为低收入学生，尤其为需要一个不错的人生机遇的移民学生提供高质量教育。

但德国一些州随后的决定——从三阶段的教育变为两阶段的教育——帮助德国近些年在促进教育公平方面取得了进展。同样，波兰改变了原有的以社会阶层为依据的中学学校系统，转而推行为所有阶层的学生均能被录取的综合学校，通过这一举措，波兰大幅降低了成绩较差的学生比例。

在19世纪，日本决定改变德国目前仍保留的学校和结构，这使得日本建立起能让所有学生都有很好的机会来取得世界级成果的学校。明治政府的改革为日本作出了贡献，让日本能够将优秀的综合成绩与结果公平相结合。

瑞典根据一个公式计算了政府下拨给每所学校的资金，该公式旨在保证每所学校都有资金推行该国的高标准课程。根据此公式，处于北极圈以北的偏僻社区获得的平均教育资金要高于斯德哥尔摩。这是因为针对某种课程——例如物理，城市高中里选修这种课程的学生人数通常多于农村高中，因此农村高中的班级规模会更小；但无论家住何处，所有学生都有资格学习物理，因为物理是高标准课程里的必修课。另一方面，在瑞典学校中，移民学生占比较高的学校所获得的资源也会多于移民学生占比较少的学校。

2016年，我有幸担任英国"2016年度学生奖金（2016 Pupil Premium Awards）"推举委员会的主席，该奖项源于一项旨在为学校的每名弱势学生提供额外资源的倡议。一方面，该"学生奖金"并非英国独有。上文提及的瑞典所实行的资金分配方式现已成为许多国家的普遍做法。[13]另一方面,令人瞩目的是,该"学生奖金"促使英国某些学校迸发出许多创意。在如何使用这笔资金方面,英国给予了学校极大的自主权,而相应的责任要求也值得我们借鉴。事实上,学校可以根据他们认为合适的方式来分配这些资源,只要学校能为自己的决定提供证据支持,并向大众阐明缘由。这意味着这些学校不仅能加强教学体系,还能将更广泛的社会服务融入学校环境,这对帮助弱势学生而言意义重大。

在其他国家,给学校分配资源的类似方式则更加规范,受到更严格的监控。授予学校采取创新手段的自主权似乎是政府授权的一个重要部分。我对英国学校一直采取的多样化做法很感兴趣,也十分好奇英国政府是否也具备同等的想象力。在面对学生的幸福感问题时,许多学校优先考虑的不只是考试和学习成绩。一些学校则将重点置于家长身上,为他们组织工作坊来帮助他们理解当前的教学方法,或邀请他们到学校演讲,给学生介绍自己的工作。2015 年 PISA 的评估结果表明,西方国家中,只有少数国家的弱势学校所报告的物质资源短缺情况少于优势学校,且英国就是其中之一,这或许就不足为奇了。换言之,这也说明英国能够使物质资源与社会的经济需求相匹配(见图 4.4)。[14]

然而,在面对更为艰难的社会经济挑战的学校时,即使各个国家努力使投入的资源更加公平(如果不是更多),也只有少数国家能够成功地使资源的质量与这些学校所面临的挑战相匹配(见图 4.4)。换言之,虽然需要更多帮助的学校有时会获得更多资源,但这些资源并不一定是最有帮助的高质量资源。

不过有些国家已经开始改变这一点。新加坡让最优秀的教师去教授那些最难达到该国高标准的学生。在日本,县级官员会将优秀教师派至师资薄弱的学校教学,以确保所有学生都能公平地得到能力强的教师的指导。

有时,即使是象征性的行为也会带来变革性的影响。2006 年,时任哥伦比亚教育部长的 Cecilia Maria Velez 向我展示了一个废弃的垃圾处理设施，该设施过去危害了哥伦比亚首都波哥大的部分最为贫困的地区。虽然该设施早已停用，但 Cecilia Maria Velez 部长将其改造为一所如今名为 El Tintal 的学校兼图书馆。我看到在教师、教练和社会工作者的帮助下，这里挤满了在学习阅读的学生和家长。我能够看到哥伦比亚将这个污染和疾病的源头改造为新哥伦比亚的象征的过程：曾经饱受冲突折磨的国家经历了一场深刻且无声无息的革命；在这个国家，曾是富人专利的教育最终成为一种公共福利。

上海不仅在 PISA 测试中取得了高分，全市各校学生成绩间的差异也很小。这绝非偶然，而是上海坚定致力于将弱势学校打造为优势学校所带来的结果。正如 Marc Tucker 所言，[15] 这些努力包括：系统性地将所有学校的基础设施升级至同一水平；建立一套资金转移支付体系，给服务弱势学生的学校提供资金；建立岗位结构，激励优秀教师去弱势学校教学。上海还让成绩优秀的地区和学校与成绩较差的地区和学校结成对子，以帮助两地政府部门相互交流和讨论彼此的发展计划，教师职业发展机构也能彼此分享课程设置、教材和优秀的教学方法。政府还委任"优势"公立学校来管理"弱势"公立学校：让"优势"学校任命经验丰富的本校领导——例如副校长——去担任"弱势"学校的校长；委派一组经验丰富的教师去指导教学。上述举措从本质上而言是希望成绩优秀的学校的精神、管理风格和教学方法能被成绩较差的学校所采用。

只有过时的规章制度和想象力的缺乏才会阻挡其他教育系统做出类似的努力。事实上，类似的例子随处可见。我在访问巴西的塞阿拉州时，曾见过当地成绩优秀的学校是如何获得丰富的额外的教育资金的，他们用这笔钱聘请了更多的专业教师和专家。然而，他们并未将这些额外资源用于自己的学校，而是把资源分配给其他最需要帮助的学校。这样一来，每人都成为了赢家：成绩优秀的学校赢得了额外声誉，扩充了教师队伍，而成绩较差的学校

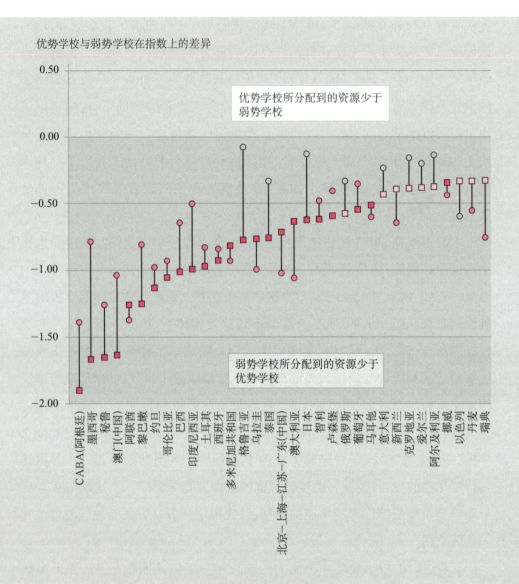

图 4.4 弱势学校被分配的资源通常都少于优势学校

第四章 为何教育公平如此难以实现

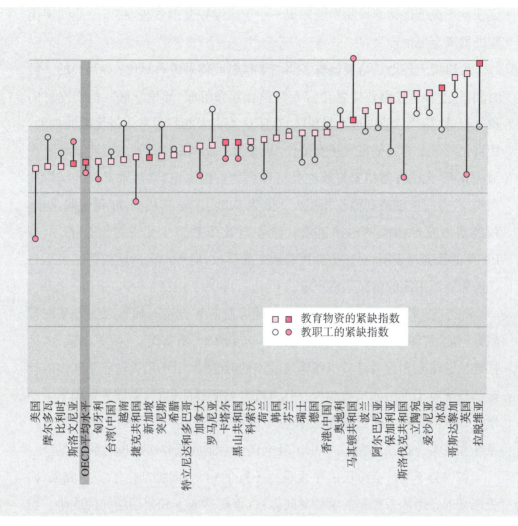

备注：上图中教育物资的紧缺指数总结了校长在四项声明上的认同，即学校提供教学的能力是否会受到教育物资紧缺/不足的限制，这些教育物资也包含了教学基础设施。教育职工的紧缺指数则是通过学校校长的四项声明里关于学校提供教学的能力是否会受到学校教职工资质缺少/不足的限制来综合衡量的。负差指数表示，相比优势学校的校长而言，弱势学校里的校长认为，自己学校里教育资源的数量和/或质量更大程度上会阻碍他们提供教学的能力。正差值表示，拥有的资源不足在社会经济背景更占优势的学校校长眼里更为常见。

来源：OECD, PISA 2015 Database, Table I.6.13.
链接：http://dx.doi.org/10.1787/888933432823.

则获益于成绩优秀学校的专业知识——于成绩较差的学校而言，专业知识比额外的资金更为珍贵。

可以将上述做法与美国许多州的学校财政体系进行对比：相当长的一段时间里，这种学校财政体系让富人们联合起来组成"征税学区"，他们支付的税率很低，却依然能创造大量税收；这使这些富人能聘请本州最优秀的教师，让自己的子女与其他富人子女结伴，从而为子女创造压倒性的教育优势。在另一方面，无法在富裕家庭所在社区购房的贫困家庭，最后常常只能支付高额税率，但所能创造的税收却很少。虽然20世纪80年代到90年代间，与学校经费不充足相关的法律诉讼让学校财政体系多少变得更加公平，但是PISA的数据却表明，对比更加优势地区的学校，弱势地区的学校仍然表示自己人力资源短缺的情况非常严重。[16]

另外，如果出现巨大的资金差距，地方政府有权发行债券来投资基础设施。因此，资源最佳的学区具有先进科学实验室、精密设备、精美剧院、奥运标准的游泳池和配有计算机图像实验室的教学楼，更不用说这些学区内的教师都是毕业于本国的精英院校并且专攻自己所授的科目，而服务贫困学生的学校却依旧只能在老旧破败、摇摇欲坠的教学楼内办学。两者之间的教育质量存在许多等级，反映出人口中因社会经济背景的差异而出现的细分人群。

德国为不同社会阶层的学生设立不同的中学，间接产生了一些成果；而美国则通过由地方控制的学校财政体系，直接达成了和德国相同的成果。虽然做法不同，但美国学校财政体系的影响与其他国家的下列做法所产生的影响完全相同：在有些国家，因不同人群社会经济背景的差异设立了不同的学校。这些国家有为富裕家庭设立的学校，专门供中产阶级上学的学校，以及针对工人阶级和贫困人口的学校。其中的区别在于，在极少数仍对学生进行分类教学的工业化国家里，只在中学阶段采取这种做法，而在美国，这种社会隔离现象在小学以及高中都很明显。在这种极具挑战的环境下，美国能将教育机会的公平程度提升至OECD成员国家和地区的平均水平，这十分引人注目。

加拿大和美国拥有相似的学校财政体系，但加拿大一直在将资金使用的决策权全部或几乎全部逐渐转移至省级政府部门。加拿大各省如今根据学生的数量提供批量拨款，并且还按需拨款，用于满足特殊需求——如特殊教育，或用于帮助各地区应对特定挑战——如偏远地区的交通问题。同时，加拿大还设有"均衡资金"，该资金被拥有地方资金的地区用于为最贫困的地区提供公平的帮助。

当然，在一个国家经济发展的早期，对受教育程度高的人才的需求是有限的，用于培养这类人才的资源也是有限的。满足人才需求的一个方式便是将仅有的资金用在整个社会中最有优势的学生身上——这种优势是通过学生家长的教育和收入获得的。正因如此，在工业化早期阶段，各国在发展教育时所采取的一个最有效率的策略便是根据社会阶层对学校进行分类，并将精力集中于一小部分学生。但如今，世界上的高收入经济体对受教育程度高的人才的需求更大；此时，以这种方式来组织教育系统，不仅从社会角度来看不公平，而且效率极低。

来自法国的一场舞会邀请

即使在社会差异严重的教育系统里，也存在许多成功对抗不公平的草根倡议。

OECD的数据表明，在学习成果方面，贫困家庭学生与富裕家庭学生差距最大的国家中便包括法国。事实上，法国是少数在PISA测试中经历过公平程度倒退的国家：这种在教育机会上的差距还在继续扩大。

但是，在2015年，我在里昂舞蹈之家（Maison de la Danse）观看的一场表演点燃了我的希望。表演者们都是来自里昂最贫困地区的业余演员。这些演员的年龄在4到92岁之间，他们中的一些人此前从未踏足过这个地方，甚至几乎都未听过一场古典音乐会，但他们全都能随着莫扎特的音乐跳舞。

鉴于里昂贫困地区教育和文化活动的参与程度较低,组织者抱着最后能留下100人的心态招募了200名表演志愿者。结果,不仅无一人中途退出这个项目,当与这个项目相关的新闻在全市传播后,又有额外的100人自愿报名。其中有些年轻演员可能从未在学校考试中及格,或从未听过老师的一句鼓舞之言,但那晚他们获得了全场1 000多位观众的欢呼喝彩。

这个项目的魔力在于它的简单秘诀——这一方法足以激励世界各地的教育。它用艺术表现的形式来超越使人们分裂的根深蒂固的身份和想法。它将最鼓舞人心的专业人士与业余人员团结起来,证明了那些可能身怀技能却没有信心的人也能够参与表演。该项目对训练的要求十分严格,并为每个参与者都设定了最高标准。编舞者也没有固执己见;他们帮助参与者发现并形成自己的创意想法。编舞者和舞者共同努力了一年有余,直至每个细节都完美协调。与项目的成果和影响力相比,项目本身的预算少得令人难以置信。

当我与参与了该项目的一些舞者、编舞者、社会工作者、教师和学校领导交流时,最令我印象深刻的是这个项目在更大的范围内产生的影响。与我交流的每个参与者都向我描述了这个项目是如何帮助他们成长的;而我听见的最频繁的词汇是宽容、认同、尊重、公平、社会责任、正直和自我意识——这些正是学校系统希望学生具备的品格。

一名家长坦言,他之前曾不愿意让自己的女儿参与这个社会实验。但他的女儿却因这个项目成长了许多。其他父母也表示,之前还担心舞蹈训练的时间会耽误孩子的学习——结果却发现孩子的学习成绩在那一年都有所提高。一位小学教师也表示,通过与非教师行业的专业人士一起合作,她的教学受到了启发,也得到了丰富。

在回巴黎的途中,随着高速列车的前进,世界及有关世界的所有问题也闪过我的脑海。我禁不住思索,法国的教育系统将怎样应对它面临的重重挑战?它将对上述这种创新做法保持多大的开放性?当然,拥有某些基础知识和技能一直是取得人生成功的基石,但仅仅拥有这些已不足够。未来世界将会根据以下标准来评价法国的学校:是否有能力帮助学生培养自主能力,是否有能力使学生做好在多样化文化中生活和工作的准备,是否有能力使学生做好准备以欣赏不同的想法、视角和价值观。

庆祝新西兰的多样性和协作制度

2013 年,在地球的另一端,我在 Hoani Waititi 毛利语教育学院(Te Kura Kaupapa Maori o Hoani Waititi)受到了一群勇猛战士的欢迎。该学校是新西兰第一所提供毛利语中级课程的社区学校。这群战士缓缓向我靠近,给我两种选择:选择战斗或谋求和平。做出决定后,在学校的大会堂(marae)专门举行此类有象征意义的会见的特定场所——我们受到了传统 powhiri 欢迎仪式的热烈问候。在毛利文化里,问候他人是一种表示尊重、为后续所有事宜奠定基调的重要机会。

在长达一小时的仪式期间,演讲者们描绘了许多充满诗意的画面,全校学生共同表演了令人印象深刻的大合唱。曾担任毛利语教育组织领导人的 Rawiri Wright 校长后来问我,在新西兰的学校标准中以及在 OECD 所做的比较中,这类艺术和社会技能占据何种地位?他也自豪地向我介绍了学校近期在学习成绩方面取得的进展——这样的学习成绩说明,该校的表现优于那些拥有极具优势的学生的学校。他认为,这些结果表明他的观点是正确的:我们所重视的学习成绩其实是学校所提供的以毛利语为媒介的教育的副产品。

Wright 欣然承认,他的学校也存在正常比例的社会问题和管理问题,但这也证明毛利人自己管理学校能为他们的子女提供一种切实可行的教育,从而帮助他们做好准备,既能成为当代社会的公民,也能成为自身传统文化的积极拥护者。在其他学校,他们的子女往往也会和少数族裔一样表现不佳。Wright 认为,帮助学生理解毛利的文化遗产是建立自信和自尊的基础,而这种自信和自尊正是毛利学生迫切需要的东西。

让子女记住 700 位祖先听起来似乎是发生在另一个时代的事,但这会让他们意识到他们并非在独自面对这个飞速发展的世界的多重挑战,从而让他们稍许安心。新西兰教育部的副部长 Pita Sharples 当时主要负责毛利人教育的一些重要事宜。他生动介绍了他是如何深入投身于毛利人社区、克服种种困难并最终建立了这所学校的场景。然而,一个多世纪以前,教授毛利语和文化还属于非法行为。

奥克兰 Sylvia Park School 则采取了不同的方式,社区的参与以及协作制度是该校的指导原则。多数人都知道按照学校的规定和安排受邀参加家长会是什么样的情形。我们还会知道谁会出席这类会议,谁不会出席——或不能出席。Sylvia Park School 的 Mutukaroa 家庭学校学习协作制度彻底改变了这类会议。

Arina 是一名富有感染力的老师兼辅导员,她向我们介绍了她的工作方式:进行家访或在家长工作时拜访他们,分别与家长回顾学生的成绩,并为家长提供支持以帮助他们在孩子的成长过程中履行家长的责任。奥克兰教育部门的评估发现,仅经过两年,Sylvia Park School 的上述举措就提高了新学生的成绩,将他们的成绩从全国平均水平以下提高到了平均水平之上。我到访新西兰时,奥克兰教育部门正在考察推广上述举措的多种方式,旨在复制这种协作制度的核心内容以适用于其他学校。

在奥克兰 Newton Central School,我拜访了 Hoana Pearson——另一位以关系来定义世界的校长。她认为,世上没有遥不可及的桥梁,没有相距千里的利益相关者,也没有无法通过协商、对话和协作解决的争端。没有谁能躲开她热情的拥抱。当我们经过每间装饰精美的教室时,她能叫出每个孩子的姓名,问候他们,并捡起地上的垃圾碎片以保持学校的整洁。Newton Central School 提供的教育严格遵守了二元文化原则以及《怀唐伊条约》(*Treaty of Waitangi*)中规定的原则,该条约是 19 世纪时由毛利领导人与英国领导人签署的一项协议。

在 Newton Central School,社会经济背景和文化不是阻碍学习的障碍;相反,该学校还利用了学生背景的多样性。Hoana Pearson 校长鼓励教师相互协作,努力创新。她与教师们一起,共同寻找教学实践的任何缺陷。这不仅使他们意识到了自己的行为,还改变了他们的内在心态。她鼓励教师抱有高期待值,树立共同使命感,并相信自己有能力改变每位学生。

Hoana Pearson 校长践行了上述举措。新西兰自由、进取的学校系统也给予她践行上述举措的空间。Newton Central School 是学校完美实现自主管理的典范,更解释了许多新西兰学校在 PISA 测试中名列前茅的缘由。

不过新西兰也面临着挑战,即怎样使每个人都达到优秀水平,怎样推广优秀的实践方法,让卓越普及。我听闻了一些校长在这些方面所面临的困难:吸引、培养和留住教学富有成效的教师;战略性地管理教育资源;与其他学校合作。在更具优势的新西兰学校,学校理事会的理事能够为学校提供强力支持。他们推举有才华的校长,引进具有专业技能的律师、会计和行政人员——对学校的自主管理而言,这些都十分重要。但是,弱势地区的学校很难找到任何理事;而即使找到理事,他们也不可能给学校提供所需的管理、监督和资源,更不可能对表现差劲的校长提出质疑。

新西兰的学校系统不需要以行政手段来应对上述情况;学校系统里已有的知识就可以改善这种情况。这意味着专业自主权应该与合作文化相结合。教师需要的是独立而非孤立无援;他们可以在跨专业的团队里工作,得到健康和社会方面的专业人士的支持。新西兰需要最优秀的教师去帮助其他教师,让他们了解课程或教学方法的变革;需要最优秀的校长去帮助其他学校制定并运用有效的战略。

新西兰政府成功建立了标准一致的"教育标准体系",为学校和教师提供必要的工具来推行这些标准,并监控每个学生的学习进展。这是新西兰首次采用此类体系。但是,要让战略性思维与规划遍布该体系的各个层面,要让每个学校都去讨论全国性标准对其自身的意义,要让每个决定都由决定的执行人做出,仍有长的一段路要走。

新西兰的教师工会却质疑这套标准的内容和公共透明度,担心这将引入一种外部问责制度和一种会赶走创新型专业教师和学校领导的工厂式组织结构。考虑到评估工具的性质及这些工具对专业评判的严重依赖,上述担忧显得多少有些错位,但我的许多言语中也确实隐含了这些担忧。像 Hoana Pearson 这样的校长重视自主权的同时也将学校视为国家教育系统的一部分,他们将国家标准作为一种互助式学习的工具,更作为一种不断改进学校领导与教师日常工作的手段,但这样的校长似乎还不够多。

让家长参与其中

提高教育的参与度需要我们考虑学校之外的因素,其关键在于创建一个与家长和社区可以相互合作的环境。如果家长和教师建立以信任为基础的关系,学校在对学生进行认知和社会情感教育时,就能够将家长视为重要伙伴。事实上,PISA 的研究表明,当家长不断施压,要求采用很高的学业标准并提高学生的成绩时,如果校长能感知到这种压力,学校里成绩较差学生的人数就会变少。[17]

我询问了一名来自中国成都市偏远郊区的教师,想了解在家长本人没有受过任何教育的情况下,她是怎样成功让家长参与子女教育的。她告诉我,和学校的其他教师一样,每周她都会致电家长两次,讨论他们子女的成长。她不仅仅与家长交流孩子的课堂学习情况,更会交流一般性的家庭教育问题。当我问她怎么在自己的许多职责之外做到这一点时,她看起来很惊讶,并告诉我她从未认为这是额外的工作;她认为,没有学生家长的帮助和支持,她根本不能做好教师的工作。她所在的学校系统很好地支持了她的工作,不仅将她的课堂教学时间控制在每周 15 小时,还给予了其他支持。

协调选择与公平

许多国家或地区一方面想要让家长在为子女择校时拥有更大的灵活性和更多的机会,另一方面又需要确保本国或本地学校系统的质量、公平性以及一致性,因此它们正尽力协调这两者间的关系。

虽然加强学校自主权似乎是优质教育系统的一个普遍特点,但这些教育系统在如何管理学校自主权这个问题上有着本质的区别。当学校自主权与择校问题联系起来时,当需要协调择校问题与公平问题时,各教育系统所采取的方法会十分不同。例如,英国和中国上海都强调市场机制,但英国的公共政策主要作用于市场的需求侧,试图通过增加家长的选择机会来提高教育;然而在中国上海,公共政策的重点是在供给侧建立一个公平的竞争环境:为最弱势地区的学校提供最优质的教育资源。虽然芬兰和中国香港都强调地方自主权,但在芬兰,自主权是在一个强大的公立学校系统内行使的,而中国香港的多数学校则由独立的学校管理委员会管理,管理机制相对宽松。

有些国家在增加学校选择的同时也加强了与公平相关的机制。例如,英国大幅增加学院制中学的数量[18]——学院制中学直接由教育部拨款,并独立于地方政府部门的控制。同时,英国还设置了"学生奖金"(见上文),根据学生的社会经济背景为学校提供额外资源。[19] 有些国家则将私立学校融入公共教育系统,将其作为依附于政府的学校,或能获得一定数额的公共经费的独立学校。

出于教育质量、教学方法、宗教派别、学费高低或地理位置等方面的考虑,赞同增加学校选择的人支持家长们将子女送往自己所中意的学校就读,而不要去顾及法律、经济或地理位置的限制。他们认为,考虑到学生的多样化需求和兴趣,通过减少失败和学校与学生间不匹配所带来的成本,增加任何一个学校系统里的学校选择都会创造更大价值。更多的学校选择会刺激竞争,并以此促进学校创新、尝试新的教学方法、提高效率和学习体验的质量。他们认为,增加现代社会的社会文化多样性需要教育领域更加多元化,例如允许非传统型的教育服务供应商甚至商业公司进入教育市场。

反对增加学校选择的人则认为,如果提供更多的选择机会,拥有优势背景的学生会选择离开公共教育系统,这会导致学校系统中出现更严重的社会及文化隔离。他们还担心人们会过度依赖理性、以价格为基础的经济竞争理论模型,并将其作为资源分配的依据。

从宏观层面而言,这种隔离问题会剥夺儿童与不同社会、文化和种族背景的人共同学习、娱乐和交流的机会;这反而会威胁到社会凝聚力。反对者认为,发放教育券和类似教育券的系统举措会将公共资源转移给私人供应商,有时也转移给商业供应商,从而会剥夺公立学校——这种服务大量弱势学生的学校——用于维持他们所提供的教育质量的教育资源。

进一步的研究证明,上述两方的争论界限其实并不清晰。以中国香港为例,该城市在公共服务的各个领域里都采用市场驱动的方法,但在分配教育机会时,却能够将优秀的学生成绩与高度的社会公平结合起来。

中国香港的教育改革

中国香港的教育过去完全由慈善机构资助;直到20世纪60年代香港的经济发展后,当地政府才开始资助教育。在多数学校都由慈善机构经营的情况下,香港政府几乎不直接插手管理。通过家长择校和地方的管控,家长对学校有很强的影响力。家长可以加入学校的管理委员会、家长-教师联合会和家庭-学校合作委员会。2012年时,我访问了香港,时任香港教育局常任秘书长的Cherry Tse告诉我,相较于教育局,家长对落地实施的政策的影响力更大。香港活跃的网络社区也极力要求学校保持教育的高质量。

多数主流报纸都报道了学校里的政策纷争。我拜访香港的精英学校之一的英华女子学校（Ying Wa Girls' School）时，校长 Ruth Lee 向我介绍了校长和教师是如何应对日常挑战的——他们需要密切关注学生的全面发展，让家长关注子女的大学录取问题以外的事情，更要努力平衡行政责任制、用户责任制和专业责任制。

但这并不意味着教育就不是政府要优先考虑的事情。相反，与任何一个加入 OECD 的国家和地区相比，香港在教育中都投入了更多的公共预算——比重为 23%。令我更惊讶的是，香港教育局不是唯一关注教育的政府部门：教育也是政府其他部门的关注重点。例如，时任香港中央政策组（Hong Kong's Central Policy Unit）的副主任 Robin Ip 对我介绍道，教学人才的发展和分配是政府内跨部门层面的首要工作事项。他所在的中央政策组提供了关于帮助香港在以下领域保持竞争优势的建议：金融、贸易物流、新兴产业发展（包括教育）和同内地经济合作的深化等。

香港廉政公署的助理主任 Ho Wai Chi 和他的团队则介绍了他们的举措：他们安排五分之一的工作人员处理香港地区内与教育和社区关系有关的工作，目标是要将工作重点从反腐转移至腐败预防，并形成信任法治、信任执法机构的社会氛围。具体做法包括设置一个中学课程大纲来使人们树立对法治的信心，处理道德困境，并努力将该公署送人入狱的形象改为维系社会发展的形象。

2012 年对于香港的教育系统而言是至关重要的一年，因为一批经历了新综合教育系统的学生在这一年毕业。过去几年里，这项以学习者为中心的改革内容包括大幅增加教育机会，并把重点从教学转为学习，从依靠死记硬背转为培养学习技能，从服务经济需要转为解决个人需求。

更广泛、更灵活的课程设置寻求在智力、社交、道德、体能和审美等方面实现更好的平衡，并且更关注重要的工作技能，这些技能包括基础技能、与职业相关的能力、思维能力和交际能力等，也更关注培养学生的价值观和态度从而帮助他们在跨文化的世界里获得成功。当然,改革还包括增强教育资金在支持学校教育方面的灵活性。

PISA的研究表明,香港正处于正确的轨道上,学生的成绩很好,同时他们在更高级的技能以及学习信心方面也有了显著的提高。

但香港的教育也显然充满严重的矛盾:这是长久所欲与短期所需之间的矛盾,是全球与地区之间的矛盾,是课程设置下的学业、个人、社会和经济等众多目标之间的矛盾,是竞争与合作之间的矛盾,是专业化与对整个人的关注之间的矛盾,是知识传播与知识创造之间的矛盾,是对人们渴望新型创意课程与私人辅导行业只关注考试准备之间的矛盾,是统一性与多样性之间的矛盾,是选拔性考试与发展性考试之间的矛盾。

香港的教育系统如今更加受政治经济的影响。政策不再由技术专家决定,而是由关注连任的政界人士决定。由于教师和学校领导占选民的很大一部分,且能积极表达自己的观点,保持高质量的考试与评估制度已证实是个艰难的斗争过程。

比利时弗拉芒区和荷兰也是以择校为基础的教育系统的成功案例。[20]

比利时弗拉芒区的择校

在2015年PISA的科学、阅读和数学测试中,比利时弗拉芒区取得了很高的成绩;该区12%的学生在科学测试上名列前茅。虽然约有75%的中学生和62%的小学生未在公立学校就读,但多数的私立学校事实上也被认为是依附于政府:他们的目标也是要达成区域成绩目标,同时参与国家组织的以确保教育质量为目的的检查。基本没有私立学校将自己完全置于公共体系之外,以营利为目的的私立学校几乎不存在。

弗拉芒区的教育秉承了"教育自由"的宪法原则,只要学校遵守区政府的规定,即任何人都有权建立学校和决定自身的教育原则。学校不能依据学生的入学考试成绩、表现、宗教背景或性别来挑选学生。家长可以为子女选择学校,也能确保子女进入一所离家在合理范围内的学校,而教育资金则会按学生的人数被分配给学校。不过,由于家长的能力不足,他们的选择不会总得到保障,可能会受到限制。

虽然政府部门管理的学校需要保持意识形态中立,同时政府必须提供宗教和非宗教课程的选择,但这却不适用于接受政府补助的私立学校。因为这些私立学校大都由宗教性质的基金会经营——主要是天主教,但私立学校也包括华德福学校(Waldorf schools)等使用特定教学方法的学校。

尽管弗拉芒区拥有大量的天主教学校和其他私立学校,但法律却不允许这些学校挑选学生;它们必须接收所有学生,无论其宗教背景如何。这个地区的学前教育、初级教育和中级教育都不收取学费,尽管小学和中学要收取费用,但所收取的费用都得到了严格管控。

在OECD成员家和地区中,弗拉芒的教育系统是权力下放程度最大的体系之一。这里的公立学校和私立学校都享有极大的自主权。它们自己负责招聘教师、分配资源,并能决定与教职员工不相关的支出。它们还可以决定课程内容,只要不超出公开的最低课程目标的限制。它们能采用各种不同的教学方法。上述系列举措带来的结果是:在半城半乡的环境下,各学校之间的竞争水平相对较高。但是,在PISA成绩上,弗拉芒区的校际成绩差异也是OECD成员家和地区中最严重的。

近年来,为了减轻择校行为对城市地区各学校的社会经济多样性所带来的负面影响,对学校选择的管控力度也逐渐加大。早在2003年,弗拉芒就尝试过保证学校录取机会公平的举措,并在随后几年有过调整。根据这些经验,弗拉芒在2011年颁布了一项法令,按照学校所处地区人口的社会经济成分,将热门学校的入学资格优先给予弱势学生和优秀学生。该政策的执行权力被下放给所谓的"地方协商平台",这一措施旨在帮助利益相关者认同上述规则。

比利时弗拉芒区从择校的优势中获益匪浅。择校的优势包括使家长能够真正地从一系列教学方法中进行选择,以及通过校际竞争来产生提高教育质量的强大动力。弗拉芒也为择校的弊端所苦。择校的弊端包括学校之间出现了水平相对较高的社会经济隔离,以及家庭背景和学习成果之间联系紧密。总体而言,通过执行了一些适用于所有学校的管理机制和责任机制,弗拉芒的教育系统在限制不公平和社会隔离方面取得了极大的成功。成绩远远不是强制执行的国家课程大纲要求实现的目标,但却为学校提供了保持教育质量的指导。督察员会定期对各学校进行评估并监控学校的表现。弗拉芒没有统一的考试,但却会针对特定科目组织教育系统层面和学校层面的测试,从而监测整体教育质量。在面对国家的责任机制和监督机制时,公立学校和私立学校所受的待遇相同。

荷兰校际间和学校内部的多样性

与比利时弗拉芒区一样,荷兰也拥有优质的学校系统。在这个体系下,15岁学生中有超过三分之二都就读于有政府资助的私立学校。荷兰的学校系统也是一个高度多元化的体系:各学校的教学方法、宗教派别和社会经济背景有着很大的差异。但是,在2015年PISA的科学成绩上,荷兰校际成绩差异也是OECD成员家和地区中最大的(只有65%以上的成绩变动能用"校际成绩差异"来解释)。

荷兰有一个高度放权的学校系统。学校的自主权主要基于"教育自由"的原则,该原则受到了1917年颁布的《荷兰宪法》的保护。这使得任何人都有权开办学校、组织教学并决定自身教学所依据的教育、宗教或意识形态原则。原则上,家长能为子女选择学校(尽管学生小学毕业时,教育专家的指导多少会限制学校的选择);但是,为了减少学校里学生背景的不平衡,或为了增加给学生的资金以促进学校里学生社会背景的更加多样化,地方政府在一定程度上控制了招生。

在2011年,荷兰约有三分之一的小学生进入了公立学校,约有三分之一进入了天主教学校,约有四分之一进入了新教学校,而剩余学生则进入了依附于政府的其他各类的私立学校。公立学校会向所有的学生开放,而依附于政府的私立学校则可能拒收一些学生,因为他们的家长不满足学校的要求或原则。

荷兰教育系统的独特之处在于学校的校董会。这些机构的权力远远大于他们所管理的学校。它们监督学校落实法律法规,任命教师和其他教职员工。在过去,公立学校主要由地方政府部门管理,而如今,管理权利已逐渐转移给独立的校董会。校董会成员可能是志愿者(领取酬劳的业余人员),也可能是专业人士(领取工资)。

在荷兰,校董会是个存有争议的对象。OECD 近期发表了一项评论[21],呼吁提高透明度,并重新平衡校董会与学校领导之间的决策权,以此来增强校董会的管理能力和职责。

自 20 世纪 80 年代起,荷兰政府就已将多余的责任下放给学校。私立基金会负责之前由地方政府部门管理的学校(尽管学校本身仍然保持公立性质),一次性融资同时也被采用,这些举措赋予了校董会决定经费开销的自由。但是,通过设置全国学习目标和考试项目,部分权力被收归中央。此外,政府还大力推动校董会的合并,因为规模更大的校董会被认为更加专业,资金也更加稳定。

在权力下放的荷兰教育系统里,如果宗教组织和公民协会满足政府的管理规定,政府就会给宗教组织和公民协会所负责的学校提供公共资金。根据招生数量,公立学校和私立学校会收到相同数额的一次性资金。而自 20 世纪 80 年代中期起,弱势学生就开始得到额外资助,这也反映出弱势学生的教学成本其实更高。自 2006 年起,上述资金的权重便开始取决于家长的学历,而之前是以学生的移民背景为标准。

虽然依附于政府的私立学校不能收取强制性学费或以营利为目的进行经营,但由政府资助的学校都可以接收家长或企业的自愿捐款,以此来补充经费。私立学校获得的捐款数额远远超过公立学校。另外,虽然由政府资助的私立学校也不能实行入学选拔,但有报名意向的学生的家长必须满足学校的要求和原则。

与比利时弗拉芒社区类似,荷兰的教育系统也为家长提供了广泛的学校选择,更以提供公共资源的方式资助私人机构举办的学校,且基本一视同仁。该体系的总体质量很高,部分可归因于它的多样性、学校之间的竞争水平,以及校董会、学校领导和教师享有的高度自主权。即使在 PISA 成绩上,荷兰的校际成绩差异很大,它也成功维持了教育系统里的公平——相较于比利时弗拉芒社区做得更棒。它的责任体系运行良好;教师受到尊重且非常专业;学校质量的相对统一也让全国性考试成为可能。

择校

与比利时、中国香港和荷兰等地区基于选择的成功的学校系统相反,在智利和瑞典,择校机制的引进似乎并未提高整体成绩,反而拉大了社会差距。2015 年 5 月,针对瑞典的这种情况,我们发表了一篇报告。我向时任瑞典教育部部长的 Gustav Fridolin 和时任瑞典高中、成人教育和培训部部长的 Aida Hadzialic 提交了该报告。[22] 此前五年,即 2010 年 5 月,我在斯德哥尔摩欧洲市长峰会上做了主旨演讲。在峰会上,我展示了一些数据,强调了瑞典对自主权和择校的重视其实一直威胁着瑞典在教育的质量和公平上的长期成功,因为这种重视并未与一个严格的管理框架和政府的介入能力相平衡。当时,瑞典市长告诉我,他们为了满足公民的需求将学校选择置于其他考虑之上时,我感到很惊讶。

我们有必要细看这些数据,并思考其中涉及的政治经济因素。国家与国家之间,甚至各国内不同的社会群体之间,家长享有的学校选择的程度和学校系统里的竞争水平差异巨大。2015 年的 PISA 测试中,在数据具有可对比性的 18 个国家,64% 的学生的家长表示,他们至少有一个可备选的学校选择，但在各个国家，这一比重差异巨大。[23] 在农村学校和弱势学校就读的学生的家长表示，与城市学校和优势学校里学生的家长相比，他们只有更少的选择。

PISA 还要求家长报告他们在为子女选择学校时，对某些标准的重视程度。这些标准主要涉及学校质量、经济考量、学校的理念或使命，以及学校与家庭住址之间的距离。在上述的 18 个教育系统里，家长更可能认为一个安全的学校环境、学校的好名声和积极愉快的氛围更加重要——这些因素甚至比学生的学业成绩更为重要。[24]

值得注意的是，对比优势学校、城市学校和/或私立学校里学生的家长，弱势学校、农村学校和/或公立学校里学生的家长更重视学校与家之间的距离。控制了学生和学校的社会经济背景对 PISA 的科学测试成绩的影响之后，我们发现，如果家长更重视距离，那么他们的子女取得的分数会低得多。如果家长重视或非常重视费用多寡，那么其子女取得的分数也会很低。与不太重视或不重视费用多寡的家长的子女相比，上述学生在科学测试中的得分要低 30 分（大约相当于一学年的成绩落后差异）。再强调一次，与优势学校和私立学校里学生的家长相比，弱势学校和公立学校里学生的家长认为，在为子女选择学校时，低费用更为重要。似乎贫困家庭根据学生的成绩选择学校时，总是很难做出决定，即使他们也有渠道能够了解学校的信息。但是，他们可能没有时间去参观不同的学校，可能没有送子女去所选学校的交通工具，也可能没有时间送子女去离家较远的学校，或者在放学后接他们回家。

一个教育系统里的竞争程度和私立学校的招生率之间是有关的，但两者并非同一概念。就 OECD 成员的平均水平而言，15 岁的学生里，有 84% 的学生进入了公立学校，12% 的学生进入了依附于政府的私立学校，仅有略多于 4% 的学生进入了独立于政府的私立学校。上述 12% 进入依附于政府的私立学校的学生里，有 38% 左右的学生就读于教堂或其他宗教性组织经营的学校，有 54% 左右的学生就读于其他非营利性组织经营的学校，而 8% 的学生则就读于营利性组织经营的学校。在爱尔兰的 15 岁学生中，如果他们选择依附于政府的私立学校，那么他们所能就读的学校都是宗教学校；在奥地利，如果学生选择依附于政府的私立学校，那么他们所能就读的学校都是由其他非营利性组织开办的；而在瑞典，如果学生选择依附于政府的私立学校，那么他们中有一半以上的人会就读于由营利性组织开办的学校。[25]

公立、私立和公私合作

提及私立学校越来越高的招生率总会使人联想到教育的私有化，这种现象被视为与将教育作为公共物品的观念背道而驰。但我们常常不假思索就将两者相互关联。在许多国家，学校系统里的大部分学校都依据私法经营，因此从法律上来看它们是私立学校，但从功能上来看它们是公立学校。这意味着尽管它们是私立机构，但也要履行公共使命和功能，将自己视作公共教育的一部分。例如，他们会部分或完全遵守全国课程大纲，以提供高质量教育的方式来履行教育的公共使命。私立学校为弱势社区提供教育机会、履行与公平相关的使命的例子并不少见。

因为在公共政策的其他领域里，公私教育之间的界限常常模糊不清。在这些领域，公私合作关系是一种既定事实，所以教育毫无疑问也不应该是种例外。我认为更应该关注的问题是：怎么才能实现为所有学生提供高质量教育之类公共政策的目标？

许多反对择校行为的人认为，私立学校的流行会对教育质量带来消极的影响。但是，PISA 的数据表明，一个国家私立学校的比重和该国教育系统的成绩之间没有任何关系。在考虑了学校的社会经济背景后，大多数国家的公立学校和私立学校在成绩上几乎没有任何差异；即使存在差异，也大多有利于公立学校。

就体系层面而言，公平实际上与私立学校的招生比例并不相关。依附于政府的私立学校的招生比例与学生的成绩间有积极的联系，带来这个结果的主要原因是这些私立学校享有更高的自主权。这点值得注意,因为反对择校行为的人常常反驳称,私立学校的数量太多会把教育系统变成准教育"市场",加剧学校之间的竞争和隔离。他们认为,增加私立学校融入一个运行良好的公共体系以及接收公共教育资金的可能性,会拉大学校之间的差异,导致学习成果方面的校际成绩差异更大。但是我得强调,从国家层面而言,一个教育系统里,私立学校的比例与该比例造成的 PISA 分数上的差异程度之间没有丝毫关联。

争议最大的问题或许是要给私立学校提供多少公共资金。在芬兰、中国香港、荷兰、斯洛伐克共和国和瑞典,私立学校的校长表示,90%以上的学校经费都来自政府;在比利时、德国、匈牙利、爱尔兰、卢森堡和斯洛文尼亚,私立学校的经费中,有 80% 到 90% 都来自政府。相比之下,在希腊、墨西哥、英国和美国,私立学校的经费中,只有 1% 或不到 1% 来自政府。而在新西兰,私立学校的经费有 1% 到 10% 来自于政府。[26] 这里需要注意,在私立学校能够获得更大比例的公共经费的国家里,公立和私立学校之间的社会经济背景差异更小(见图 4.5)。在 OECD 成员家和地区里,这种差异中的 45% 可以用拨给私立学校的公共资金水平来解释;而对于所有参加了 PISA 测试的国家和地区而言,这种差异中的 35% 可以用拨给私立学校的公共资金水平来解释。

为了缓解择校行为和私立学校所获的公共资金可能造成的消极影响,尤其是为了缓解学校隔离和社会分层可能造成的校际影响,各国政府都实施了补偿性财政机制。例如,智利、比利时弗拉芒区和荷兰都制定了按照权重进行分配的学生教育经费方案;在这样的方案中,每个学生都会得到经费,但经费数额则取决于每个学生的社会经济背景和教育需求。这些方案专门针对弱势学生,想借此提高弱势学生对争抢生源的学校的吸引力。

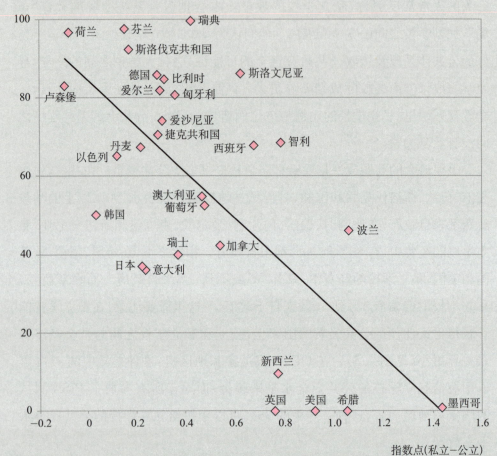

图 4.5 公共教育资金能让所有学生都接受私立教育

来源：OECD, PISA 2009 Database.

与法国和希腊的"教育优先发展地区"政策类似的以地区为基础的专项支持方案,已经在校际成绩差异明显和在某些地区只关注成绩较差的学校的教育系统里实施。在比利时,依附于政府的私立学校占据主要市场,这些学校获得的教育经费数额与公立学校几乎相同,且都不得收取学费或选拔学生。

棘手的教育券问题

适当关注财政机制也很重要,因为公共经费需要以此提供给私立学校。其中一种方法便是发放教育券,直接帮助家长。截至2009年,据当时的数据表明,22个OECD成员中,有9个国家汇报称它们使用教育券来提高政府资助的私立小学的招生率。这9个国家里,有5个国家的教育券只针对弱势学生发放。在初中阶段,24个国家里,有11个汇报称实行了教育券计划,其中有7个国家专门针对弱势学生发放。而在高中阶段,11个国家里有5个只试验了这种方法。所有接受调查的OECD成员里,有7个汇报称他们从小学到中学的高级阶段都发放了教育券。[27] 在这些成员中,学费抵税的使用频率比教育券少得多,虽然该举措可以减少家长纳税义务里的私立学校的学费支出。据当时的数据,截至2009年,有数据可查的26个OECD成员里,只有3个国家汇报称它们使用了抵税来提高政府资助的私立学校的招生率。[28]

面向所有学生的通用教育券制度与专门针对弱势学生的专项教育券制度之间,两者在缓解学校选择所带来的负面影响的作用上差异巨大。通用教育券制度能帮助家长扩宽学校的选择范围,并促进学校之间的竞争。专项教育券制度则能改善公平的教育机会。PISA的数据分析表明,在比较用于私立学校的相似级别的公共教育经费时,公立学校与私立学校之间社会经济背景上的差异,两倍于使用通用教育券制度与使用专项教育券制度之间的差异。

教育券计划的制定因此成为了上述两种教育系统成功的决定性因素。

例如，管理私立学校的收费和入学标准，似乎遏制了与教育券计划相关的社会不平等现象。[29]

此外，国际证据表明，无论学校的教育质量如何，在入学时选拔学生的学校会吸引能力更强、社会经济地位更高的学生。如果教育能力强的学生所花费的成本更低，而这些学生能够增加学校对家长的吸引力，那么能够控制招生的学校最终在结果上会拥有竞争优势。同意私立学校选拔学生也因此刺激了这些学校之间的竞争，这种竞争主要建立在排他性上，而非内在的教育质量。但是，该举措却转而会破坏竞争的积极影响。

上述事实也证明，选拔性入学会导致教育系统里的不公平和社会分层更加严重。然而，目前几乎没有研究表明这些影响是否取决于选拔标准，这种标准包括与才能测试结果相对的家访。另外值得注意的是，学生的选拔不仅仅以明确的入学标准为基础，还取决于家长的自我选择而导致的选择性排除等更微妙的入学屏障。因此，为了减少一个教育系统里因社会分化而制定的政策，应该明确并解决那些阻碍有些学生和家长行使择校权利的因素：过度复杂的申请步骤、学校开除学生的规定、信息的缺乏等等。

也有批评认为，同意依附于政府的私立学校收取学费，给予了这些学校一定优势，这对于公立学校而言并不公平，更破坏了自由的择校原则。与选拔性入学一样，收取高额的额外费用会导致公立地区的优等生流失，加剧教育的不平等。虽然一些限制向低收入家庭采取收费行为的政策介入在缓解学校分化上已经产生了效果；但我也发现，发达国家几乎没有经验研究可以确定这一点：收费所带来的影响与选拔性入学和其他错综复杂的因素所带来的影响有所不同。

目前尚不清楚家庭能承担的费用是否存在最低门槛，如果超出这个门槛，低收入家庭将无法选择依附于政府的私立学校。然而，模拟试验和实际经验证据都表明，如果不限制学费金额，就算提供公共教育经费也无法增加私立学校的入学机会。如果私立学校投资的公共资源只用于提高教育质量而非增加入学机会，那么这些资助反而会加剧学校之间的不公平。这也是为何要取消高额的额外收费，同时提供专项教育券的原因之一，因为该举措能缩小优势学生和弱势学生之间的成绩差异。

从上述结果可以得出以下结论：无论是就择校内部，还是就择校本身而言，均无法保证或降低教育的质量。明智的政策似乎是将择校行为所带来的利益最大化的同时，使风险最小化，并为所有学校营造一种公平的竞争环境，从而为教育系统作出贡献。精心制定的择校政策，在帮助各教育系统对多样化学生群体提供教育的同时，还限制了社会分化的风险。当市场机制被引进教育系统或在其中扩张时，公共政策的角色需要从监督公立学校的质量和效率转换为保障措施，以确保学校的监督和管理能保证每个孩子都能从触手可及的高质量教育中获益。

只有当择校是真实可行、具有意义时，或者说当家长决定了子女教育的一个重要方面时，例如用于教育孩子的教学方法，择校才能产生符合我们预期的效益。如果学校不能满足多样化的学生群体，也不能对学生进行区分，那么择校便毫无意义。

这样一来，私立学校反而可能需要接受公共导向和问责机制，这些措施能保证公共政策目标的实现，从而换取从政府获得的教育经费。所有家长必须有权行使择校的权利，这意味着政府和学校需要投入精力来发展它们与家长以及当地社区的关系，并帮助家长做出明智的决定。以择校为基础的成功的教育系统，早已详细制定了检查平衡机制，用以预防择校可能导致的不公平和社会分化。

最后，教育系统越灵活，需要的公共政策越强大。虽然更大的学校自主性、权力下放和更加以需求为驱动的教育系统会将决策制定下放至一线的专业人士，但是中央政府部门也需要在教育上保持一种战略性视野，并秉承清晰的教育原则，向当地的学校网络和独立的学校提供有意义的反馈。换言之，只有中央和当地的教育部门团结一致，择校才会造福所有学生。

大城市,教育机会更多

目前全球超过一半的人口都居住在城市,这个比例预计在2050年前将增加至70%。城市环境会吸引大量来自农村和其他国家的人,他们都希望能获得更好的经济前景,更便捷地享受公共服务,例如教育和医疗卫生等,并体验更丰富多彩的文化机构。大城市的人口数量已经增长至甚至超过了其他许多国家的人口总量。例如,墨西哥城的人口已经超过两千万,比丹麦、匈牙利或荷兰的人口数量还多。

人才的集中能刺激研发,让城市成为区域性的经济发展和创新中心,而城市里资源的集中也会便利商业的发展。城里的企业能更靠近更多的客户和消费者,它们随时都可以利用交通工具,接触到拥有专业技能的劳动力。这些特点使它们区别于其他地区。这意味着两个区别较大的国家的城市——例如纽约和上海——与各自国家的农村地区相比,它们两者之间的共同点更多。

不过,虽然城市地区的劳动力和就业机会集中,在这些地区也可能存在较高的贫穷水平和劳动力市场排斥问题。这些难题会瓦解社会网络,使家庭中的联系和社区中的联系变得松散,造成社会疏离、不信任和暴力。许多这类问题都可能发生于学校。

但是,城市依然给学校提供了诸多重要的优势,例如,更丰富的文化环境、对教师更有吸引力的工作场所、更多的学校选择和能鼓舞学生的更好的就业前景。事实上,许多大城市在教育上的表现也是佼佼者。大量的政策制定者和研究者都蜂拥而来,他们研究香港、上海和新加坡的教育系统,这些教育系统在PISA测试中一直名列前茅。[30] 许多参观者都对上述教育系统留下了尤其深刻的印象,因为它们接收社会中多样化学生群体的方式,已经成为大型城市环境固有的特征——许多其他的教育系统仍在为之奋斗。

PISA的结果表明,在有些国家,城市地区(指居民超过一百万的城市)的学生与PISA高分成绩城市里的学生一样优秀,尽管不同城市环境的推动力和吸引因素在各个国家产生的效果差异巨大。[31]

例如,日本城市中心的学生在科学成绩上能够与新加坡的尖子生媲美。虽然葡萄牙的PISA成绩处于OECD成员的平均水平,但是其大型城市中心的学生却可以与芬兰处于平均成绩水平的学生相比较。波兰城市中心的学生能够与韩国处于平均成绩水平的学生竞争。总而言之,同样经历了一年多教育,OECD成员大型城市地区的学生比农村学校的学生成绩更好。

农村地区学生与大城市学生之间的成绩差异,有时也与他们的社会经济背景差异有关。但PISA的结果也表明,社会背景的差异只是部分原因,即使控制了社会经济背景因素,学生间巨大的成绩差距仍然存在。足以见得,大城市在教育上似乎确实有一定的独特之处。

但让人震惊的是,即使横跨了不同的文化和语言界限,城市之间也非常愿意公开和分享彼此的教育优势和弱势。在某种程度上,它们远比国家层面更多的参与全球的教育机会。无论何时与各城市领导者会晤,我都发现他们很开明,并强烈希望向其他城市学习,不管这些城市位于世界何处。他们很少像国家教育领导者那样,总是询问是否能够或是否应该向其他城市学习。

不过也并非所有大城市的学生都一样优秀。虽然只考虑城市地区的学生分数时,多数国家的成绩都有所提升,但有些国家也得到了相反的效果。例如,在比利时和美国,大型城市地区的学生成绩反而拉低了整个国家的分数。可能是由于在这两个国家,并非所有的学生都能享受大型城市中心的优势。他们可能来自社会经济背景弱势的家庭,可能在家使用的语言与学校的教学语言不同,或者来自单亲家庭,家里只有一名家长可以提供支持和帮助。

波兰学生的成绩差异也很大,这也反映了波兰的城市和农村之间巨大的社会经济水平差距。这些差距尤其体现在如何分配教育资源和文化教育设施方面,因为这通常取决于一个地区的社会经济背景。上述所有现象都会影响学生的成绩。

虽然以色列、波兰和葡萄牙等国在 PISA 测试中表现平平,但在知道自己国家城市地区的学生的成绩能够媲美顶尖教育系统里学生的成绩时,它们仍可以引以为豪。但同时,它们也需要解决教育资源和机会分配不公平的问题,需要解决因学生背景而导致的学习成果差异的不公平问题。

尤其是上述国家/地区的独立社区,可能需要专项支持和政策来保证社区学校里的学生能充分发挥自己的潜力。而那些城市地区的学生成绩不佳的国家,则需要弄清楚怎样才能让这些学生学会利用城市环境所提供的文化和社会优势,否则它们将在高水平教育上一直处于落后地位。

对移民学生的专项支持

2004 年 3 月,德国移民与融合委员会的主席 Rita Sussmuth,与我共同汇报了拥有移民背景学生的教育成果。[32] 当时,该委员会表明了对学校怎样尽力帮助学生融入新社区的担忧,但该话题直到很久以后才成为政策议程上的头号话题。那些年,德国和其他许多国家一样,都失去了准备接纳更加多样化学生群体的宝贵时机。

直到十年后,即 2016 年 1 月,当我与联合国难民事务专员 Filippo Grandi 会晤时,移民事务才进入了一个全新维度。成千上万的移民和难民——其中的儿童数量前所未有——涌入了欧洲地区,以寻求安全和更好的生活。

甚至在难民潮之前,OECD 成员的移民学生的数量,就已经从 2006 年 15

岁学生人数的9.4%,增长到了2015年15岁学生人数的12.5%。尽管媒体对此表示担忧,这却并未让难民接收国的社区降低教育标准。[33] 但这只是表面现象而已,无需对此感到惊讶。因为移民虽然总是遭受经济困境,生活条件也飘忽不定,但许多人也给东道国带来了宝贵的知识和技能。就OECD成员的平均水平而言,在大多数参加了2015年PISA测试的第一批移民学生中,他们的家长至少有一方的受教育年限与东道国家长的平均受教育年限相同。

尽管考虑了移民学生与无移民背景的学生的社会经济背景,两者之间在成绩上突出的跨国差异也着实让人惊异(见图4.6和4.7)。对于移民学生而言,即使移民之前所受的文化和教育会影响成绩,但最终定居的国家所带来的影响似乎更为重要。

不过,制定教育政策来解决移民学生的需求——尤其语言教学——并非易事,只有教育政策是不够的。例如,与学校里的移民者集中,或与在家所用语言和语言教学所用语言之间不同的学生集中相比,移民学生在PISA测试中的成绩与学校里弱势学生的集中之间更加正(或负)相关。[34] 减少学校里弱势学生的集中可能需要调整其他社会政策,例如住房或福利等,来促进学校里更加平衡的社会融合。

请思考这样一个问题:如果大群涌入欧洲的低技能移民数量在20世纪70年代时开始疯狂增长,荷兰选择在大城市,尤其已建好的城市住房街区容纳这些移民。与荷兰学校政策非常相似,并与之比邻的比利时弗拉芒区则选择发放教育券给移民工,以补贴他们原本应支付的住房费用,他们也可以在任何地方使用这些教育券。结果会如何?当时的最终结果是:在弗拉芒,由移民工子女组成的学校的数量极少。

多年以后,荷兰在面对来自公共住房项目的学生教育问题时遇到了极大的挑战,因为这些学生之前并未融入荷兰的教育系统,成绩一直较差。相较而言,弗拉芒的移民更加分散,移民家庭学生的成绩要远远好于因住房分离

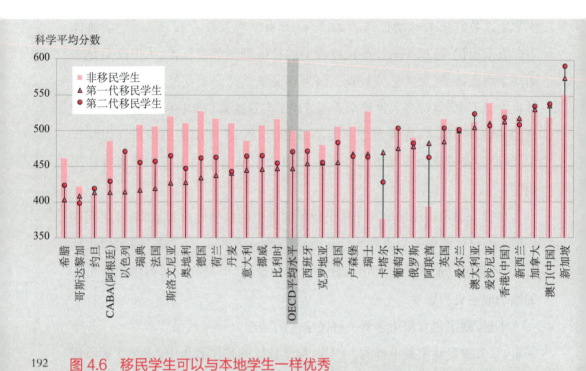

图 4.6 移民学生可以与本地学生一样优秀

备注：表中只呈现移民学生占比超过 6.25% 的国家/经济体。CABA(阿根廷)指布宜诺斯艾利斯(阿根廷)。
各个国家和经济体按照第一代移民学生的平均科学分数呈升序排列。

来源：OCDE, PISA 2015 Database, Table 1.7.4a.
链接：http://dx.doi.org/10.1787/888933432903.

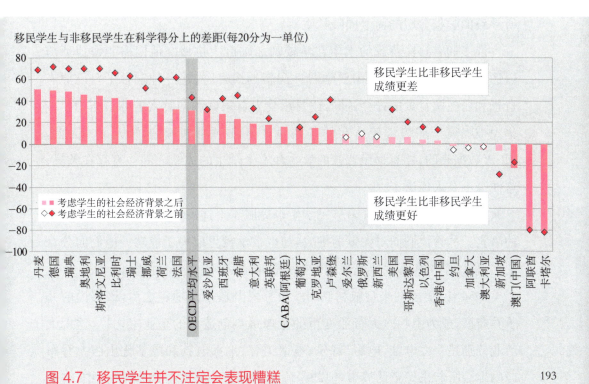

图 4.7　移民学生并不注定会表现糟糕

备注：图中只呈现移民学生占比高于 6.25% 的国家/经济体，以及拥有 PISA 经济、社会和文化背景指标数据的国家/经济体。CABA（阿根廷）指布宜诺斯艾利斯（阿根廷）。显著差异用深色表示。
说明在考虑学生的社会经济背景之后，各个国家和经济体按照科学成绩差异的升序排列。

来源：OECD, PISA 2015 Database, Table I.7.4a.
链接：http://dx.doi.org/10.1787/888933432915.

所导致的学校分层的荷兰同龄学生。

许多拥有移民背景的学生在学校都面临巨大挑战。他们需要快速适应以达到不同的学业期望,需要学习一门新的语言,构建一种融合了自己原有背景和居住国背景的社会认同,还要承受来自家庭和同龄人的冲击压力。当移民被隔离于弱势学校所在的贫困地区时,这些困难就被放大了。因此,PISA 数据表明,拥有移民背景的学生和本土学生的成绩之间一直存在差异,这便毫不令人惊讶了。

但这不应该掩饰掉许多移民学生也克服了上述困难、在学业上出类拔萃的事实。尽管他们面对大量的挑战,却也在学校里取得了成功。他们向公众证实,移民学生和移民家庭也同样拥有进取心、学习动力和包容心。

1954 年,美国向来自叙利亚的一位移民开放了边境。之后,该移民的儿子乔布斯,成为引领六大行业变革的全球最具创造力的企业家之一,这六大产业分别是个人电脑、电影、音乐、电话语音、平板电脑和数字化出版。乔布斯的生活听起来像童话故事,但却是确凿的现实。虽然在 PISA 测试中,表现较差的人大都是移民,但他们在表现优异的人群里也不占少数,当然前提是考虑了社会经济背景之后。在许多国家,取得 PISA 高分的弱势移民的比例,与表现优异的非移民弱势学生的比例一样大。事实上,在有些国家,表现优异的弱势学生当中,移民的比例其实高于非移民比例。[35]

这些能够克服贫穷和移民背景双重弱势的学生,通常学习的动力十足,也更可能为东道国做出超常贡献。因为在某些情况下,大多数移民学生和他们的父母都比东道国的家庭更渴望成功。[36] 例如,好几个国家里,移民学生的父母都比本土的学生家长更期望自己的子女能够取得大学学历。但是,如果这些国家里的移民学生比非移民学生更弱势,成绩也更差,这就很值得注意。因为在对比社会经济背景相似的学生时,移民和非移民学生的家长对子女未来教育的期许,差异会变得更大。这点很重要,因为对未来抱有雄心且期望现实的学生会努力学习的可能性更大,他们会更好地利用所获机会来实现自己的目标。

与此类似，与在科学上成绩同样优秀的非移民学生相比，移民学生将来在科学相关领域工作的概率要高出一半多（见图4.8）。

在不同国家中，移民学生和非移民学生之间成绩上的巨大差异表明，政策在使这些差异最小化时起到了至关重要的作用。其中的关键在于要瓦解总是阻碍移民学生在学校取得成功的障碍。不过，当教育者和教育系统决定是否提供项目和支持来帮助移民学生取得成功时，关键之处已不必是入学这一点了。

立竿见影的政策应对方法是为语言熟练程度有限的移民学生提供语言教学上的支持。成功的语言支持计划通常包含以下特征：覆盖所有年级的不间断的语言培训、统一开发的课程、教授第二语言的专业师资，以及对学术性语言的重视。将语言和内容学习整合起来也经证实有效。[37]

由于语言发展和总体智力发展有关，我也发现，最好在学生全面掌握新语言之前就教授主流课程。其中的关键是保证语言教师与课堂教师之间的紧密合作，移民学生教育上最成功的国家已经广泛应用了这种方法，例如澳大利亚、加拿大和瑞典。

根据语言发展提供高质量的早期儿童教育是另一种政策应对方法。参与早期教育计划能改善移民学生的入学情况，使之与非移民学生在入学时的情况相同。有针对性的家访能提高早期儿童教育的招生，为家长们提供子女在家学习的支持。

但研究表明，对早期儿童教育的投入和早期儿童教育本身都是不够的。[38] 帮助弱势背景的学生发展他们在家可能学不到的认知种类和社会情感技能，才是成功的关键之处。

第三种影响力较高的政策应对方法是在学校引入接收移民学生的专业性知识。这包含为教师提供特殊教育，让他们能更好地针对多样化的学生群体制定教学方法，支持第二语言的学习。这同样能减少弱势和移民学生所在

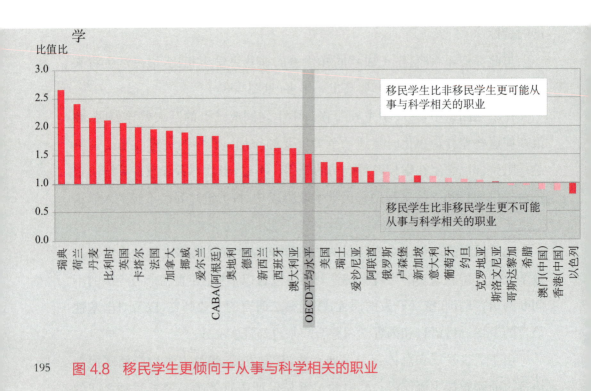

图 4.8 移民学生更倾向于从事与科学相关的职业

备注：图中所示为控制科学成绩之后，相比非移民学生而言，移民学生追求科学相关职业的可能性。图中只呈现移民学生占比高于 6.25% 的国家/经济体。CABA（阿根廷）指布宜诺斯艾利斯（阿根廷）。
控制科学成绩之后，各个国家和经济体按照移民学生追求科学职业的可能性的降序排列。

来源：OECD PISA 2015 Database, Table 1.7.7.
链接：http://dx.doi.org/10.1787/888933432964.

校的教师流动性，鼓励高质量和经验丰富的教师在这些学校里工作。多雇佣少数民族或有移民背景的老师，能够缩小逐渐多样化的学生群体与大体同质化的师资力量之间越来越明显的差距，尤其是近期刚发生过移民的国家。

当然，避免将移民学生集中于同一所成绩不佳的学校是一个更为艰难的挑战。因为奋力提高本地学生成绩的学校，在应对大量无法使用或理解教学语言的学生群体时，将面临更大的挑战。各个国家在特定学校里解决移民学生和其他弱势学生集中问题的方法都不同。一种方式是吸引其他学生进入这些学校，包括更多的优势学生。另一种是帮助移民家长更好地掌握信息，从而为子女选择最好的学校。第三种则是限制优势学校对学生的选拔。

第二套方法与限制选拔政策的使用是有关联的，因为它包含按能力分班、早期分级和留级等方法。对学生进行教育类型的分级，例如，将他们分为职业教育或学业教育，其实对移民学生特别不利，尤其当分级发生在较早的年龄阶段时。过早与主流学生分离，可能会阻碍移民学生发展他们在学校提高学习成绩时所需要的语言文化的相关技能。

对于移民家长的额外支持和指导也会起到一定作用。当移民家长对子女有较高期望时，他们可能会发觉，如果自己的语言技能很差，或对教育系统的理解不够，自己支持子女的能力也会受到限制。支持移民家长的系列计划包括：鼓励家长参加教育活动的家访，雇佣专业的陪同员工来改善学校与家庭之间的交流，以及让父母参与以学校为基础的活动等等。

教育中根深蒂固的性别差异

严格来讲，教育里的性别差异早在20世纪60年代之前的工业化时代就已消除——当时的消除标准主要依据平均的教育年限。该举措产生的影响相当重要,因为过去50年里,OECD成员几乎一半的经济增长都源于它们较高的教育成就,而这些成就大都来自于女性。但是,就OECD成员的平均水平而言,女性的收入依然比男性低15%,在收入最高的人群中,女性比男性要低20%。有人认为,这是由于在做相似工作时,男性和女性的收入其实是不同的。但更重要的是由于男性和女性所从事的职业不同;不过人们何时会确定未来的职业道路,比大家普遍认为的时间还早。[39]

我们发现,就OECD成员的平均水平来看,尽管男孩和女孩在PISA的科学测试上成绩相似,但只有5%的15岁女孩考虑会考虑成为一名科学家或工程师,而男孩有12%(见图4.9)。

或许在寻找应对上述差异的解决方案时,我们需要审视一下更早的年龄阶段。当英国的一家慈善机构——"教育与雇主",要求两万名年龄在7岁到11岁之间的儿童绘出自己的未来时,[40] 想成为工程师的孩子里,男孩是女孩的四倍还多;根据自己未来的职业规划绘出了科学家图景的孩子中,男孩几乎是女孩的两倍。

老实说,许多国家都做了大量努力来平衡竞争环境,这点可以从15岁男孩和女孩在2015年的PISA科学测试成绩的相似情况中看出。虽然女孩和男孩在认知能力上的性别鸿沟据称已经得到了填补,但我们可能并未看见学习上的其他社会情感维度,这可能对孩子们长大后想要成为什么样的人产生更大的影响。

提供更多的科学课程可能也因此失去意义。问题在于怎样才能使科学的学习与儿童和年轻人更加相关。一种答案是通过让他们接触更广泛的职业来增长对这个世界的认识和看法。

在大多数国家里,教师和学校都需要尽更大的努力,帮助女生不要仅仅将科学和数学视为学校科目,更应当将其看作通往职业和人生机会的道路。这点非常重要,不仅因为女性代表在科学、技术、工程和数学(STEM)等研究与职业领域的人数严重不足,还由于劳动力市场需要大量上述领域的毕业

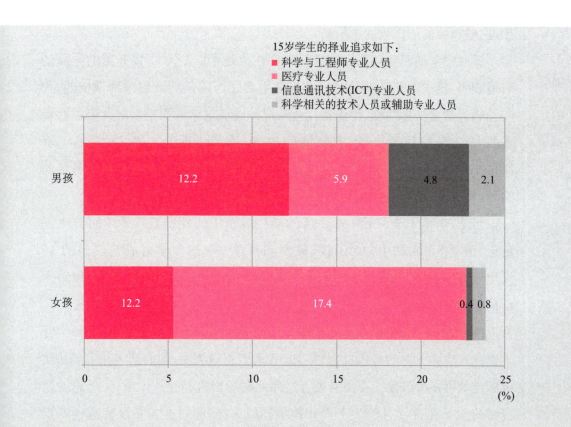

图 4.9 择业时的性别差异在孩童时期便已扎根

备注：OECD 平均水平。

来源：OECD, PISA 2015 Database, Table 1.3.11a–d.

生,这些领域的工作收入也最高。

针对中学的职业规划咨询进行得实在太晚了。7 至 11 岁儿童的绘画清晰地表明,孩子们都是带着对自己日常生活经历的强烈设想来到学校的,这些设想通常会受到性别、种族和社会阶层的既成观念的影响。对此仍心存疑虑的人应该去观看一个 2 分钟的视频,名为"重绘平衡(Redraw the Balance)",该视频展示了 66 个儿童关于消防员、外科医生和战斗机飞行员的绘画,其中 61 幅来自于男孩,只有 5 幅来自女孩。[41]

当然,事情不能只看一面。虽然学生成绩中的性别差异整体而言微不足道,但 PISA 测试中——阅读、数学和科学——三门学科成绩较差的 10 人里,有 6 人是男孩。这些成绩较差的人似乎被困在成绩差、脱节和动力低的恶循环中。但同时,数学和科学的高分者里,大部分也都是男孩。

我们早已清楚,即使是成绩最优秀的女孩,她们对自己的数学和科学能力也没有成绩优秀的男孩自信,但 PISA 的数据也表明,她们其实并不能从父母那里获得多少鼓励。在所有调查过此问题的国家和经济体中,父母总希望自己的儿子在科学、技术、工程和数学领域工作,而对女儿并没有这样的期望——即使男孩和女孩在数学和科学成绩上一样优秀。2012 年,在智利、匈牙利和葡萄牙,大约有 50% 的父母汇报称,希望自己的儿子就职于科学、技术、工程或数学领域,只有不到 20% 的家长对自己的女儿抱此期望。有趣的是,韩国家长因性别造成的对子女选择 STEM 职业的期望差异,只有七个百分点。

不过缩小这些性别差异并不需要昂贵的改革措施是个好消息。我们只需要家长、教师和雇佣者团结一致,无论在学校或其他地方,都认识到自己有意识或无意识的偏见,从而给予女孩和男孩平等的成功机会。

例如,PISA 已经清楚地证实男孩和女孩有不同的阅读喜好。在休闲娱乐时,女孩比男孩更喜欢阅读小说和杂志,男孩则更喜欢漫画书和报纸。如果家长和教师给男孩更多的阅读选择,他们至少能够缩小阅读成绩上巨大的性别差异。

PISA 也证实，男孩会比女孩花费更多的时间来玩游戏，而不是写作业。虽然过度的游戏会造成学生的成绩下滑，但适量的游戏也让男孩在数字阅读上取得了比纸上阅读更好的成绩（虽然男孩在两种阅读上的成绩仍落后于女孩）。任何家里有青少年儿童的家长都清楚，要告诉子女如何学会支配自由时间有多困难，但所有家长也应该意识到，劝他们玩游戏前先完成作业将会大幅改善他们的人生机会。

2012 年的 PISA 测试里有一个最具启发性的发现：教师给女孩的数学分数一直比男孩更高，尽管他们在 PISA 的数学测试中表现相当。这或许是由于女孩都是"好学生"——上课专注、乖巧听话——而男孩总是缺乏自控能力。不过，虽然较高的分数可能意味着学校里的成功，但从长远来看，高分对女孩而言并非总是一种优势，尤其是当高分降低了女孩对未来的志向时。劳动力市场通常根据人们的知识和他们对知识的运用来给予相应的回报，而非学校里的成绩。

PISA 证明，进入劳动力市场后，女孩比男孩更可能通过网络调研来获取关于未来学习或职业的信息，而男孩比女孩更可能通过做实习生、工作影子计划、参加就业会或与校外的职业顾问聊天来获得工作经历。这意味着雇佣者和辅导员需要尽更大的努力来让女孩了解潜在的职业发展机会。

许多人可能会很惊讶，15 岁学生在阅读成绩上巨大的性别差异居然在 16 至 29 岁时消失了。[42] 为什么呢？PIAAC 表明，相比年轻女性而言，年轻男性在工作和家里阅读的可能性更大。这再一次表明，缩小甚至消除教育和技能性别上差异的方式很多，只要家长、教师、学校领导和雇佣者能给男孩和女孩相同的学习机会和同样的学习鼓励。

教育与抵抗极端主义

只要手握铁锤,所有问题都是钉子。从事安全行业的人如此看待军事力量里的激进主义和恐怖主义,而从事金融业务的人如此看待资金流量的切断。自然而然,教育者们也会将抵抗极端主义的努力认定为心灵和思想之战。所以当90位教育部长在2016年的伦敦教育世界论坛上反复重申该话题时,我丝毫也不惊讶。

同时,发生于欧洲的恐怖袭击也清楚说明,将极端主义分子和恐怖分子描述为贫穷或不良教育的受害者实在过于简单。虽然还需要大量关于极端分子和恐怖分子的背景履历调查,但很明显,这些人并非全都来自各个国家最贫穷的地方。激进分子通常是完成了常规教育、出身于中产阶级家庭背景的年轻人。更讽刺的是,恐怖分子完全具备创业、创新和合作能力,而这些都是21世纪的教育基础。

不过这并不是放弃教育作为建立一个更加公平、更人性化和更包容性的世界最强大工具的原因。我们知道极端主义滋生于分裂的社会。年轻人在自我形象、自信心和对他人的信任受到自相冲突的世界观的威胁时,才会接受极端主义的思想。

有些国家做得比他国好的原因,不仅在于给弱势学生和移民学生提供了强大的学业技能,还在于帮助他们完全融入社会。在2012年的PISA测试中,挪威含移民背景的15岁学生里,有90%称他们在学校有一种归属感。与之相比,法国只有不到40%的移民学生有此感受。移民学生的幸福感不只受到原住国和东道国之间文化差异的影响,还受到东道国学校和社区帮助移民学生解决日常生活、学习和交流问题的方式的影响。

拥有优秀的学术和社交能力，仍然不能阻止人们使用这些技能来破坏社会，也不能促使人们造福社会的发展。所以教育怎样才能抵抗极端主义呢？这需要回归教育的核心：培养学生的价值观，为他们提供一个可靠的"指南针"，引领他们在一个愈加复杂、多变和不确定的世界里"航行"。

这的确是一个危险的世界。正如我的同事 Dirk Van Damme 所述，要在这个世界里航行，人们必须在加强社会共同价值观——例如无法让步的尊重与宽容——与重视社会多样性和由多样性产生的多元化价值观之间达成平衡。在任一方面学习过多都具备风险：因为强加一种人为的统一价值观，不利于培养人们接受不同观点的能力；而过度强调多样化，会导致对任何核心价值合理性的文化相对主义产生怀疑。但是，在讨论课程设置时回避该问题，也意味着这成为了另一种课堂教师在没有任何充分支持下要面对的问题。

与取得上述平衡同样困难的是，教育工作者需要为学生准备文化多样和数字互联的社区，让他们在未来参与工作和社交。而思考教育系统如何在 21 世纪更广泛的公民理念下有所作为也非常重要。2013 年，各国政府要求 PISA 在国际测试中探索开发标准的可能性，需要以上述思考为基础。他们称之为"全球竞争力"——这是一整套帮助人们透过不同角度来看待世界并欣赏不同想法、观点和价值观的一系列技能。[43]

我们谈论的"全球竞争力"是什么

PISA 将全球竞争力[44]定义为"批判性和多角度分析全球与跨文化事务的能力，理解差异如何影响自我与他人的观念、判断和想法的能力，以及在互相尊重人格尊严的基础上与他人之间适当有效互动的能力"！根据 PISA 的标准，全球竞争力包含以下能力：

- 调查有本地、全球和文化意义问题的能力。该能力指人们在任何时候形成有关全球事务的观点时，都能具备将有关世界的知识与批判性推理结合起来的能力。具有全球竞争力的学生能利用和结合这些在学校掌握的学科知识和思维模式，来提出问题、分析数据、讨论并解释现象，并形成一个涉及本地、全球或文化问题的立场。他们也能获取、分析并批判性地评估通过媒体传播的信息，创造出新媒体内容。

- 理解和欣赏他人视角和世界观的能力。这强调了一种从多角度思考全球问题的意愿和能力。当个人掌握了关于其他文化历史、价值观、交流方式、信仰和实践的知识时，他们开始认识到自己的观点和行为也是受多种影响形成的，他们并非总是能完全意识到这些影响，而其他人的世界观与他们自己的世界观大为不同。了解不同的观念和世界观要求人们调查其他人观念和世界观的起源与含义，以及人们自己设想的起源和含义。能够认同和欣赏自己和他人之间不同品质的人，更难以忍受日常互动中的不公平行为。相反，无法建立这种竞争力的人极有可能固有成见、偏见和关于他人"与众不同"的虚假启发。

- 以开放姿态，适当并有效地参与跨文化互动的能力。具备全球竞争力的人能在与来自不同文化背景的人互动时，调整自己的行为和沟通方式。他们参与尊重性的对话，想要了解对方，并试图接受边缘性群体。这点强调了能通过开放、适当和有效的沟通来缩小与他人差距的个人能力。"开放"的互动意味着所有互动者都能展示与他人互动交流观点时的敏感度、好奇心和意愿的人际关系。"适当"指尊重双方文化准则的互动。而在"有效"的沟通中，所有参与者都能相互理解对方。

- 为了集体幸福感和可持续发展采取行动的能力。该能力主要关注年轻人作为积极负责任的社会成员的作用，以及个体应对一个既定的本地、全球或跨文化事务或情形时的准备。该能力证明，年轻人对个人和本地情形能产生影响力。基于此，有能力的人能创造机会并采取明智有效的行为，让自己的发言得到倾听。采取行为可能指对人格尊严受到危害的同学的支持，即在学校发起一场全球性的媒体活动，或通过社交媒体传播关于难民危机的个人观点。

PISA对全球竞争力的测评，创造了一种为各国提供所需数据、通过教育促进社会更加可持续的发展。它将全面展现教育系统在创建年轻人学习环境时所作的努力，在这个环境中可以鼓励年轻人理解彼此、理解他们尚未接触到的世界，鼓励他们采取行动建立一个有凝聚力、可持续发展的社区。这个环境能为许多每天努力对抗忽视、偏见和仇恨的教师提供帮助，而这些都是学生脱节、受到歧视和暴力的根源。

当然，能够培养学生全球竞争力的环境有很多，但学校在其中却扮演着至关重要的角色。学校能为年轻人提供批判性审视发展的机会，这些发展对整个世界和他们的个人生活而言都很重要。它们能教会学生如何批判性地和负责任地使用数字信息和社交媒体平台，也能鼓励学生参与实践活动，以此来培养他们对多样化人群、语言和文化的欣赏能力，从而提高他们对跨文化的敏感度和尊重。

学校是建设性争论的场所

自第二次世界大战结束以来，各个自由社会便开始自信地参与全球的思想论战。但在21世纪，自由和民主的理念和价值观似乎正面临着一种新的冲击，自由社会不得不需要再次证明自己的价值，与不同的世界观相互竞争。

这正是教育开始盛行的原因。各所大学和学校——以及他们的线上学习项目——都是分享与讨论这些想法和价值观的重要场所。支持并加强教育作为全球想法交流的平台是很重要的。

每年为了获得最佳教育而出国学习的五百万学生都是跨文化对话和全球相互理解的成果。在一些国家，优秀人才在心灵和思想上的意识形态斗争变得愈加激烈，处境也愈发危险。如果我们能给予教育充足的投资，能够为各国优秀人才提供更有吸引力的机会，那么这些出国学生的数量将会变得更多。

第五章

让教育改革成为现实

为何教育改革如此困难

正如前几章所讨论的，如果不进行实质性的改革，教育系统所能提供的与社会需求之间的差距将逐渐加大，最终教育会变为我们的下一个钢铁行业，学校成为过去的遗产，这种风险确实存在。要大规模地进行学校教育改革，我们不仅需要另辟蹊径，开拓全新的视野，解锁未知的可能性，还要制定明智的策略，促进教育改革。

在评估教育政策的备选方案时，政策制定者也面临着艰难的抉择；他们需要对改革的经济政治成本与潜在的影响进行权衡。政策制定者应该追求技术上最为可行的方案吗？哪些方案在政治和社会上最为可行？哪些方案实施起来最快？哪些方案在长期内是可持续的？

好消息是我们对教育机制如何有效运作的理解已经大大加深（参见第3章）。数字化加剧了民粹主义和"后真相（post-truth）"社会的蔓延，这些都不利于制定合理的政策。但数字化不论是以更大量、更优质数据的形式，还是以全新的统计分析工具的形式，它的力量大规模地扩展了社会研究的范围和影响力，创造了一个更基于证据的环境，促进了各种政策的制定和发展。PISA就是一个很好的例子，该项目2000年的第一次测评就能够解释不同参与国学校之间30%的表现差异；截至2015年，这一数据已经上升至85%。这意味着由于有了PISA从学生、家长、教师和校长身上收集的数据，不同学校间大多数的表现差异现在可以在统计学上关联起来并且得以解释。

但我们唯有根据知识指导行动，才能体现出知识的价值。现实情况往往是，许多好主意在政策实施过程中遇到了阻碍。各国政府迫于压力需要教育成果，同时还要保证合理、有效地使用纳税人的钱。各国政府制定目标宏大的改革议程，并有策略地做好相应的计划。但是，通过与世界各国的教育部长进行交谈，我发现他们最多提到的挑战并不是改革设计，而是如何成功将改革付诸实践。

所以阻碍教育改革的因素到底是什么呢？为什么宏大的教育改革计划往往半途而废？我在 OECD 的同事 Gregory Wurzburg、Paulo Santiago 和 Beatriz Pont 对教育改革的实施有过多年的研究，并且对如何将计划付诸实践已经形成了一些重要的见解。[1]

造成教育改革困难的原因之一便是教育行业的规模和范围。中小学校、专科院校、大学及其他教育机构都是公共开支的最大受益人。人人都参与教育行业，人人对教育改革都有自己的看法。他们都支持教育改革——但是当改革影响到自己的孩子时便默不作声。甚至那些推动教育改革的人在了解到改革的实际效果时，也常常改变自己的观点。

政策制定者在教育改革时重视教育法律、规章制度及教育体制和机构，这种影响力虽显而易见，但就像冰山一角般渺小。而改革教育系统如此困难的原因也就像冰山原理一样，水面之下还有大得多的不可见部分，这些不可见的部分由相关各方的利益、信念、动机和恐惧组成。正是在这些不可见的地方发生了教育改革的冲突，令公共政策也无法涉及。政策制定者需要帮助人们认识到需要改革的地方，帮助人们互相理解，掌握进行改革的集体主导权；需要汇集资源、培养能力，创造正确的政策环境，并设计问责制措施鼓励创新和发展，而非服从；此外，还需要解决教育机构体制的问题，因为这些体制往往基于教育工作者和管理者的利益和习惯，而非学习者的利益和习惯。如果做不到这些，教育改革便不大可能取得成功。

教育改革中，各方可能受损的有利因素或优越地位尤其重要，因为公立教育机构常常名声在外，其中往往存在着臃肿的体制，这意味着牵涉了广泛的既得利益。因此，便出现了许多对现状的拥护者——如果实施教育改革，这些教育行业中的利益相关者便会损失一定程度的权力或影响力。这就好比让青蛙清理自己赖以生存的沼泽，难度可想而知。甚至小型的改革也会涉及资源的重新分配，影响数百万人的生活。鉴于此，实施"隐形改革"自然不可能，计划任何改革都需要获得广泛的政治支持，这一点非常重要。从本质上来看，如果教育工作者无法实施教育改革并掌握其主导权，改革根本就不会发生。

各国教育部都身处一些公共政策改革的最前线，这些改革最受关注，涉及改善教师质量和地位、加强问责制、确保足够的学校用地、管理和资助高等教育等问题。不论是从其他领域的公共开支拨款还是收取学费，确保用于扩展高等教育的资金稳定都非常困难，教育政策的制定者对这一点了然于胸。提倡对学生进行更多测试的改革常常受到教师的抵制；对职业教育的改革也可能受到家长的抵制，他们怀疑改革是否能收获所承诺的益处。

谁将从改革中获利，以及收获怎样的利益也常常是个未知数。这种不确定性在教育改革中尤为显著，因为改革涉及的人群非常广泛，包括学生、家长、教师、雇主和工会。对改革成本的不确定也会带来问题，因为教育基础设施非常庞大，其建设需要经过多级政府的手续，每级政府都力图缩减教育改革的成本。评定教育改革的相对成本和收益也是一大难题，因为许多牵涉因素会影响到教育改善的性质、规模和分布。进行长期的投资十分昂贵，而短期内又很难准确预测新政策的显著成果，特别是政策的实施和收效之间还存在时间差。

教师在公众眼中总是积极的形象，即便是在公众对教育系统强烈不满时也是一样。教师比政客更能获得公众的信任，所以教师对教育改革的抵制也非常有效。即使家长对教育系统抱有偏见，他们也总是积极地看待自己孩子就读的学校以及学校的教师。

因此，没有教职人员的配合，实施改革通常是不可能的。教职人员可以轻易在改革的实施阶段对其造成影响，指责政策制定者在一开始尝试的改革具有误导性。许多国家的教师队伍都有良好的组织。但平心而论,多年来许多教师都在断断续续的改革中深受其害,这些改革扰乱教育实践,丝毫没有起到改善作用,因为在改革中多变的政治利益已经凌驾于学习者和教育工作者的需求之上,这样的改革多数不借助教师本身的专业优势、技能和经验。所以教师知道,对他们来说,最简单的方法就是静等改革尝试的风波过去。

教育改革也与时机相关,而且在多方面相关。最为重要的就是投入改革初始成本与确定改革将会获得收益这两者之间的时间差。虽然改革时机使改革政治在很多方面更加复杂,但时机似乎对改革造成的影响更大,一错过时机就要再等待多年。成功实施改革的道路十分漫长;而失败通常只因一步之差。因此,政治周期可能会对教育改革的时机、范围和内容产生直接的影响。如果政府换届选举时,教育改革的益处尚未显现,改革就成为了徒劳无功之举。政策制定者可能会因教育问题输掉一场选举,却极少有人因教育改革而胜选。这也就是为什么 OECD 成员中只有约十分之一的教育改革受到后续评估。[2]

而实施政策改革最艰难的挑战还在于我们领导和管理教育机构的方法。公立教育是工业时代的产物,当时的主流规范是标准化和服从,批量教育学生不仅效果显著,而且效率极高,教师也只需经过一次培训就可以在职业生涯中受用终身。课程大纲由处于金字塔塔尖的教育工作者设计,明确规定学生应该学习的内容,之后往往通过各级政府制定为教材,转变为老师的教学环境,最终由课堂中的教师进行教学实践。

这种结构是从工业时代的工作模式继承而来的,使教育改革变为一个非常缓慢的过程。甚至改革速度最快的国家也需要 6 到 7 年的时间来修改课程大纲。但大多数其他领域的迅速变革却使得教育改革显得更为缓慢。数字技术几乎为我们生活的方方面面都带来了巨大的变革,但这项技术进入孩子们课堂的速度却惊人地缓慢。而即使尝试使用新技术,这些技术也似乎与课程的需求不符。

简而言之，我们社会中的变革速度已经远远超过了目前管理体系应变的结构能力。当其他领域的发展变得飞速，教育系统如果仍对应缓慢，则会显得自身脱节，自上而下通过层层管理结构的治理不再奏效。其中的挑战便在于借助数十万教师和学校领导的技术和专业优势，邀请他们设计更加优质的政策和教育实践。如果我们不让他们参与教育改革的设计，教师和学校领导就很难帮助实施改革。

教育改革成功的必要条件

成功地实施教育改革政策需要汇集教师和学校领导的知识和经验，因为他们能够通过实践，把校外世界正在发生的变革与课堂联系起来。这是目前政策实施面临的基本挑战。

同时，目前也有强大的阻力要求对现状进行大规模调整。在个人层面上，教育在决定个人幸福和成功方面发挥着越来越重要的作用；在宏观层面上，教育则与更高层次的社会包容、生产力和发展紧密地结合在一起，其密切程度之高前所未有。知识型社会的出现以及能力需求的向上趋势只会增加教育的重要性。教育的不佳表现和投资不足造成的损失正在逐渐上升。

最终，那些直接感受到教育成果影响的人群得到扩大，从学生和家长扩展至企业员工，甚至包括与社会和经济福利相关的几乎任何人。这些力量也使得利益相关群体更加难以应对。

克服教育改革阻力的策略在某些方面与其他领域的应对策略很相似。虽然"危机"的含义在教育领域中有点不同，然而在"危机"条件下，改革更易于实施。教育改革带来的冲击很可能会改变人们对教育系统的看法（参见第一章），而非某事件突然影响教育系统的运作能力。

教育领域的"危机"可能是缓慢酝酿而成的，但这是一个持续的过程，通过人口结构变化的压力不断催化。例如，学龄人口的迅速缩减迫使爱沙尼亚和葡萄牙政府不得不面对合并农村学校的严峻挑战。但这可能是教育改革中最为困难的问题之一，因为关闭一个村子的学校意味着掏出了这个村子的心脏。与此同时，这种现状也会创造新的机会，例如为学生开设更广泛的课程，加强教师合作和职业发展，或者为教育投资解放其他的资源。一些观察者把葡萄牙农村地区教育成果的迅速改善归因于改革所释放的动力。但这种动力在不同国家的作用不尽相同。由于日本人口出生率下降和亟需资源的大量流失，我在日本时看到过许多半空巢小学。这些学校的学生和教师越少，进行实质性改革就越困难。

在德国，学龄人口的下降迫使一些州对不同类型的中学进行融合，例如，实科中学（Realschule，开设职业课程和通用课程的中学）和职业预科中学（Hauptschule，主要开设基本职业课程的中学）进行融合。这些变化的主要副作用就是德国学校系统对学生的分轨以及分层的程度下降，也就是说社会背景对学习成果造成的影响减弱。

同样，高中毕业生的减少也迫使芬兰政府在开设理工学院后的短短几年，又启动目标宏大的改革，减少高等教育机构的数量，调整高等教育机构的管理和资助方式。

与其他领域的改革相同，事实证明教育系统中不同部分的协调性改革可以起到相互巩固的作用，有时真正的机会隐藏在无法解决的问题中。苏格兰的教育改革就是这样，苏格兰政府在对课程大纲、学生测试和教育系统的领导层进行全面改革时，首先政府就对教师教育、教师入职和教师薪水进行了全面的改革。人们认为，后续课程大纲和学生测试改革的成功是因为借鉴了先前改革的经验，因为先前的改革对教师队伍和教师教育造成了影响。

但是鉴于教育系统涉及多级政府，实施"全面改革"通常很难进行协调。丹麦也面临过这一问题，即通过对市政府雇用的教师进行职前和在职教育，协调改革的同时加强国家考试,而事实证明实施这一计划非常困难。地方当局在实施国家政策方面能力不足。

而澳大利亚、奥地利、比利时、巴西、加拿大、德国、瑞士、英国和美国等国家的联邦教育系统则面临不同的困境。例如,虽然美国的联邦政府能够要求各州制定教育质量标准来作为获得联邦资金的条件,但联邦政府并不能决定制定怎样的标准。2009 年,美国的州立学校官员和州长同意建立国家主修课的统一标准[3];但到了 2015 年这些标准仍未充分实施,无法达到大规模影响教师课堂实践的效果。

相较而言,德国虽然也由联邦政府管理,但在实施国家标准方面却更加成功。[4] 在 2000 年 PISA 的测评结果中,德国的表现不尽如人意,于是政策制定者迫于巨大压力,需要在各州建立严格、合理的学校标准,实现以内容为基础的课程向以能力为基础的课程的转变。由于联邦当局和日益不满的公众不断催促,各州接连同意了实施新的学校标准。

为什么德国的标准实施要比美国顺利得多呢?首先,德国投入时间让各方的利益相关者都参与标准的制定、试验和实施。其次,伴随着标准的出台,各州还开发了一系列的资源,促进标准的实施,其中包括教学设计、课堂计划和教学法的指导方针等。实施标准的能力也在各级教育系统得到了发展。

与美国不同,德国各州都非常重视改善教育,而非问责制和这些标准的功能。国家考试出台时都以学校为样本单位进行测试;这就避免了不同学校之间的相互比较,也就是说,实施新标准与教师的直接利益关系被刻意保持在很低的水平,而政策制定者则需要对州级教育系统的表现高度负责。此外,各州还为教师、学校和社区提供了一系列检测地方教育进步的方法。

协调各级政府的政策实施进展是一大难题,而统一不同政府部门的态度又是一大难题。但是如果实行终身教育体制,还需要在广泛的领域实施政策,包括教育、家庭、就业、工业和经济发展、移民和融合、社会福利和公共财政等领域。采用相互协调的方法实施教育政策可以让政策制定者清楚实施政策的得失利弊，例如移民和劳动力市场的融合之间的权衡，投资早期教育与投资福利方案之间的权衡等。

在不同政策领域之间建立联系非常重要，这有助于保证效率和避免无谓的重复工作。但是在教育改革中采用政府整体改革的方法（whole of govennment approach）则非常困难。各国教育部自然会注重为终身教育打下坚实的基础，并适度强调对知识、技能和价值的转移。相比之下，各国的就业相关部门主要关心通过短期的职位专业培训，让失业职工就业。而各国的经济相关部门可能对确保长期竞争力所需的技能更感兴趣。

在葡萄牙，这些利益之间的相互冲突非常明显，政府努力巩固职业教育和培训的双重体系，一重体系由教育部管理，以学校为基础，注重基础能力的培养。另一重体系由就业部管理，注重以工作为基础的学习。我们曾受邀帮助葡萄牙制定一套合理的国家级能力测试方法。[5] 结果发现，不同部门之间虽然非常乐意合作，但也仍需花时间建立一套共同的话语和框架体系，以年轻人应该学习的内容为中心，而非以如何为他们提供教育以及谁来提供为中心。

更普遍来讲，我发现在实施改革时有几个方面尤其重要：

- 政策制定者需要为教育改革的目标提供**广泛的支持**，让教育改革的利益相关者参与政策反馈的制定和实施，特别是教师。外部压力可以为改革创造迫在眉睫的形势，所有政策制定者和利益相关者对改革速度和本质的期望都需保持现实。
- **能力发展**。如果教育管理部门不具备最先进的知识、专业技术和经验，不对改革中的新任务和新责任进行合理的组织安排，用于克服改革阻力的一切努力都将白费。成功的改革可能需要对相关人员发展进行大量的投资，或者需要在相关机构集中进行能力建设。这也意味着教育需要得到持续的财政支持。
- **因地制宜进行管理**。教育系统从国家各部门一直延伸到地方学校。每个国家不同机构和各级政府的责任都各不相同，而私营教育机构的相对重要性和独立性也因国家而异。改革需要考虑各方的责任,有些改革只有在责任的统一与分配做好之后才可能进行。各级地方政府可能清楚当地需求,却无法把握检测整体目标实施进度的最好角度。地方政府设计和实施教育政策的科学、技术和基础设施建设能力不足,而这些能力需要满足国家性的目标。

- **使用绩效数据**。随着信息的获取、管理和使用越来越便捷,教育系统可以充分收集更优质、更相关的数据,在地方、国家和国际层面记录个人和教育机构的表现。国家调查、督导机构的证据以及比较数据和测评的证据都可以用于分析改革并指导政策制定。当这些证据和国家调查、督导机构的信息及使用信息的工具一起反馈回教育机构时,证据才最能发挥作用。
- 改革需要在各级进行反馈,鼓励做出回应,找到加强各级能力的工具来孕育更好的成果,从初步改革向建立**自我调节系统**的方向推进。对改革管理能力进行投资至关重要。在改革中要确保教师具备进行改革的工具。此外,教师改善学生表现的积极性也应得到认可。
- 在更为全面的改革中,"**政府整体改革**"的方法也可以包括教育改革。仔细观察这几个方面很有必要。

"正确"方法的不同版本

教育改革观点的多样性使得政策制定尤为困难,特别是鉴于政策制定者常常代表一个特殊的利益集团:政府当局。例如,在选择教师的考核方法时,各方对总结性考核(表现评估)和形成性考核(对改善持续给出反馈)的利弊进行了颇有争议的讨论。但是我们可以从另一个角度来看待这个问题。一方面，政策制定者和家长倾向于重视质量保证和问责制。他们认为学校是靠纳税人缴税支持的公立机构，了解教学质量是公众的合法权益。总结性教师考核为校长提供了奖励优秀和奉献的方法，也为公众、立法者、地方学校董事会和管理者提供了监督和确保教学质量的方法。但是教师和他们的组织通常反对总结性考核，认为这是一种控制工具；他们更倾向于形成性的方法。

但是也有许多例子证明两种分歧的观点是可以成功协调的。例如，1997年捷克共和国就开始设计标准化的学校毕业考试部分，但是直到14年后的2011年才正式推出。在这一期间，政策制定者曾经设计过几个模型，实施了多个试点版本，考试的基本功能也调整过好几次。人们也对这些改革进行了热烈的讨论，特别是在捷克的不同政党之间，但是就考试的方法上各方未能达成共识。[6]

确定方向

另一个需要优先注意的事项便是沟通学生需要完成的长远目标计划。如果个人、团体和广泛的社会成员能够理解改革中各种变化的原因，并且认清他们在宏观策略中所应该扮演的角色，那么个人和团体就更可能接受他们利益范围内的不必要变化。为此，根本的政策诊断、新政策选择及其潜在影响的研究结果、改革与不作为的成本权衡信息，这三者都应该使用一种话语进行宣传。

例如，为了说服教师有必要改革标准化学生测试，让教师理解和支持宏观的测评目标以及测评的标准和框架，这一点就十分重要。树立明确的目标和标准以及与教师进行沟通，可以减轻诸如"为考试而学习"等的现象，因为教师更明白学生应该努力取得的成果。

由于拟实施政策的本质会产生变化，政策本身会造成影响，再加上利益相关者(包括大众)的得失错综复杂,这些信息的不完整通常是造成改革阻力的原因。反对改革同样意味着公众并未充分了解改革,或还没有准备好迎接改革;或者说明政策创新的社会接受度不足。这便突出了通过基本证据来说服广大教育工作者和社会成员的重要性,这一过程包括提高公众意识,让他们了解制定决策的困难,支持全国性的辩论,以及普及不同政策选择影响的相关证据。这些就是达成坚定共识的方法。

达成共识

广泛的证据表明,政策改革如果想取得成功,达成共识至关重要。同时,鉴于教育改革牵涉的利益相关群体多种多样,在他们之间可能仅能取得最低程度的共识;要想取得真正的进展这可能还远远不够。因此,具有策略性的领导便成了成功推行教育改革的核心(另见第六章)。

共识可以通过协商和反馈逐渐达成,协商和反馈也可以将更多人担心的问题纳入考虑范围之内,并降低受到某些利益相关集团强烈反对的可能性。利益相关者定期参与政策设计有助于培养能力,树立相同的理念。让利益相关者参与教育政策的制定,可以使他们在改革的需求、相关性和本质方面培养共同承担的意识。

OECD成员的经验表明,常规化和制度化的协商是就政策制定达成共识的内在条件,有助于在不同的利益相关群体和政策制定者之间建立信任,并帮助他们达成共识。

例如,1991年智利教师法案(Teachers' Act)的目的就是为了将教师评估体系引入中小学,该法案允许雇主每两年解雇一次评估成绩较差的教师。但是由于评估委员会构成的问题,以及评估体系注重惩罚,无法改善现状,这一评估体系受到了教师协会(Teachers' Association)的反对,最后并未实施。

然而,教师评估仍是整个20世纪90年代公众和政界持续关注的问题。作为回应,智利教育部组建了一个由教育部、市政府和教师协会代表组成的技术委员会。几个月之后,委员会就教师评估模型的制定达成了一致。同时,委员会成员同意为教师职业表现标准制定指导方针,并且在智利几个地区实施试点项目,对试用的程序和方法进行评估和调整。

在全国上下经过广泛协商,并与教学行业达成共识后,教师绩效标准的框架才得以制定,也得到了官方的审批,教师表现评估的试点项目在四个地区实施。2003年6月,智利教育部、各市政府和教师协会签署了协议,推广应用了新的评估体系。[7]

其他几个国家也建立了教学协会,邀请教师和利益相关群体参加论坛,共同讨论政策制定。例如,2006年成立的爱尔兰教学协会,就保持并推动了教学专业和教师教育中的优秀实践。[8] 作为法定机构,教师协会管理教师的专业实践,监督教师教育项目的实施以及巩固教师的职业发展。通过这些活动,教师协会为教师在很大程度上提供了职业自主权,巩固了教师的职业地位,增强了教师的信心。教师协会的一些主要功能包括:建立、颁布和维持教师行业的行为准则;对教师进行登记;确定教师登记的教育背景要求;促进教师的继续教育和职业发展;对教师的适应性进行调查,对表现不佳的教师进行适当的处罚。

教师协会由与教育相关的各方代表组成,其中包括来自教师教育机构的注册教师和代表、学校管理组织、全国家长协会、工商界和部长提名人。

这些协会也批判性地为教师教育、教师入职、教师表现和教师职业发展的专业标准制定和质量保证提供了操作机制。这些协会的目的是为教学行业提供自主权,建立公共问责制。而其他行业早已具备这两个要素,例如,医药、工程和法律行业等。

我们对教育的测评和评估框架进行了审查,发现众多的例子可以说明达

成有效共识在何种程度上促进了改革的成功实施。⁹

2004年OECD号召发展评价文化的提议出台后,丹麦所有主要的利益相关群体均认同了建设评价文化的重要性。¹⁰事实上,丹麦向来有一种传统,让各利益相关群体参与义务教育的政策制定。关键的利益群体包括国家层面的教育当局、市政府(地方政府)、教师(丹麦教师工会,Danish Union of Teachers)、学校领导/校长(丹麦校长工会,Danish School Principals' Union)、家长(全国家长协会,National Parents' Association)、学生、负责学区事务的市政管理协会、代表丹麦独立(私立)小学利益的协会以及研究人员。

中小学教育评估和质量发展协会是讨论评估与测评政策的最重要平台。但是也有其他促进对话的方案,例如,通过每个月选拔、表彰学生成绩优秀的学校,开展全国学生测试。再如,鼓励市政府之间进行合作,改善丹麦的义务教育。¹¹

新西兰教育系统的核心便是对职工高专业水平的信任和协商对话文化。新西兰评估和测评体系得以发展的原因在于协同合作,而非上级施加的规定。我不得不承认,自己曾经怀疑过新西兰能否成功建立一个完全针对教师分级的高风险评价体系。但是新西兰成功了,因为在教师教育和促进同行合作方面他们投入了时间和努力。最后,新西兰不仅获得了学生表现的可靠数据,教师也深刻理解了测评的本质,以及如何应对不同的任务。或许最重要的是,教师已经能够更好地理解其他课堂和学校的教师如何给相似的学生作业打分。

由于采用了参与式的方法,学校目前表示愿意对评估和测评策略给予大力支持。虽然也有不同的观点,但是他们对评估和利益相关者参与制定国家性议程的目的似乎已经达成了根本性的共识。

挪威政策制定的特点在于高度尊重地方自主权,这一点从国家评估和测评框架的制定上就可以明显看出。挪威学校在学校政策、课程发展、评估和测评方面具有高度的自主权。制定民主政策以及让评估和测评政策的利益相关者参与决策,这对成功实施改革来说是必不可少的,挪威就这一点已经达成了普遍共识。此外,挪威政府还做了很多努力,培养和加强各级地方政府的能力,鼓励当地社区相互交流经验。

在芬兰,教育评估的目标和重点由教育评估计划确定,该计划由教育和文化部联合教育评估协会、高等教育评估协会、国家教育理事会和其他关键组织共同起草。教育评估协会的成员代表教育管理部门、教师、学生、雇主、员工和研究人员。

比利时法语区的监督委员会在监督教育系统的过程中扮演着关键的角色。该委员会主要有两个主要任务:协调和审查教育系统的连贯性,贯彻落实教学法改革的实施。委员会的成员包括教育系统的所有相关代表:学校督导、学校组织者、研究人员、教师工会和家长代表。在出台新的教育政策时,结合自上而下和自下而上方案一般有助于达成共识。在探索、解释教育改革的研究证据,并将其转化为教育政策的过程中,相关从业人员(包括教师、其他教职人员及他们的工会)的参与能够让他们自己拥有强烈的主人翁意识,增强他们在改革过程中的信心。

让教师参与改革设计

如果从一开始就让各方利益相关者参与制定教育政策,那么在这一过程中则更可能达成共识。定期交流互动有助于建立信任,提高为他人考虑的意识,营造互让的氛围。一旦政治演变成相互猜疑,人们便纷纷自保,丧失了常识,我们也失去了改革的能力,无法通过对话形成共同的理念。如果教师没有真正参与改革的设计,他们便不大可能帮助实施改革。教育改革不能仅仅停留在口头上。我有时听到政策制定者谈论教师能力不足的问题时,他们的口气中总带有一丝不屑,事实上,他们是想推出更多的教师培训项目。但更大的问题在于政策制定者往往看不到教师身上潜藏的能力、优势和经验,因为他们所有的注意力都放在将政府规定带入教学课堂,忽略了把课堂中的优秀教学实践引入教育系统。

我们已经从评估和评定实践的回顾中了解过很多教育的互动机制。事实上,评估政策还需要参考不同的想法,从而形成一个折中的办法,而不能强迫所有人都接受一种观点。例如,如果在政策制定的过程中咨询教师,那么教师就会更容易接受评估。此外,这还是一个很好地承认和利用教师的高专业水平的方式,它承认了教师能力和经验的重要性,确定了他们的责任范围。如果教师考核程序仅从"上层"来设计实施,那么教育管理部门和教师之间就会"脱节"。这意味着教师的参与程度更低,不大愿意了解考核程序中的潜在风险。

让教师和学校领导参与他们自己的考核,例如设定目标,自我考核以及准备个人代表性成果等,可以增强教师和校领导的自主意识,进而确保改革进程的顺利。教育当局需要多多听取经验丰富的教师的建议。这些教师知道什么是优秀的教学实践,以及评估同行的最佳方法。如果评估体系能够为专业人士所接受,并且实用、客观、公平,那么该体系就更可能取得成功。

让教师行业参与改革的紧急需要超越了对政治和实用主义的需求。目前的社会越来越以知识为基础,政策制定者面临的主要挑战之一便是如何在这样的社会中保持教师质量,确保所有教师继续进行职业学习。对有效职业发展特征的研究表明,教师需要按照专业标准参与分析他们的实践,按照学生学习的标准参与分析学生的进步。

引入试点项目和连续性评估

对政策进行试验并实施试点项目,有助于在改革完全出台前达成共识、缓解恐惧和克服因评估改革而造成的阻力。在全面实施改革后,定期审查和评估改革进程也同样重要。如果教师和学校领导知道他们能够表达自己对改革的忧虑,就改革调整给出自己的建议,他们就更可能接受改革方案。

在新西兰,教育部委任独立评估机构,监督国家政策的实施。例如,以英语授课的学校在实施其课程大纲时就受到教育审查办公室的监督。国家标准也受到教育部和教育审查办公室的监督,监督任务以项目的形式承包给评估小组,以学校为单位进行抽查。审查中获取的信息会配合调查数据、教育审查办公室的报告信息和国内及国际测评的结果加以完善。

在许多国家中,校外评价人员一般根据自己的评估经验,从学校和其他利益相关者身上收集反馈,以监督改革的实施。

系统内部的能力培养

改革的最大困难之一便在于能力和资金的不足,这通常是由于对资源的范围、本质和所需时机的估计不足所致。主要的问题往往不是财政资源不足,而是由于各级教育系统的能力太差。

加拿大的亚伯达学校改善计划(Alberta Initiative for School Improvement)制定于1999年,该计划就用于解决上述问题。亚伯达学校改善计划鼓励学校、家长和社区一同开发创新型项目满足地方需求。该计划提供了平台,让学校和学区通过合作调查改善教师在课程和教学法发展中的专业能力。

亚伯达学校改善计划依赖多方的紧密合作,其中包括亚伯达教师协会以及亚伯达政府和其他的专业合作伙伴,如亚伯达学校董事会协会。亚伯达教师协会约一半的预算都用于专业发展、教育研究和公共宣传,以发展更为完善、创新性更强的教学行业。[12]

从2013年的OECD教师教学国际调查就可以清楚地看出,亚伯达在致力于实现教师高专业水平方面的高度投入。亚伯达教师参加专业学习的可能性比其他TALIS参与国及地区的教师更高。据报告,在亚伯达的教师中,有85%参加过专业课程和工作坊(TALIS的平均水平为71%);近80%参加过教育会议(TALIS的平均水平为44%);近三分之二来自于职业体系(TALIS的平均水平仅超过三分之一);近50%进行过个人研究或参与过合作研究(TALIS的平均水平为31%)。只有4%的亚伯达教师从未参加过专业学习活动,而TALIS的平均水平为16%。[13]

教师不仅需要花时间反思自己的教学实践,还需要抓住机会充分利用职业发展活动。改革过程中也时常需要进行教师教育,以保证所有的利益相关者都准备好承担新的角色和责任。

时机就是一切

对政治领袖而言一周的时间已经很长,但成功实施教育改革往往需要花费数年。首先,正如我先前提到过的,在改革初始成本的投入与预期利益的实现这两者之间经常存在很长的时间差。我常常反问自己，尽管有广泛的证据表明，对早期儿童教育和保育的投资可以带来颇为丰厚的社会回报，也会对后续的学校教育造成重要的影响，但是为什么对这项投资的力度却总是不足呢？但是在德国，父母一定会花钱让孩子参加学前课程，虽然在德国的大学生身上，哪怕是花费最少的钱也是不可能的，尽管给大学生付适度的学费有更加充分的理由。原因是不仅没人为儿童游说，还因为幼儿教育改善的成果需要很长的时间才能显现。这也就是为什么我们在生病时要想方设法接受最昂贵的治疗，因为如果放弃，我们的健康马上就会受到威胁。而在教育问题上，我们总是对一些教育服务的严重缺陷欣然接受，而其后果在数年后才会显现。

此外，改革措施最好按照一定的顺序执行。例如，在课程改革之前需要先进行职前和在职教师教育的改革，这样才能确保改革有效。

从一开始就清楚地认识到改革计划、实施和完成的时间也非常重要。我们同样需要时间去学习、理解改革措施，建立信任，培养必要的能力以进行下一阶段的政策制定。Michael Barber 先生在他的著作《实施学》（Deliverology）中详细讨论了改革路线的设计和实施、改革步骤的顺序以及一流绩效管理原则的权衡方法。[14] 但是书中的激昂陈词却很少被付诸实践。

让教师工会成为解决方案之一

为了让教师行业成为教育改革的核心，政府和教师行业之间的对话必须富有成果。2013 年，OECD 工会顾问委员会（Trade Union Advisory Committee）[15] 对 19 个国家的 24 个教师工会进行了调查，调查表明在很多国家，政府和教师行业之间的对话已经发展得很完善了。

调查中绝大多数的工会都表示，他们至少会部分参与政府对教育政策的制定和实施。然而，虽然大部分工会称政府已经做好了协商安排，调查中仍有一半的工会认为他们仅是部分参与了协商机制。此外，各个工会还认为，总体上他们参与政策制定多一些，而参与政策实施少一些。

这表明仅有形式上协商机制并不能保证工会的实际参与。一个国家中不同工会的态度有时不一致，反映出政府与代表不同劳动力行业的工会之间可能保持不同关系的这一事实。

该调查也要求工会代表确定一些正在进行讨论的教育政策领域的问题。调查中几乎所有的工会都提到教师职业发展的问题，其次还有工作条件和公平的问题。大部分工会也同样反映了课程大纲、教师薪水、对特殊需求学生的帮助、教师评估、学生测评和机构测评等方面的问题。调查中有三分之一的工会称对学生行为的讨论颇具成果。而教育研究、学校发展和教学协会方面的问题却很少被提及。

2013年的调查还问到了关于培训政策的问题。更多的工会称他们没有参与有关实施培训政策的讨论，较少的工会称自己充分参与过讨论，能够在认为有必要时参加政府讨论的工会甚至更少。在问及富有成果的培训政策领域时，大部分工会提到了课程，其次还有职业发展、公平问题、教师薪水、成人学习和工作条件。很少有工会提及关于青年培训和培训资金计划的协商。

总体来看，该工会调查说明大多数OECD成员中，教师行业在政府讨论中的参与情况还是比较乐观的，特别是在教师和能力政策方面。但是这一情况仍有改观的空间，特别是在全面建立工会与政府对话的问题上。政府需要在鼓励与联盟对话的过程中扮演更加积极的角色，承认并支持对话方案。

做到这一点并不容易，因为有很多棘手的问题阻碍了教师和政策制定者之间的对话。有些人反对教师工会，认为工会对有希望的学校改革计划进行了干预，工会更加关心自己的基本问题，而不是经过证据表明的学生成功需求。但是许多PISA测评中学生成绩名列前茅的国家，同样具备优秀的教师工会。国家有无工会与学生表现之间似乎没有任何关系,这里的工会包括,也尤其指教师工会。但是教师工作的专业化程度与学生表现之间可能会有联系。事实上,一个国家在 PISA 测评中的排名越靠前,这个国家就越可能与教师组织进行积极合作,把教师组织看作值得信任的专业合作伙伴。

2014 年,在加拿大的安大略省,政府就与四个主要的教师工会签署了四年的集体谈判协议。在协议达成的过程中,教育部负责协商符合其教育计划和教师工会双方利益的协议款项,为推进教育议程提供了基础,同时还促成了长期的劳资关系稳定,让改善教育成为持续的重点工作。

我观察到政府和教师工会之间关系的本质,通常反映了教育中的工作组织。在高度工业化的工作组织中,政府注重执行规定和寻求正当理由,而教师现在做的就等同于工业劳动者在几十年前的工作,并且薪水也和他们当时差不多,这些都在无形中引导工会关注薪水和工作环境。因而在利益相关者之间形成了自上而下的利益对抗关系。

相比之下,在高度专业化的工作组织中,政府为教师提供鼓励办法,教学具有自主权,转变成为创新型的工作方式,教师行业成为多样的职业选择。这些都有助于在政府和工会之间发展策略性、原则性的专业工作关系。从这个角度来看,每个教育系统都需要教师工会。

所以在 2009 年的 PISA 测评结果出炉后,美国教育部部长 Arne Duncan、国际教育组织(Education International,国际教师工会联合会)的 Fred Van Leeuwen,以及本人组织了第一届国际教师职业峰会。Duncan 部长一直大力支持 PISA 和国际教育合作,他知道实际实施改革总是依赖于教师组织的参与。目前的想法就是汇集全世界的教育部长和教师工会,来解决一个国家单枪匹马难以应对的问题,问题的原因往往是错综复杂的各方利益。我们感到是时候该让政府、教师工会和专业机构重新定义教师的角色,创建互助合作的工作组织,帮助教师在职业中成长,满足 21 世纪学生的需求。自从那时起,我们就已经邀请来自国际一流及改善最为迅速的教育系统的部长和教师工会领导,每年汇集全球范围内的智慧,进行独创性的尝试,以提高教师行业的地位。

当然,各国部长和工会领导在先前就已经共同参加过许多国际会议,但国际教师职业峰会的独特之处便在于他们能够坐在彼此身边相互交流,听取不同国家部长和工会领导的经验,这些经验或许能成功打破本国教育的僵局。事实上,我们建立的基本原则之一便是,每个国家必须有教育部长和国家教师工会的代表出席才能参加峰会。在这些峰会中,达成共识或许是一项过于宏大的目标,但事实证明,热烈的讨论(这里不是指挑衅和激烈的言论)对参会人员而言都颇有价值。

第六章

现在做什么

为不确定的世界而教育

231　21世纪整个教育的大背景是我们受到威胁的环境。人口增长、资源耗尽和气候变化使所有人类不得不思考持续性的问题和未来子孙的需求问题。与此同时,技术与全球化间的相互作用带来了新的挑战和机遇。数字化正在不断把人、城市、国家和大陆连接起来,极大地提升了个人和集体的潜能。但同样的推动力也使世界变得复杂多变,变化莫测。

数字化是一个民主化的力量：每个人都可以互相联系和合作。数字化也集聚了非凡的力量。谷歌为每位员工创造了100万美元的收益,是普通美国公司的10倍多,这充分显示出技术的出现使创造规模不需要大量人员,也排除了人的参与。数字化能使最弱小的声音流传世界,但也阻止了个性化和文化独特性的发展。数字化具有强大的力量：过去十年间最有影响力的企业都是源于一个想法,他们在拥有交付产品所需的财政资源和物质基础设施之前,已经得到了产品。数字化也可能使人类力量尽失,因为人们用自由换来便利时,变得依赖于计算机的建议和决定。

232　然而,数字技术和全球化对经济和社会结构有颠覆性的影响,而这些影响难以预料。Tom Bentley认为,人类对这些影响的集体反应能够决定其产生的结果,即技术前沿与文化、社会、机构和经济环境以及人们动员的力量之间持续的相互作用。[1]

这种背景下,国际社会为2030年设立的可持续发展的目标描述了消除贫穷、保护地球、确保全人类富裕的行动方针。这些目标是人类的共同愿景,是全球化拼图上缺失的一块,在急速变化的时代中抵消了离心力。[2] 而这些目标实现得如何将很大程度上取决于目前课堂上的实际情况。可持续发展计划的基本原则能否真正成为公民间的社会契约,教育者是关键所在。

同样在2030年,今天的小学生将完成他们的义务教育。因此,为了给小学生今日所学做准备,我们需要考虑他们的未来。

在社会和经济阶层,所有问题都转向了平等和包容上。我们生来就有了政治学家Robert Putnam所称的"结合型社会资本(bonding social capital)",一种对家庭和拥有共同经历、目标、追求和文化准则人群的归属感。[3]然而,创造"桥接型社会资本(bridging social capital)"需要精心而持续的努力,它能让我们共享经历、观点和创新点,使拥有不同经历和兴趣的群体建立共识,进而增加人们对陌生人和机构的信任度。重视"桥梁式资本"和多元化的社会通常更有创造性,这是因为它们能从各地吸引最优秀的人才,基于多视角培养创造性和创新性。

但人们逐渐对多元化和多样性的价值不再抱有幻想,从不断转变的政治局面,包括保守内向的平民党的崛起中就可以看出这一点。

更好地融入世界经济能够显著地提升生活水平,同时也能加剧由于知识和技能的差异而导致的工作质量的差距。[4]对此我们可能已经习以为常了。据PIAAC显示,OECD国家中有超过2亿的职工连最基本的技能都未掌握,他们的阅读能力甚至还不如一名10岁的儿童。[5]这也是为什么教育议程重新回归包容性议程上了。

如果信任削弱,社会资本减少,繁荣的公民社会环境被破坏,社区将变得怎样的不平等?很多人充分利用国际化的劳动力市场、廉价的差旅和社交媒体,使自己生活在迁移、换工作和替换生活的理想之中。还有一些人因为战争和贫穷被迫离家:墨西哥人北上,迁往美国;东欧人搬到西欧;还有那些从叙利亚战场逃难的人,成百上千,不计其数。无论是去是留,上百万的人正在努力适应不断变化的环境。他们因当代生活的不断变化而愤怒和困惑,开始怀疑自己的身份——我是谁、我在哪。我们需要加倍地付出努力,用想象和创新而非简单的方法来缩小机会差距。为了弄清楚我们的共同人性，我们需要做得更好。

可持续性是另一方面的挑战。这个目标由布伦特兰委员会（Brundtland Commission）[6] 在 30 年前提出，号召当代的发展不应损害后代满足自身需求的能力。从环境恶化、气候变化、过度消费和人口增长方面来看，可持续发展的目标比以往更有意义。很多优秀的人才已经致力于创建可持续发展的城市，发展绿色科技，重新设计体系，重新考虑个人生活方式问题等。对年轻人而言，可持续发展带来的挑战简单来说并非仅仅是迫在眉睫，同样是匹夫有责、鼓舞人心的。

可持续性旨在使世界处于平衡状态，而坚韧度力求在失衡的世界中找到应对策略。现代教育面临的最大挑战可能是提升适应性和认知、情感和社会坚韧度，因为这将影响到几乎教育系统的每个方面。首先我们需要明确坚韧度并非个性品质，而是可以学习和发展的过程。在 21 世纪，教育可以帮助人、社区和组织在不可预见的混乱之中生存甚至成功。

这里我们还需要再考虑一个因素。如第一章所述，PIAAC 表明，受更多的教育不仅能得到更好的社会和经济结果，还与信任相关，能提升社会和公民参与度。（见图 1.2）尽管教育、身份和信任之间的关系根源十分复杂，但这些联系至关重要，因为信任是现代社会的黏合剂。没有对人、政府、公共机构和管理规范市场的信任，创新性的政策就很难调动公众的支持，尤其在政策作出了短时间内的牺牲却未马上得到显著的长期利益的地方更是如此。信任减少也会导致公民对规则和法规的服从率下降，进而导致更严格和官僚的规章制度。公民和企业会避免冒险，在投资、创新和劳动力流动方面作决定时会有所迟疑，而这些决定对推动发展和社会进程至关重要。

政策发展和实施能否确保平等和正直、制定的政策是否具有包容性、与公民是否保持密切的联系，这三者都取决于人民要拥有参与其中的知识、技能和品质。教育作为关键因素，能使个人、社区和国家的需求、利益与基于开放和可持续的未来建立的公平体系,两者协调一致。

因此,我们有义务更公平地培养人类的潜能。这是一种道德和社会的义务;也是一次绝佳的机会。如果人才能比机会和财政资金得到更公平的分配,那么基于人类潜能建立的发展模型能够促使经济更具活力、社会更具包容性。如第四章所述,更公平地分配知识和技能对降低收入差距有互补性的影响,而发生影响的同时也扩大了经济体的规模。技能提高后的社会进展更具包容性,因此公民极有可能更公平地共享经济和社会的发展成果,反过来这也促进了经济和社会的进展。

过去我们主要通过经济再分配解决不平等问题,但这样的时代已一去不复返,不仅因为这是一项漫长艰难的经济任务,更为重要的是,经济再分配不能解决更棘手的社会参与问题,也就是说,世界日益复杂,生活和工作的界限模糊不清,对所有公民的认知、社会和情感技能要求更高。或许机器有朝一日能做现在多数的人力工作,降低多技能的工作要求。但我们需要将有意义的技能运用于日益复杂的社会和公民生活中,而且这种技能要求将持续提高。

在全球很多地区,经济和社会的不平等正在加剧,阻碍了发展,分裂了社会。[7] 机会均等在过去成为了最基本的教育目标,因为工业时代需要每个人并发挥其一定的作用,因此学校系统的设计为所有学生提供了同样的教育,即使它们没有实现这一目标。以色列历史学家 Yuval Noah Harari 说,自由主义的成功源于在众多政治、经济和军队意识里,每个人都具有价值[8]。但他解释道,人类面临失去经济价值的危险,因为生物和计算机工程使很多人类活动变得多余,还使智慧和意识相分离。从使所有人掌握就业的读写和计算能力,到使所有公民具有贡献于未来世界的认知、社会和情感能力和价值,如果我们想扩大教育机会均等目标带来的影响,就必须从时间上着手。

我们需要解决社会和经济资源不平等的问题,这很大程度上决定于我们如何使用和发展人类的才能。每个经济时代都具有核心的资本。在农业时代,核心资本是土地;工业时代是资金;我们的时代是人的知识、技能和品质。而这项资本至今很大程度上并未被开发,仍然不被重视。现在是做出改变的时机了。

教育是关键的区分所在

236　　工业革命之前,教育和技术对绝大多数人而言都不重要。但当这一时期的技术领先教育的发展后,很多人就落后了,这就导致了不可思议的社会痛点。[9]一个世纪后,公共政策才逐渐通过措施,使每一个儿童拥有受教育的机会。如今这个目标已在世界的大多数地区实现;但与此同时,世界已经发生了改变,受教育的机会和学历都不能保证成功。在数字时代,技术再一次赶超了人类的技能,在多数工业化社会里,毕业生失业率的上升带来了更多的恐慌。

有人说加速发展的数字化令大多数人无事可做。有时我们似乎正处在这种情况的第一个阶段:技术毁掉工作机会的速度比创造工作机会更快。即使新的工作机会正不断产生,但这些也不一定是人类比机器能做得更好的工作。[10]

对此我仍持怀疑态度。我上高中时写过一篇关于戏剧《织布工》(*The Weavers*)的文章,这部戏剧是德国剧作家 Gerhart Hauptmann 于 1892 年写的,刻画了一群在 19 世纪 40 年代为反抗工业革命发起起义的西里西亚织布工。工业革命的确夺走了这群织布工的工作,但并未中断纺织行业的就业。实际上,一旦人们掌握了工业时代所需的新的知识、技能和思维方式,纺织行业的高薪工作将比以往更多,而且工艺的改变将使更多人比以前穿上更多、更好的服装。历史表明,即使社会有很多黑暗的转变和倒退,人类的想象力和适应力也不会受限。

第六章　现在做什么

然而，虽然纵观历史来看教育战胜了技术，但不能保证这一状态将维持。那些用着很棒的智能手机却得不到很好教育的孩子，终将面临前所未有的挑战。起码现在的我们能尽自己所能，重新考虑他们所需要的教育。

为急速变化的时代发展知识、技能和品质

教育者面临的困境是常规的认知技能，教授和测试这些技能是最容易的，也是最易被数字化、自动化和外包的。David Autor 是麻省理工学院的一位经济学教授，在这一方面的研究获得了非常出色的数据。[11] 毋庸置疑，每个学科里最先进的知识和技能永远是最重要的。具有创造和创新思维的人一般在某一学术或实践领域拥有专业技能。"学会学习"的本领很重要，因此我们通常通过学习某件事来学习。然而，教育的成功已不再是再现内容知识，而是要根据已知来推断，并创造性地将其运用于新的情境中，此外，教育成功还在于跨越学科界限的思考。每个人都可以在网上探索信息，通常都会找到信息，但只有那些知道如何运用这些知识的人才能获得回报。

PISA 结果显示，学生需要完成的任务变得越来越复杂，包含了更多的非常规性分析的技能要求，但由记忆主导的学习策略的作用却越来越小（图 6.1A）[12]，这就是为何数字化逐渐减少了我们现实生活的任务。[13] 反过来，制定拓展式的学习策略也就是将新知识与熟练知识进行联系，对新的解决方法和转化知识的方法进行创造性和差异性的思考，这样的学习策略更有可能帮助学生完成 PISA 要求的、预测未来世界可能有的任务（图 6.1B）。[14]

未来的工作可能会将计算机智能与人类的社会和情感技能、态度与价值观组合起来，进而成为我们创新的水平、我们的意识和责任感，是我们利用人工智能的力量塑造一个更好的世界。这也是人类能创造新价值的前提，它包

世界水准 如何构建 21 世纪的优秀学校系统

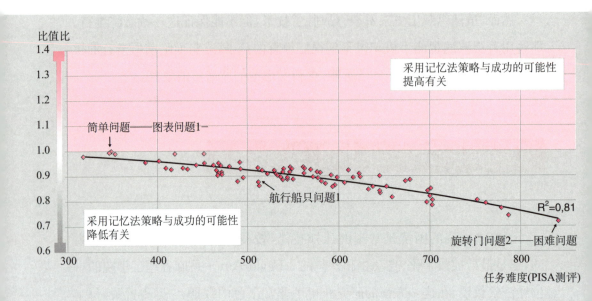

图 6.1A　任务愈加复杂,记忆法就没那么有用

备注:数值取 48 个教育系统的平均值。图表中的深色菱形反映的是关键的比值比数据。记忆法策略包括复述、常规练习、训练、时间或重复。"简单问题"指具体的任务,"图表问题 1"是 PISA2012 数学测评里最简单的任务。"困难问题"也是具体的任务,"旋转门问题 2"是测评中最难的任务。

来源:OECD. PISA 2012 Database.
链接:http://dx.doi.org/10.1787/888933414854.

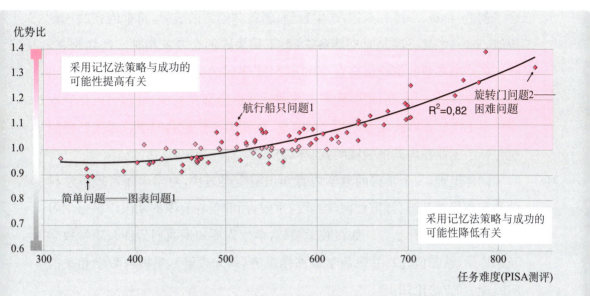

图 6.1B 问题愈加困难,拓展式的策略就更有效

备注:数值取 48 个教育系统的平均值。图表中的深色菱形反映的是关键的比值比数据。拓展式策略指使用类比和典例、头脑风暴、概念图和其他方式寻找解决方法。"简单问题"指具体的任务。"图表问题 1"是 PISA2012 数学测评里最简单的任务。"困难问题"也是具体的任务,"旋转门问题 2"是测评中最难的任务。

来源:OECD.PISA 2012 Database.
链接:http://dx.doi.org/10.1787/888933414903.

含了创造、制造、形成和阐述,产生独创、新颖和创新的成果,贡献内在的积极价值。这从广义来说是时刻准备尝试、不怕失败的企业家精神。这样说来,欧洲创新型产业的就业机会在2011—2013年间的关键时期增长了3.6%也不足为奇,在这一时期,很多欧洲产业的就业机会都在减少,最起码也是就业率停滞不变。在欧洲领先的几个国家里,创新型工作机会的增长速度已经超过包括手工业在内其他领域的就业机会。[15]

同样道理,一个学科的教学内容知识演变得越快,对学生而言理解学科的结构和概念基础(知道如何学)就越重要,而非仅在有限的期限内精通学习内容(即"知道了什么")。如在数学领域,学生需要知道我们为什么要学数学及怎样学(认知信念),并像数学家那样思考(认知理解),掌握与数学相关的实践能力(方法论知识)。

2015年PISA项目中科学测评的重点之一是认知信念、知识和理解,评估的不仅仅是学生知道什么,如在科学领域,也包括他们能否像科学家一样思考,以及他们是否重视科学思考。评估结果因国家甚至地区而出现极大差异。[16] 例如,2015年的科学评测中,中国台湾的学生分数最高,但在相关考察项里,他们再现科学内容的能力要比像科学家一样思考的能力高。新加坡的学生比中国台湾的同龄学生在掌握学科内容知识方面能力更强,而在完成需要像科学家一样思考的任务时,他们的表现甚至比掌握学科内容知识更优异。比起科学概念的理解,澳大利亚的学生更擅长科学事实,而法国的学生在概念性知识方面能力更强。

以上差异及其他参与PISA国家或地区间的差异均表明,教育政策和实践会对学生学习产生影响。评估结果应该能鼓励政策制定者和教育者重新构建课程体系和教学系统,进而更加重视概念和认知的深度理解。

这些事实其实已是老生常谈。注重思考能力的学习已经陪伴了我们近千年。2016年9月,我陪同以色列教育部部长Naftali Bennet到希伯伦的叶史瓦(Yeshiva)进行访问,叶史瓦被认为是学习传统犹太文本和法典的权威机构，领导人是一些正统的犹太教教士，包括 Yosef Hevroni 和 Moshe Mordechai Ferberstein 等。

传统的课堂学习中，教师教授知识，学生是知识的消费者，但在叶史瓦这儿，学生结对学习，教师时常提供建议和指导。在一个偌大的教室里，共有 1 400 名学生在上课，但只有不到 24 位老师，这完全是学习，而非教学。我观察那里的学习经历要求学生彼此竞争、共同分析和解释学习资料、指出同伴的逻辑错误，并且对彼此的观点提出质疑、发展思路，最终对学习内容的含义增添新的领悟。"Hevruta"是一个古老的阿拉米语（又译为亚兰语、阿兰语、阿拉姆语、阿拉美语）单词，被译为"一对"或"一双"，因此合作学习是核心的学习形式，除非一对学习搭档无法解决一个难题或者理解一个文本时，他们才会与旁边的学习对子组成一个四人小组，也有可能形成六人或八人的小组，直至问题解决后，他们才回归最开始的学习搭档组合状态。

在这里，学习是热闹和生气勃勃的，因为学习搭档之间会因观点不同而争辩。这与传统的西方图书馆完全相反，后者的氛围是非常安静的，人只有眼睛在工作。而叶史瓦的学习方法旨在帮助学生集中精神在学习上，提高推理能力，将自己的观点组织成逻辑论点，与此同时理解搭档的观点，而非死记硬背知识内容。它的目标并不是想出"正确的"解释，而是对论点进行更深的理解。为何观点会有所不同？分歧可能产生的后果有什么？证实观点的证据有什么？最优秀的学生提出的问题应该能挑战教师回答问题的能力。这样看来，这种方法可谓是探究式学习和现代教育学的起源。

然而，无论在以色列还是其他地方，和很多其他教育上的创新一样，这样的学习方法还没有进入平常的课堂中，尚无进展，只限于宗教文本和复杂的传统犹太法律条款的学习。教育的工业化工作组织帮助我们将想法实施到课堂和学校中，但却不能很好地把课堂和学校中的想法作为一个整体添加到体系中，以使有前景的实践得以传播并形成规模。

242 **连点成线**

创新和解决问题逐渐地取决于能否将迥然不同的元素集合到一起,然后合成创造出不同的、预期之外的事物。这其中包含了好奇心、开放的思想以及将之前毫不相关的想法进行联系的能力,还要求熟悉某一系列领域的知识。如果我们穷极一生只钻研一个学科的知识,我们将不会获得想象的技能、联系不同知识点并发展下一个改变生活的创造。PISA 的测评结果说明了学生进行跨学科的思考并解决跨学科任务很困难。

此外,一些国家已在尝试发展跨学科能力。日本国立高等专门学校机构 Kosen 就是其中一个例子。Kosen 的理事长 Isao Taniguchi 曾在 2018 年年初带我参观过东京的校园。第一印象里,校园像一个职业学校,很多学习都是以研究项目为基础,动手合作完成的。有些人认为实际操作的学习所属的课程体系在学术上不够严谨,Kosen 绝非如此。事实上,51 所 Kosen 学校都是日本选拔最严格的高中或学院,比起技术和理科学习,课程体系偏向文科。约 40% 的毕业生选择继续攻读大学;选择就业的毕业生可预期平均收到 20 个工作录用机会,都是日本最受欢迎的工程师或创新者的职位。

243 Kosen 学校与众不同之处在于他们将课堂导向的学习和实际操作、项目导向的学习结合到一起,这种独特的学习方式是跨学科并以学生为中心的,教师主要是指导者和顾问,这不同于如今风靡全世界很多学校的为期一周的预先计划专题研究。Kosen 的学生会特别地花费几年时间来发展并实现自己的大想法。Riki Ishikawa 是一名电力工程专业的学生,他邀请我参加了一场难忘的虚拟现实的白水漂流体验活动。Daisuke Suzuki 是一名化学系学生,当时正致力于寻找一种廉价的净化重金属污染土壤的方式。不同于多数其他的学校课题项目,他们的劳动果实不会被弃之不用,而是通常作为日本众多创新之一,进入市场。我遇到的学生都表示,没见过有谁在这个要求极高的课程中退出。虽然这种项目导向的学习是最近才获得广泛关注的,Kosen 的学校早在 20 世纪 60 年代就已在实施之中了。

20世纪90年代末,日本试着在常规学校中的综合研究课程里采用一种跨课程的学习方法[17]。但其影响力有限,因为这种课程在教师的实践中不够深入,尤其是在考试主要考察单一学科知识的初中。

近来,芬兰将项目导向和跨学科的学习发展为学生教育的中心。例如,当学生遇到与现实生活中类似的问题时,他们需要在同一时间像科学家、历史学家和哲学家一样思考[18],即使芬兰的教师发现满足这一标准很困难。当教师拥有不同学科足够渊博的知识,并且能跨学科地运用时,学生只会学习以多学科的方式来思考。然而,上课时间和教师工作的组织是分离的,这就意味着跨学科的协作发展空间有限。

此外,世界上的人才也不再划分为两种:具体领域里知识渊博的专家和学而不精的全才。专家通常技能精通,能力范围较窄,凭专业知识被同行认可,但总不被外行重视。全才的能力范围广,技能却不高。当今世界重视的人才应该能将知识的深度运用到新的环境和经历中,进而获取新的技能、建立新的关系,最终在发展进程中承担新的角色,他们在环境快速变化的世界里,能够不断地学习、忘却和重新学习。帮助学生发展有效的学习策略和元认知能力变得日趋重要,如自我认知、自我调整和自我适应等,这应在课程实践和教学实践中成为一项更加明确的目标。

学做具有批判思维的信息消费者

技术允许我们探索和使用的知识越多,利用内容成就意义的深度理解和能力就越重要。理解包括了知识和信息、概念和观点、实践技能和直觉,但最基本的是将这些结合起来,以适应学习者背景的方式使其成为一体并运用。此外,理解还包括了凭理解过去的能力来知会我们对未来的抱负,即过去包含了社会曾面临的挑战、发现的解决方法以及久而久之形成和守护的价值观。

在能找到自己影子的"后真相"氛围中,谈及信息时,数量似乎比质量更受重视。人"感觉是对的"但实际却是没有根据的主张被接受为事实。算法将志同道合的人分到了同一类,创建了社交媒体的"回音室",放大了我们的观点,却令我们对可能改变我们信念的反对观点不得而知、与之隔离。这些虚拟的泡沫混合了我们的观点,分化了我们的社会,同时对民主进程产生了重大的负面影响。这些算法并没有设计缺陷,它们是社交媒体运作的机制。信息充足,关注甚少。我们如今生活在数字集市中,任何不适合网络时代的产物都将在时代的压力下分崩离析。

从保护消费者的角度上,我们应从何种程度上约束信息的提供者?或者从技能角度来看,我们应从何种程度来使人们在信息浪潮中更好地掌控方向?有趣的是,物质产品的消费者保护问题的处理方法还没有运用于知识产品上。有人因患上肥胖症而起诉了麦当劳,因被热咖啡烫伤而起诉了星巴克[19]。但反抗虚假信息似乎非常困难,因为任何改变言论自由的企图都会被看作是在攻击民主原则。

与其使人们避免接触信息,提高人们将接收的信息进行分类的能力会更具成效。学生需具有分辨信息来源是否可靠、是否真实的能力,需要学会质疑,并设法改善本时代接收到信息和实践的质量。20世纪需要提取和处理原始信息的能力;21世纪则需要创造和验证知识的能力。过去的教师会让学生借助百科全书查找信息,并信赖其中的信息是准确真实的。如今,我们在谷歌、百度和Yandex(俄罗斯最大搜索引擎)提出任何一个问题,都会得到上百万条结果,读者的任务就是分类处理知识、评估和创建知识。

对个人、社区和社会而言,现代生活日趋复杂化,这表明解决我们的问题也将变得复杂:在这个结构失衡的世界,在有时具有全球含义的地区环境中,调和不同观点和利益的当务之急是要求年轻人熟练处理紧张的局势、两难的处境和对立物的权衡。平等与自由、自治与社区、创新和延续、效率与民主发展,这些矛盾的需求之间要想达到平衡,不会是二者择一,也不会只有一种解决方法。个人需要以一种综合全面的方式思考,这种方式应意识到相互联系的存在。巩固这些认知技能的方法就是同理心（理解他人观点并产生发自内心的或情感的反应）；适应能力（在新经历、新信息和其他领悟的启发下，进行重新思考和改变个人看法的能力）；信任。

面对新颖性、变化性、多样性和模糊性，需要假设个人可以"独立思考"。解决问题的创造性需要考虑自己行为的未来后果，评估风险和回报，并对工作的结果承担责任。这体现的是一种责任感，是道德和才智的成熟，这两者能引发一个人思考并在自身经历、个人和社会的目标的启发下，评估自己的行为。在某一情境下，对对错和好坏的感知和评测与道德标准相关。它暗示着要问自己与标准、价值观、意义和局限的相关问题：我该做什么？这样做是对的吗？界限在哪里？知道了自己行为的后果，回想当初我还会这样做吗？这一问题的关键是自我调节的概念，它包含了自控、自我效能感、责任感、问题解决和适应能力。发育神经科学的进步表明，青少年时期脑可塑性会发生第二次爆发，特别具有可塑性的脑区和脑系统关系到了自我调节的发展。

与他人协作

除个人成就外，我们还需考虑合作学习的教学和奖励。如今，学生在学校往往是独自学习，我们会在学年末进行考试，以此证实他们的个人成果。但世界越是变得相互依赖，我们就越是需要高效的合作者。如今，创新很少是独立的个人成果，更多的是我们对知识进行组织、分享和联系之后的成果。

为了调动学习者的主动性，教育者不仅需要意识到学习者的个性，还要注意更广泛的关系集合：与教师、同龄人、家人和社区，这些关系都影响了学生的学习。这一目标的核心是"合作机构"（co-agency），即帮助学习者进步、相互作用和相互支持的关系。从这个意义来看，每个人都应被看作一个学习者，不只有学生，还应该有教师、学校管理者、父母和社区。

合作学习也是鼓励自我调节的探究式学习的好方法，但我们经常忽视了这一事实。大规模在线公开课程，即 MOOC，曾一时成为昂贵的教学之外一种很好的选择;但MOOC的完成率持续低迷。其中部分原因是我们还没有找到可靠的认证方法,因此学习者很难将MOOC的学习经历转变为与劳动力市场相关的资历。

但更大的问题在于很多线上课程的"只读"模式:这些课程复制了讲座模式,却失去了教师调动积极性的优点。德国吕讷堡大学副校长Holm Keller曾为PISA设置了一项MOOC中合作的变量,称作PISA4U[20]。他要求一些有潜力的学习者订阅一门课程,其中多数为专业的教育工作者,完成课程后根据一项算法将他们分组,这样组内成员在教育目标上拥有共同的志向,但在其他几乎所有方面都各不相同。这些不同的小组采取合作的方式发现并解决问题,每个人都有一位线上导师,每组会有一位有经验的指导教师指导。来自172个国家的6 000多名教师参与了PISA4U的试验项目。完成率很高,多数参与者都表示他们学习热情的关键是和来自不同国家及文化的人共同工作,他们兴趣不同,经历也各不相同。此次试验非常成功,为此我们现在正在建立永久性的数字平台。

2015年,PISA开展了世界首次国际合作解决问题的技能测评,被定义为通过与他人融合知识、技能和努力来解决问题的能力[21]。正如所料,阅读能力和数学水平较高的学生同样在合作解决问题上表现更佳,因为解决问题通常需要处理和解读信息以及复杂的推理。从国家层面观察的结果相似:在PISA中表现最优的日本、新加坡、韩国以及欧洲的爱沙尼亚和芬兰、北美的加拿大同样在此次PISA合作解决问题的测评中名列前茅。

但比起PISA科学、阅读和数学测评的结果,有的国家的学生在合作解决问题上表现更优秀。例如,日本学生的上述学科成绩很高,但他们在合作解决问题上做得更好一些。澳大利亚、新西兰和韩国的学生也是如此。美国学生的阅读和科学成绩处于平均水平,数学成绩处于平均水平以下,然而他们在合作解决问题上表现得比这些学科成绩好得多。与之相反的是,中国有四个省市(北京、上海、江苏和广东)参与了此次PISA测评,学生的数学和科学成绩很好，但合作解决问题的表现却仅为平均水平。同样，立陶宛、黑山共和国、俄罗斯、突尼斯、土耳其和阿联酋的学生在合作解决问题上的表现也让人大跌眼镜。总而言之，不具备科学、数学和阅读知识或能力并不代表着就具有社交技能，而社交技能并不是发展学术水平自动产生的副产品。

测评结果显示，有一些国家比其他国家更注重发展学生的合作解决问题的技能，但为了帮助学生应对一个要求更高的世界，所有国家都应有所进步。平均仅有8%的学生能完成仅为中高难度的解决问题的任务。这些任务要求学生要保持群体动力的意识，主动克服困难并化解纠纷和矛盾。即使在表现最佳的新加坡学生里，只有五分之一的学生能达到这一水平。此外，四分之三的学生表示他们能够在合作解决中等难度的问题时作出贡献，而且在相互交流时考虑到了不同的观点。

此外，所有国家都需要在缩小性别差距上做出努力。2012年PISA在评测个人的解决问题技能时，多数国家的男生分数都高于女生。然而在2015年的合作解决问题测评中，无论是否考虑他们在科学、阅读和数学方面的成绩，每个国家女生的表现都优于男生。性别差距的大小在合作解决问题上的表现比在阅读方面更大。

这些结果反映在学生对待合作的态度上。对关系更具积极态度的女生往往对他人的观点更感兴趣，也希望他人成功。另一方面，男生可能更看重团队合作的实质利益，以及合作如何帮助他们更有效并高效地工作。

由于对合作的积极态度与PISA中关于合作的表现部分联系在一起，这为调解开辟了一项新的途径。即使关系随意性的本质并不明显，如果学校能培养男生对他人的赏识以及促进与人之间的友谊和关系，男生在合作解决问题上也会取得良好的进展。

课堂环境中似乎也存在与这些态度相关的某些因素。PISA调查了学生参加交流密集型活动的频率，如在科学课上阐释自己的观点；在实验室中做应用型实验；围绕科学问题争辩；围绕科学研究参与课堂辩论。结果显示出了这些活动与对合作的积极态度之间清晰的关系。那些表明自己经常参加这些活动的学生通常更重视人际关系和团队合作。

很多学校还可以尽力营造给学生提供归属感的学习氛围，帮助他们摆脱恐惧。与其他学生互动更积极的学生在合作解决问题上得分更高，即使在考虑学生和学校的社会经济背景后亦是如此。那些未感到被其他学生威胁的学生同样在合作解决问题方面得分很高。

有趣的是，弱势学生比他们的优势同龄人能更能清楚地看到团队合作的价值，他们往往会表示团队合作提升了他们自己的效率，自己也更喜欢作为团队的一员去工作而非独自工作，他们认为团队比个人做出的选择更合理。一些学校通过设计合作学习的环境成功地培养了学生的上述态度，他们也有可能采取新的方式使弱势学生参与进来。

但帮助学生发展社交技能并非止步于校园。首先，父母需要发挥作用。例如，在 PISA 测试前一天有的学生与父母在放学后交谈过，他们在合作解决问题的测评中分数更高，还有一些学生的父母支持他们对学校活动感兴趣，并鼓励他们保持自信，这样的学生在 PISA 测试中的得分也更高。

当然，学生在自己的一生中为了生存和工作，需要一系列更广泛的社交和情感技能，合作解决问题只是其中一方面。正如我在第一章所述，这些技能与毅力、同理心、考虑周全、勇敢和领导能力等性格品质相关。

2016 年，在柏林举行的柏林在线教育（OEB，Online Education Berlin）技术会议上，我发表了一篇关于 21 世纪技能的开幕式主题演讲。[22] 在此次会议上，人们对教育技术的潜在作用提出了很多引人注目的观点，有的时候人类能力和计算机能力之间的界限似乎很模糊。全球技术人类学家、群集数据咨询公司（Constellate Data）创始人之一的 Tricia Wang[23] 将这一界限定义为换位思考的能力。她解释道，这一能力在技术领域正变得越来越重要，因为在人们的要求和设计下，计算机能够处理越来越多的认知工作。

解决这一问题并不简单，因为学校需要帮助学生学会自主地思考，使自已认识到现代生活的多元化。无论在工作中，还是在家、社区中，人们需要充分理解不同文化传统中他人的生活方式，以及科学家、数学家、社会学家和艺术家等人的思考方式。特别重要的是，对极端主义最有力的回应之一就是阅读和理解多样化的能力，以及意识到宽容和同理心等社会核心自由价值观的能力。总之，学校现在需要培养学生为自己思考、为他人并与他人共同行动的能力。

这些都激励着我们要将全球竞争力的概念融入 PISA 之中，即测评人们一系列的能力来评判他们能否用不同的眼光看待世界、能否赏识不同的意见、观点和价值。PISA 将全球竞争力构想为一项多维度、终生实现的学习目标。拥有全球竞争力的个人能够仔细观察地方、世界及跨文化的问题，理解并欣赏不同的观点和世界观，恭敬、顺利地与他人交流，最终为了可持续性和集体幸福感采取负责任的行为（参见第四章）。

衡量全球竞争力的大小是一项艰巨的科学任务，因为这样一项包含社会和公民两方面的概念涵盖了很多不同的认知、社会和情感成分。但更为重要的方面是，获得 PISA 项目参与国的政治支持已经非常困难。目前只有少数国家同意了 PISA 评测中该部分的实施。

价值观的价值

我意识到现代教育中最艰难的挑战是：如何将价值观融入到教育之中。价值观通常是教育的核心部分，但如今它需要由含蓄的抱负转变为明确的教育目标和实践，帮助社会从情景式的价值观即"我做环境允许我做的事"转变成可持续的价值观，以产生信任、社会联系和希望。《纽约时报》的专栏记者 Thomas Friedman 这样说道："观点、传统和普遍的看法似乎如冰山一般坚固、永恒,如今却可能突然在一日之间融化,这在以往可能要花费一代人的时间!"他进一步说道,"如果社会不在人与人之间构建'地基',无论结果是否会产生自我挫败感,很多人仍会试着建立'围墙'"。[24]

2011年,我参观了日本东北部的一些地区,那里在几个月前刚经历了海啸的摧残,我亲眼见到历史悠久的城市一夜之间消失,人们和学校都突然间面临一系列的全新挑战。但我也同样看到了稳固的社会基础和坚忍不拔的社区如何面对这些挑战。

我之前去过日本50多次,但这次日本的岩手县之行令我印象深刻。海啸发生于2011年3月11日,整个村庄被海啸席卷,我沿着海岸线驱车穿过了无垠的废墟,只见到了被遗留下的地基。还有一些地方,一片接着一片的废墟被标记了圆圈和红叉,表示人们不仅失去了家园还失去了自己深爱的人。

在人们以惊人的速度拆除了临时住房、修复了公共设施之后,公民生活的重建又是一项更艰巨的挑战。曾任临时三陆陆中校长的船越小学和大槌町小学校长们展示了日本教育者选择释放的活力和创造力。事实上,就在见他们之前,我参观了老校船越小学海啸后的废墟,整个校园就像世界上其他任何一个校园一样,有长长的黑暗走廊、教室和一个楼上的教师办公室。

但临时的三陆陆中学校有所不同。在体育馆的一个开放的学习空间里进行了三堂课,教师办公室面对"教室"。学生与教师一起找到了缓解困境的创造性解决办法,同时也培养了彼此之间的尊重和责任感。

校长介绍道,一个班级上音乐课的话,其他人就要到室外上体育课。教师们无法保留太多原学校图书馆的书籍,是社区群体参与了书籍和其他所需品的捐助,而且好像所有东西都能用硬纸板造出来。在某些方面,海啸把过去的一所学校转变成了一个面向未来的学习环境。

最感人的报道来源于那些教师。即使在平常,日本教师的公开生活和私人生活之间似乎没有界限。教师们不仅要对学生的智力发展负责,同时要对学生在学校和家中的社交及情感生活负责。这次危机加强了这种感觉,教师得到的物质和心理支持很少,但承担了很多的额外责任。

很多教师冒着生命危险去救自己的学生。一位高中教师讲述了他如何伸出手去救一个被猛烈的洪水冲走的孩子,但仅因几厘米的距离没有拉住孩子的手。另一位教师在首次地震后救出了学校里的所有学生,并将他们带到高地。其中一个孩子的父母到达学校后要求带孩子回家,这位教师虽然觉得这有不妥,但也没拒绝。最终在海啸袭来之时,这个孩子和他的家人在回程的路上丧生。

令我印象十分深刻的是,共有超过12 000名日本教师工会的成员在海啸受灾区志愿服务。在我认识的人当中,日本教师工会的副主任和她在岩手县的同事对日本孩子未来的奉献最为无私。

如果我们想领先于技术的发展,我们必须找到并改善人性中的特质,不断补充,而不是与人类创造出的计算机能力竞争。

如果试着将教育限制在学术知识的教学上,教育最终将降低标准,仅使人们与计算机进行竞争,而不是关注人的特性,利用人的特性使教育处在技术和社会发展的前端。扪心自问,为何数字技术很容易替代如今的办公室职员,却代替不了狩猎采集者?答案就在于在使用泰勒主义(Taylorising)的方式组织工作时,专注人的技能研究,而我们已经丧失了很多人类的能力,这些能力对工作可能并没有直接的重要价值。

2016年10月,我认识了来自美国弗吉尼亚州高等文化研究学院的Josh Yates[25],他针对学习和人类发展所需的关键才能提出了很有趣的观点。他谈到了真(知识和学习的范畴);美(创造力、美学和设计的范畴);德(道德规范的范畴);公正和有序(政治和公民生活的范畴);可持续性(自然和身体健康的范畴)。

新加坡是我发现的第一个明确将价值观作为课程体系中心的国家。他们强调校园中的尊重、责任、适应力、诚信正直、关爱与和谐。这些价值观将会塑造学生自我和社会认知、人际关系管理、自我管理和负责任地决策等性格品质。实际上,这种框架体系将性格品质归为"行动中的价值"。[26]

总体来说,新加坡课程体系的设计目标是培养一个自信的人,一个有自我导向能力的学习者,一个关心国家的公民和一个积极的贡献者。新加坡的学校采用这种体系设计课程及课程项目,帮助学生发展必备的能力。此外,每位学生都要参加"行动中的价值"项目,以建立起社会责任感。然而,即使在新加坡,这一体系的大部分还只是抱负而已,最好的情况也只是部分体现在学生实际的学习方法和教师的教学方法上。

虽然制定和实施 21 世纪的新课程势在必得,但阻碍改变的联盟势力也十分强劲。父母们担心自己的孩子考试不及格,可能不信任任何声称学到更多的教学方法。教师和他们的同盟们担心自己要教授更多主观内容,如社交和情感技能等,这样评估他们的标准就不再是教了什么,而是他们是怎样的人。学校管理者和政策制定者可能会认为他们不能再管理学校和学校系统了,因为衡量成功的标准从简单的、可量化的内容知识,转变为直到学生毕业才能完全体现的某些人性品质。为了给这些担忧做出令人信服的回应,我们需要找到一个大胆的现代课程和测评的设计方法。为下一代设置学校课程是在以往的经验之上展开的,因此卓越的领导力必不可少。这其中包括了解释和支持学习计划和测评,优先考虑理解的深度,并鼓励广泛参与跨社区的学习。

成功学校系统的不断变迁

很多国家在他们的课程之中增添了越来越多的内容,以此应对学生学习内容的新要求,但结果通常是课程的宽度有一英里,深度仅一英寸。教师们费力地教授了大量学科内容,但却很少深入。为了表现教育系统对新出现的要求作出回应,添加新的学习内容是一种简单的方式,但从教学系统中移除内容却十分困难。一些国家经常打着跨学科方法的旗帜,试着将新学科、话题和主题整合到传统的课程领域中,以此来扩展学习经验。也有的国家减少了学习内容的量,为教师提供深度教学的空间(参见第三章)。

"议定"的课程设置和设计的课程设置之间达到审慎的平衡才是真正所需要的。换句话说,在选择教学内容和精心设计的产品上,必须经过广泛的协商和妥协。这反过来将促进公众信心,鼓励行业的参与。

寻找准确平衡并非易事。例如,在这个技术发达的世界,很多人提出这样一个问题:今天的学生该不该学习编程。世界上有教授编程的学校先例,这令人深感兴趣。但风险就是,我们又一次教给学生今天的技能去解决今天的问题。在这些学生毕业之前,这些技能可能已经过时。这个例子带来的更大的问题是,如何在不受数字工具影响的情况下,加深对数字化根本概念的理解并参与其中呢?

重点在于,我们应该系统地思考一下,我们想从课程设置上获得什么,而不是持续地添加更多"东西"到现在教的内容中。21世纪的课程应该具有以下特征:严谨(在高水平的认知要求基础上创建教学内容);专注(为达成概念理解的目标优先考虑知识内容的深度而非广度);连贯(科学理解学习进程和人类发展,在此基础上有顺序地教学)。课程应忠实于学科,以跨学科学习为目标,培养学生从多视角看问题的能力。

课程设置需要在学科内容知识与学科的潜在本质与原则之间达到平衡。为了帮助学生解决未来的未知问题,课程还需要关注具有最高转移价值的领域,换句话说,课程需要优先考虑的知识、技能和态度应该在一个环境中学到,在其他情境中应用。为了使教师们赞同这一观点,课程需要明确解释转移价值实现的原理。此外,课程还要平衡学习的认知、社会和情感层面,帮助教师把培养学生共同承担责任作为学生学习过程的一部分。在相关的实际环境中,课程需要为学习制定体系,帮助教师采取主题式、问题和项目导向的方法，围绕与同事和学生的合作展开教学。

但我们该如何培养受到激励、积极参与的学习者，使他们准备好面对明天不可预见的挑战，同时还要面临今天的挑战呢？在传统学校系统中，教师在分派到课堂前已经得到了教学内容的指示。在表现最出色的学校系统中，出现了一种不同的模式：教师在得到工具及支持后，可以创建自己的方法达到同样的目标。我们对学生应达到什么能力水平有明确的目标，但也期望教师能利用自己的专业独立性决定如何达到这些目标。

我之前提过很多次，每个国家需要看看外面的世界。如今像中国这样的国家已经不容忽视。撰写此书时，欧洲、美国和中国的受过良好教育的人才储备规模基本相同。但在下一个十年后，受过良好教育的中国青年数量将会遥遥领先。2017年，共有800万中国大学生毕业，十年间增长了十倍，毕业生数量是美国毕业生的两倍。之后的十年间，受过良好教育的中国青年数量可能会超过欧洲和北美加起来的所有青年人数量（无论受过良好教育与否）。

学习者、教育工作者和教育领导们是时候探究以上所有情况可能产生的影响了。

与众不同的学习者

年轻公民的下一代将会创造工作机会，而非寻找工作机会，他们会在日益复杂的世界里协作推动人类的发展。这要求他们具备好奇心、想象力、同理心、企业家精神和适应力，以及积极利用失败和从错误中吸取教训的能力。一个要求学习者不断适应和成长的世界最明显的含义就是我们需要建立终生学习的能力和动力。我们过去学着工作，现在学习就是我们的工作，这需要一种后工业化的方式，即能够培养学习热情和能力的训练、指导、教学和评估。

这一概念并不稀奇。我记得时任芬兰教育部部长的 Olli-Pekka Heinonen 在 1996 年的 OECD 教育部长会议上做过一次有关终生学习的精彩演讲。那时,终生学习的概念基本上还处于理论阶段,除了成人学习和继续教育与培训外,终生学习没有获得多少关注,如今这一概念需要被视作人生初期教育政策的核心了。

早在学校生涯之时,学习者们就要能够在上学之后、毕业之后领会到学习的价值;他们需要对自己的学习负责,在学习过程中保持精力充沛。终生学习并不仅仅要求人们不断学习新东西,而是在环境和模式改变后忘却及重新学习,这一点要困难得多。我年轻的时候可以随便吃自己喜欢的食物而不长胖,但当我意识到自己的新陈代谢机制改变了之后,我很难改掉旧习惯。

终生学习同样建立在高效的学习策略和抱负上。我们发现在 PISA 测评中,学术知识、学生学习策略和学生的职业预期三者之间的关系非常有趣。图 6.2 展现了 15 岁学生中期望在 30 岁时从事科学相关或技术相关职业的学生比例。数据表明了有一部分国家或经济体在 PISA 科学测评中分数很高,但他们的学生并不强烈渴望使科学成为自己未来的一部分,这些国家和经济体包括比利时、参加 PISA 的四个中国直辖市或省份、爱沙尼亚、芬兰、德国、日本、澳门(中国)、荷兰、波兰、韩国、瑞士和越南。实际上,只有一小部分国家的学生在科学知识水平、对科学方法的信念和对科学开创就业机会三方面的看法是一致的,这些国家包括加拿大、新加坡和一些在科学测评中分数较低的国家,如澳大利亚、爱尔兰、葡萄牙、斯洛文尼亚和英国。当然,测评数据还展现出事情的另一面。例如,以色列、西班牙和美国的学生对科学探究方法持开放态度,并渴望从事与科学相关的职业,但他们却缺少实现梦想的科学知识与技能。

结论就是只有学术的成功还不够。PISA 还在知识与抱负之间的联系方面提供了有趣的发现。如果学生并不喜爱学习科学,即使科学成绩提高,转

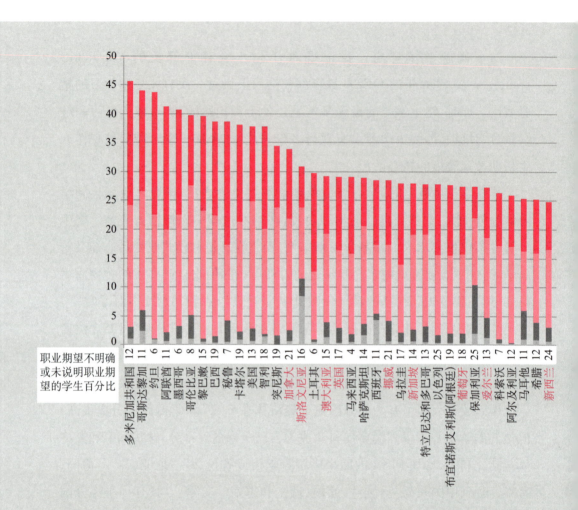

图表 6.2 大多数 15 岁青少年不希望从事科学相关的职业

第六章 现在做什么

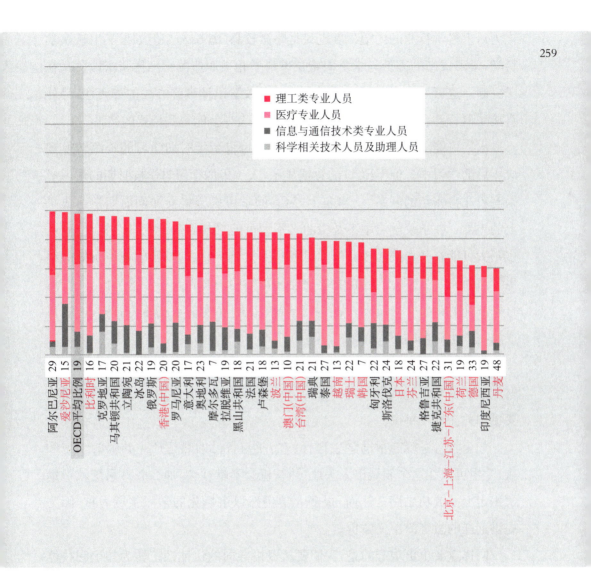

备注：上图为期望在30岁时从事科学相关和技术类职业的学生比例。国家或经济体名为深色字体的在2015PISA科学测评中表现较好。图中的比利时指的是讲法语和德语的社区；马其顿共和国指的是前南斯拉夫马其顿共和国。

来源：OECD，PISA 2015 Database，Table，I.3.10a.

化为从事科学行业的渴望程度也只是略微较高(图6.3)。但如果学生喜欢学科学,学习成绩的高低与学生渴望从事科学相关职业的程度便紧密地关联在了一起。这再一次强调了发展更多学习和教学设计多维方法的重要性,另外直接采取行动也很重要,而非仅仅指望改善表现就能得到想要的结果。

人们可能不由自主地将终生学习概括为将童年时期学习的资源转换到成年后的学习中。但OECD的数据显示,人一生的学习与学校时期的学习成果有着非常密切的联系[27]。事实上,后续的学习机会将会加剧前期学习成果上的差异。在学校学习中不及格的人不太可能寻找到后续的学习机会,雇主也不太可能在基本技能较弱的学习者身上投资。总之,就我们现在所知的终生学习而言,它非但不会减弱,反而会强化初始的教育差异。这突出了两点:打好正确的基础十分重要;我们需要提高制造有效学习机会的能力,以满足成人在人生后期的不同兴趣。

当然,为了帮助学习者适应,政府和社会可以做的事有很多。最简单的就是如实告知年轻人学习对社会与劳动力市场的实质作用,并激励教育机构要更加关注这一事实。

如果教育系统能帮助学生选择一个能与自己的热情产生共鸣的学习领域,学生可以在这个领域出人头地,并有机会奉献社会,那么教育系统就帮助学生走上了成功之路。然而,很多大学仍然以市场化的学习领域为重,因为提供这样的教育简单又廉价。

同样重要也更艰难的是,我们要从资格导向的认证系统转为知识和技能导向的认证系统。这意味着从记录教育途径向强调个体实际行为转变,无论学生如何以及在何处获得了知识、技能和性格品质。我就是这种转变的一个很好的例子。多年前,我获得了在物理学方面的学历证书,这作为我的专业资格记录在我的简历上。但如果我今天被派到实验室里,我绝对不能完成工作,不仅是因为我获得学历后物理学的迅速发展,也是因为我很长时间没有应用物理知识,从而失去了一些技能。但与此同时,我也获得了许多之前未

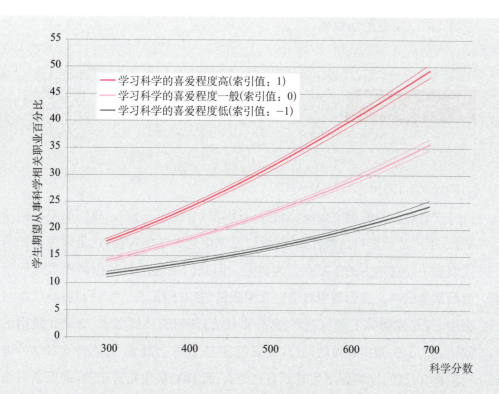

图表6.3　学生喜爱学习科学时,科学成绩与从事科学职业的期望之间的关联更密切

备注：上述值为考虑性别和社会地位后OECD国家或地区的平均估算值。曲线表示期望从事科学相关职业的预计学生比例,基础逻辑模型的指标包括喜爱科学的程度、科学成绩、成果、性别以及PISA中经济、社会和文化地位三个用以预测结果的指标。曲线周边的阴影部分表示估计值95%置信区间的上限和下限。

来源：OECD, PISA 2015 Database, Table 1.3.13b.
链接：http://dx.doi.org/10.1787/888933432435.

经过正式认定过的新技能。

21 世纪的教师

对教师的期望更多、更高

我们对教师的期望很高，而且与日俱增（参见第三章）。我们期望他们能更深、更广地理解自己教什么、教谁以及学生怎么学的问题，这是因为教师的了解和关心对学生的学习有很大影响。但我们描述的教师招聘要求却远没有所期望的高。我们期望教师能充满激情、富有同情心、考虑周到；能以学习为中心，并鼓励学生参与进来、富有责任心；能对有不同需求、背景和使用不同语言的学生做出有效的回应，提倡包容，提高社会凝聚力；能持续对学生进行测评并反馈；能确保学生感到自己是有价值的、被包括进来的，确保学习是合作展开的。我们还期望教师自己能与团队协作，与其他学校和家长合作，制定共同的目标，并做出计划、监督目标的达成。尤其重要的是，如果学生发现自己的老师并非积极的终生学习者，他们自己也就不太可能成为终生学习者，也不愿意开拓视野、质疑自己所在时代的普遍认知。

如今时刻"联网"的学习者的老师必须要面临数字化带来的挑战，多元化信息过载的挑战，以及保护儿童免遭诈骗、侵犯隐私和网上欺凌等网络风险的挑战，为学生制定充足且适合的媒体菜单。我们期望教师能教育孩子成为网络服务和电子媒体的批判性消费者，以做出知情的选择，避免有害的行为。

但这样的成功范例很多。大多数成功人士都至少有一位对他们一生产生真正影响的恩师，这位老师可以是行为楷模，或者真正关心学生的幸福和未来，也可能在学生需要时提供了情感上的帮助。我们很难对这几个方面的教导进行比较和量化，但为了确保每位学生取得成功，设立工作组织、建设培育上述品质的支持性文化将会大有裨益。

数字技术支持教学

尽管人们对数字技术能够以及应该在学校中扮演的角色观点不一，我们已不能忽视数字工具已经在学校之外从根本上改变了世界。在世界的每个地方，数字技术都为企业提供了新的商业模式以及进入市场和转变生产工序的机会。它们能让我们活得更久、更健康，帮助我们完成枯燥或危险的任务，带我们到虚拟世界里旅行。如果一个人无法在数字世界中找到方向，那么他将不再能够完全参与到我们的社会、经济和文化生活中。

如果我们想要为教师提供一个采用21世纪教学方法的学习环境，或者更重要的是，我们想要学生掌握取得21世纪成功的技能，那么技术扮演的角色至关重要。

当我听到别人说数字技术将使教师失业时，心里不以为然。教学的核心永远都是关系型的，教学似乎是最持久的社会活动之一。因此，未来对能够培养和帮助学习者的人才的需求将会更多，而非减少。

教育内容、资格认证和教学构成了传统的学校，数字化加快了这三者的分离，因此教学作为区分的关键，其价值将必然提升。在数字时代，所有我们如今称为专有的知识或教育内容，在将来都将成为人人可得的商品。资格认证仍旧使教育机构拥有很大的权力，但想想几年后的情形：当雇主可以直接验证某些特定的知识和技能时，这种微型的鉴定会对官方认证产生怎样的影响？或者我们可以发现，雇主越来越能看穿候选雇员简历里的资历水平，最后获悉他们实际掌握的知识技能。最后，教学的质量似乎成为现代教育机构最有价值的资产。

但数字技术还是会像在其他专业领域一样，承担很多如今由教师执行的任务，即使教学永远不会被数字化或者外包到其他地方，日常的行政和指导工作也已经交给技术来完成了，这些工作平时占据了教学很大一部分时间。

在医疗机构，我们先测量病人的血压、体温，最后再决定最合适的用药，一切都始于看结果。但在教育上，我们会给所有人同样的药，用同一种方式指导所有孩子，然后很多年后的结果不尽如人意时，我们又会责怪病人自身的积极性或能力不够。这肯定是不够好的。数字技术如今帮助我们找到了全新的响应方法，以应对学什么、怎么学、在哪里学和什么时候学的问题，并强化拓展了优秀教师和教学的影响范围。

我们要提升教师的地位，使他们从传授已获取的知识转变成知识的合作创造者、指导者、顾问和评估者，我们需要通过这种方式接纳技术。迄今为止，智能数字学习系统还不能教授人们科学，但它们能同一时间观测人们的学习方式、学习科学的方式、任务类型、吸引学习者的思维方式以及令学习者感到无聊或困难的问题类型。这些系统届时将凭借比所有传统的课堂环境都高超的粒度和精度，调整学习方式，以适应学习者的个人学习风格。同样地，虚拟实验室将给我们设计、开展实验并从中学习的机会，并非只是了解而已。

技术使教师和学生能够跨越时间和空间的障碍，以多样的形式获取课本之外的专业材料。技术还可以支持新的教学方式，让学习者作为积极的参与者受到关注。技术增进经验学习的正面例子有很多，主要通过支持项目导向和探究式的学习方式，促进动手活动和合作学习的发展，开展形成性的实时测评。技术支持交互式、非线性课件学习的有趣例子也很多，它们的基础是最先进的教学设计、复杂的试验和模拟软件以及社交媒体和教育游戏等。这些恰恰是发展21世纪知识和技能所需的学习工具。此外，如今的教师还能够教育和激励数百万的学习者，并将其观点传播至全世界。

技术最显著的特征可能在于它不仅服务于学习者和教育者个人，而是可以围绕以合作为基础的学习建立一种生态系统。技术能够建立起学习者的社区，使学习更社交化、更有趣，实现了合作式学习提升目标导向和积极性、提高毅力和促进高效学习策略发展的效果。同样，技术也可以建立教师的社区,便于分享和丰富教学资源和实践经验,还能够使其合作取得专业的发展,形成专业实践的制度化。技术能帮助体系领导者和政府围绕课程设计、政策和教学法,发展和分享最成功的实践经验。想象一下,我们可以建立一个大型的众包平台,教师、教育研究员和政策专家可以通过合作管理最相关的内容和教育实践,从而实现教育目标;世界各地的学生将有机会接触到最优质、最具创新性的教育经验。

但课堂里的现实似乎与这些承诺截然不同。2015年,我们就学生的数字技能和为发展这些技能营造的学习环境两方面内容发布了一份PISA报告。[28] 结果显示,技术仍未被广泛地在课堂上采用。直至2012年的PISA调查结束,只有约37%的欧洲学校使用了高端设备和高速的互联网,其中比例最低的是波兰学校的5%,最高是挪威的学校,几乎100%。但经过调查,约80%到90%的学校校长称他们的学校在计算机和网络连接方面设备齐全,即使很多国家的学校设备明显不达标,校长的言辞也是如此。那么为何技术不那么重要?或者说为何学校领导人没有意识到数字技术有可能会改变学习?

更关键的是,就算这些技术被运用于课堂之中,它们对学生表现的影响也不过含混不清。PISA评估了学生的数字素养,还测量了学生在学校中使用计算机的频率和强度。在学校中适度使用计算机的学生比很少使用的学生学习成果稍微优异一些。但在学校频繁使用计算机的学生在多项学习成果上表现很差,即使考虑到社会背景和学生的人口统计数据后也是如此(见图6.4)。这些结果不仅适用于数字素养能力,还有数学和科学能力。

PISA的结果还表明,对教育的数字技术投资力度很大的国家里,学生的成果并无显著进步。可能最令人失望的就是,技术在知识和技能方面对缩小优弱势学生之间差距的作用微乎其微。简单来说,现在的我们通过增加或补助学校获得高科技的设备,以在数字世界创建公平的机会,其实确保每个孩子在阅读和数学上都能达到基准线水平似乎更有效。

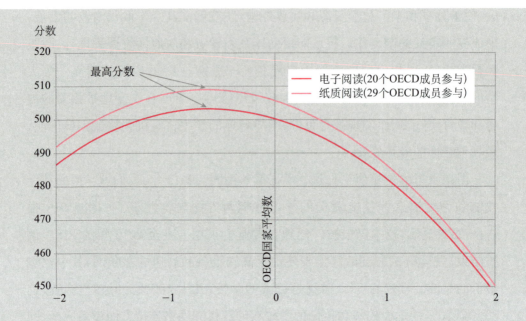

图 6.4 在学校中使用电脑频率最高的学生在电子和纸质阅读中得分最低

备注：图中 OECD 平均值为考虑学生和学校的社会经济地位后的结果。曲线代表在学校使用电脑的不同 PISA 指标下,相应的结果变量预测值。

来源：OECD, PISA 2012 Database, Table X.2.
链接：R12 http://dx.doi.org/10.1787/888933253280.

这些结果的一种解释就是，加深概念理解和发展高阶思维要求密切的教师—学生交流，而技术有时会使人们分心，无法完全参与。另一种解释是，我们还不足以使教学法充分地利用技术，而且在一个19世纪的学校组织中，将21世纪的技术运用于20世纪的教学实践里只会削弱教学的影响。如果学生使用谷歌复制粘贴预先存在的问题答案，这种学习方式必然没有传统的教学方法更有效。

简而言之，尽管数字技术能扩大优质教学的影响，但并不能替代质量差的教学。如果我们继续以一种无组织的方式将技术大量运用到学校里，我们将不能释放技术的潜能。国家需要制定清晰的计划，培养教师实现技术潜能的能力，政策制定者需要更善于对这样的方法提供支持。未来的教师应该能利用技术的潜能，帮助学生看到除获取内容知识以外的学习价值，他们不仅能营造出有创意的、以问题解决为基础的环境，还将发展关键的评估方法和元认知。

创建共享的文化

对教育中技术的考虑还有另一个角度。大数据已经在其他领域完成了再设计，同样可以支持教育的重新设计。如果通过全新的数字空间，一个教育系统能分享所有集体的专业知识和经验，它的影响力可想而知。

但仅仅将教育数据投入到公共空间并不能改变学生的学习方式、教师的教学方式和学校的管理方式。这是从行政问责制度中可以学到的惨痛教训。人们可以收集数据，但却不能利用数据改变教育实践。

为改变教育实践，我们可以将数据作为催化剂，使数字耗尽转变为数字推动力，这要求我们摆脱教育系统的"只读"模式，即呈现的信息如同刻在石头上一样一成不变的模式。这和透明性与合作的结合息息相关。教育机构的管理者通常是坐在千里之外某个行政部门的专家，他们决定了影响几十万学生和教师的教育内容、规则和管理，但却没有人能知道这些决议是如何作出的。

如果我们能将做这些决定时参考的数据公之于众，帮助一线的教师开展实验并成为创造者，那么我们就可以利用大数据培养很深的信任感。我一直惊讶于"集体消费"的力量，人们可以在网上市场和完全不认识的陌生人共享汽车，甚至公寓。集体消费使人们成了微型企业家，而这背后的推动力恰恰是陌生人间的信任。在商业的世界里，值得信赖的陌生人在所有的市场中都是联系在一起的。这种模式可行的原因就是，这些制度的背后是声誉的标准，它使人们了解与自己交流的人并建立信任。当我们想从陌生人手上购买物品时，我们可以看到其他客户对卖方的评价，买卖结束后，我们也可以自己评价卖方。同样地，卖方也可以将我们评为值得信任的买方。

上海市对技术的运用很值得我们思考，其教育系统在2012年的PISA中名列前茅。教师在他们的课堂中有判断、有选择地使用技术，但在改善和分享专业实践时，他们欣然接受了技术。我在2013年来到了上海，看到教师使用数字平台分享课程计划。这单独来看不足为怪，它与众不同的是这个平台与声誉指标结合在一起了。其他教师下载课程的次数越多，或者评论、改进课程的次数越多，分享课程的教师享有的声誉就越高。学年结束时，校长不光会问询教师教学怎么样，还会问这位教师对教学的改进和对更广泛的教育系统作了怎样的贡献。

上海这种有组织的众包教育实践的方法，不仅是在教师中鉴定和分享最佳实践的很好的例子，还成为一种鼓励专业进步和发展的方式，这比绩效相关的工资模式更具影响力。这种方法可能还更公平，因为评估的基础是整个行业人士的看法，而不仅仅是一位与实际的实践脱节多年的上级的看法，

通过这种方式，上海建立了一个资源开放的大型教师社区，仅通过挖掘人类贡献、合作和得到工作认可的欲望，释放了教师的创造力。这就是技术拓展优质教学的方式，说明通过命令和控制、垂直创造的价值越来越少，更多的价值是水平地、由与我们相关的同事创造。

我们在调查父母对孩子教育质量的看法时,很多人表示学校系统很差,但如果不考虑教学成果,他们孩子就读的学校质量还很好。我们信赖自己孩子的学校是因为我们了解它,就像我们信赖这些学校的教师是因为我们认识他们一样。然而我们对陌生人的信任更少一些。但数字时代允许我们创造出更多丰富且具有价值的社会资本。像上海采用的这种声誉指标的作用就是给予陌生人自信和身份,而且那么多人都做了同样的事,我们也就知道我们可以信任谁了。

当然,细节决定成败。成功的合作很大程度上取决于关系,但这可能不等同于有了几个认证的网上徽章或星级就是好的合作者了。数字分享平台面临着被商业化的风险,这会限制经验的免费分享。

主宰自己的专业

优质教学的核心不是技术,而是自主权。21世纪成功的教育系统将竭尽全力通过教学职业发展专业实践的自主权。我认识很多人,他们认为我们不能给教师和教育领导者更多的自主权,因为他们缺乏履行自主权的能力和专业知识。这其中可能存在一些信任问题。但只是永久保持一种规定的教学模式并不会培养出具有创造力的教师:那些只经过培训,重新加热现成汉堡包的厨师不太可能成为烹饪大师。

相反,如果教师对自己的课堂感受到了主人翁意识,学生对自己的学习感受到了主人翁意识,那么有效的教学则随之产生。因此,问题的答案在于在同时加强信任、透明度、职业自主和职业的合作文化。

当教师获得自主权后,他们对自己的要求通常比我们对他们的要求更多。2011年,我对荷兰教育部如何发展教师主导的专业标准进行了研究。起初,人们对担忧政府产生了担忧,因为将这一问题交给行业可能会牺牲必要的严格,最终形成一系列以最低共同点为基础的专业标准。但事实恰恰相反。时任教育、文化和科学部国务秘书的 Sander Dekker 后来告诉我,没有哪个荷兰的政府部门会对这个专业领域提出这样高要求的标准,因为专业本身已经得到了发展。其他专业领域也是如此,我们可以想象一下医学专业或法律专业的准入障碍。有时候专业化和专业自豪感似乎是比政府再好不过的管理者。

此次经历令我收益颇丰。首先,使教师参与到专业标准的发展中是构建专业知识的好方法。事实上,为使教学标准具有相关性且由行业主导,教师能否在教学标准的设计中承担领导角色十分关键。同样地,如我在第五章所述,如果要使考核体系更有效,关键是让教师参与到教师考核方法的设计中去。[29] 邀请教师参与是认可他们专业化的一种方式,也认可了他们技能和经验的重要性以及责任所在。如果我们在这一过程咨询教师,他们将会更乐于接受考核。因此,考核体系的设计者需要与教师专业组织以及整个体系的优秀教师共同合作。最终,教师会和其他专业人员一样,对保护自己专业的标准和声誉产生真正的兴趣。

但最重要的是,由于21世纪学校系统的变化速度很快,教师必须能够主宰自己的专业。由于将目标和方法贯彻到体系的不同层面中需要花费很长时间,使其成为教师主导教育方案的一部分也是如此,因此即使是把政府建立的课程转变为课堂实践这一目标里最紧迫的工作也被拖延了十年。无论学生迅速了解变化的时间、内容和方式如何,这一缓慢的实施过程都将导致学生需要学的内容与教师教授的内容及方式之间的鸿沟。

缩短时间唯一的方式就是使教学专业化,确保教师不仅要深刻理解作为成果的课程,还要理解课程设计的过程,以及能传播课程背后观念的最佳教学法。

在未来,对年轻人而言最有价值的东西是什么,这是学校面临的一个严峻挑战。学科内容将不再是核心,而逐渐成为优质教学的背景。如今,很多课程的设计是使学习者准备面对一个不再存在的静态世界。这种类型的课程可能在分等级的官僚体制下,以一种产业化的方法开展;不要求教师对教学设计有很高的专业见解。这种课程已经不够好了。课程现在需要考虑的是知识创造的快速流动。

与此矛盾的是,高度标准化的工业化教学工作组织经常令课堂上的教师成为孤家寡人。0%的学校自治就意味着教室门关闭后,教师将处于100%的孤立状态。

当减少使用规定性的方法后,课堂实践者的地位需要有所加强。虽然政府能够设立方向和课程目标,教学专业仍然需要接管教学系统,政府还需要设法实现和支持专业主义。然而,专业自治加强后也意味着对特殊做法的挑战。这说明之前每位教师都有自己的方法,现在转变为普遍采用由行业认可的有效方法,使教学不仅成为一种艺术,更是科学。这就是上述上海教师合作实例的关键所在。

我们不应该摒弃传统,因自由本身而将其当作借口。如果你是一位飞行员,你会告诉乘客自己受过逆风降落的培训,但这次,你向乘客宣布你想要随风降落,那么你的乘客将会感觉非常焦虑。当然,教师可能觉得一方面随风降落也不错,另一方面,提升他们对专业的自治和自主权也很好,于是学校领导就很难平衡这一事实了。因为目前教学的很多领域还没有明确的实践标准,教师可能将这理解为所有方面的完全自治,包括在那些拥有十分确定的证据基础方面。因此,如果在专业实践的问题上未能达成一致,教师可能自感权利被剥夺,领导者在强迫他们去赞同经过挑选的证据。

寻找不同环境下的最佳教学法不仅需要时间,还需要合作和调查研究的投入,这样一来,好的观念才得以传播并适应教师专业。为了达到这个目标,我们要经历从工业化的工作组织向真正的专业工作组织的重大转变,转变后的组织为教师和学校领导而设,专业的控制规范也会替代官僚和行政的控制形式。相应地,教师将获得专业决定权,允许他们在培养学生的创造力和批判思维能力上拥有更大的权力,这些技能是取得21世纪成功的关键,也是在高度规范化的学习环境中难以培养的能力。我们对21世纪教育政策的期望就是能够支持这样的转变。

鼓励校内外创新

当其他行业的生产率低靡时，它们会采取革新的做法；教育亦是如此。我们经过对比可以发现，教育的创新水平与经济领域的其他行业的创新十分一致。[30] 但问题并非创新的规模，而是它的相关性和品质，以及观点转为影响力的速度。创新正在进行，但很少有创新关注的是学习的核心；就算是，创新的传播也很慢。

我们在分级制的组织中很难做出创新性的改变，因为这种组织是为有效遵守规章制度而设立的。一项培养创新的教育政策将会强化自治权、多样性以及教育机构间的竞争。而证明这种政策有益的证据尚不充分。

为了协调灵活性和创新性与公平之间的关系，学校系统需要设计制衡方法，防止因教育机会导致的不公正和种族隔离，而且要尽全力确保父母能按偏好择校。这意味着政府和学校必须投资于与父母和当地社区的关系发展中，帮助父母在知情的情况下做出选择。正如我在第四章所述，学校系统的灵活性越强，公共政策就越需要强有力。尽管学校自治和分权加强，需求导向更明显的学校系统试图将决策转移给一线，公共政策仍需维持教育上的战略视野和清晰方针，为调动和分享知识设立有效的机制，为地方学校网和独立的学校提供有意义的反馈。换句话说，只有中央和地方教育部门共同努力，学校的选择才能惠及全体学生。

管理创新是其中的一项挑战，教学体系的创新则是另一项挑战。引进新教育方法的历史很长，电视、视频、数字白板和计算机都属于教学方法，这些方法的目的是从根本上改进教学及其实效性，而最好的结果也只是成本和复杂度更高，只得到了增量的改变。我曾多次反问自己这样一个问题：为何教育赶超不了其他领域的创新？最好的答案可能就是，教育的创新会扰乱政府、学术界和课本出版商的现行商业模式。

还有可能是教育产业十分脆弱，分崩离析，目前无法接受这一特殊的挑战。我们需要注意的是，OECD成员里公共卫生的科研经费是教育科研经费的17倍多。[31] 这充分说明了我们期望知识在推进实践中扮演的角色。

但更大的问题是，即使存在优质的教育知识和研究，很多实践者只是不相信他们面临的问题能通过科学和研究来解决。有相当多的教师认为，优质的教学应该是以灵感和天赋为基础的个体艺术，而不是在职业生涯中获取的一系列技能。不过仅归咎于教师肯定是错误的。由于将专业知识和技巧编纂成法规尚缺乏激励政策和资源，因此这个问题往往还要追溯到政策上。在很多国家，教师的非教学工作时间非常有限，根本无法参与到知识的创造中去。教育还无法像其他专业一样建立一个实践的专业机构，甚至连共同的科学语言也无法建立。因此教育实践仍旧是难以言喻、孤立隐形的，教育实践的改革很难实现。投资更好的知识并进行广泛传播必将成为当务之急，因为这能保证我们获得丰厚的回报。

此外，在学校中为创新营造一个更加公平竞争的环境也十分重要。政府可以通过加强专业自治，建设合作文化，使好的创意得到改善和分享。政府还可以提供资金或奖励，以提升对真正有效的创意的需求和知名度。然而单单政府能做的仅此而已。硅谷之所以能成功，是因为政府为创新创造了条件，而非政府完成了创新。同样地，政府无法对课堂进行革新；他们只能帮助体系开放，形成有利于创新的环境，迸发出有改革效果的创意。也就是说，我们要在体系内鼓励创新，接受外界有创意的观点。我们需要做的远不止于此。

政策制定者经常将教育产业视作学校商品及服务的提供者。他们往往未充分认识到教育的创新同样能改变学校的管理环境。尤其是以技术为基础的创新,它能使学校对包括数字世界和社会环境在内的外界环境保持开放。它还能给体系带来新的作用因素,例如持自身观点、见解和对教育光明未来的梦想的教育产业。

教育系统很难将产业视作珍贵的合作者。人们担忧教育形成可感知的"市场化"或者计算机取代教师,这种担忧经常会危及本可以成果颇丰的对话交流。与此同时,我们对教育产业应该有更高的要求。大多数孩子不愿意使用公司卖给学校的软件。教育产业的创新是否能够达到应有或能有的活力呢?少数大型教育资源的供应商任用大批推销员向一个分割的市场出售服务,我们能否打破这一垄断局面呢?买方不得不与一层又一层的"负责人"打交道,我们又能否应对这种缓慢的销售循环?

我们能否建设一种管理学校系统创新的商业文化?目前管理者很容易购买新的工具和系统,同时任用已有的员工,因为这用不着花"一分钱"。将教师的时间视作沉没成本充分说明,人们没有看到节省这一时间的任何好处。值得我们探索的是,在新的工具、实践、组织和技术的支持下,产业可以如何帮助教育领域缩小生产率的差距。

教育领域十分缺乏企业家精神,这令我很吃惊。是的,我们有生产教材、学习资料和线上课程的大型组织,私立学校和大学不计其数,但它们却毫无组织。直到2013年6月,我认识了印度企业家 Sunny Varkey[32],他希望将公私立学校分开经营转变为公私合营,实现教育改革,改变教育领域。他的使命与众不同的是,教育不是作为其他领域的一部分,而是被放在首位。

或许我们应该停止寻找什么"杀手级应用软件"或者"破坏性的"商业模式等最终颠覆现有实践的做法。或许我们应该弄清楚如何鉴定、说明和培养跨越整个生态系统、产生教育成果的学习能力。为了兑现数字时代做出的承诺,各个国家需要采取更多令人信服的策略,培养教师使用新型工具的能力;政策制定者需要更好地支持这一议程。考虑到伴随所有变化的不确定性,教育工作者经常选择维持现状。为了调动对创新型学校的支持,教育系统需要加强宣传变化的必要性,并为其提供支持。能力发展和变革管理能力的投资将会是关键;另外十分重要的是,教师要在变革中发挥主动作用,既包括技术创新的实施,也要设计技术创新的设计(见第五章)。

教育系统需要更好地识别变革的关键作用力,并予以支持;需要寻找更多有效的方式来拓展和宣传创新。这同样意味着教育系统要认可、奖励和庆贺成功,竭尽所能帮助创新者大胆尝试,鼓励新创意的产生。我们对教师的首次调查(教师教学国际调查项目,即 TALIS, Teaching and Learning International Survey)结束后,最令人震惊的发现之一就是,工业化的社会里有四分之三的教师认为自己的工作环境在本质上不利于创新。[33] 如果我们不改变这种观念,一切都将一成不变。

培养高效的系统领导力

改变教育的官僚主义就如同迁坟:很难依赖外界的帮助,因为拥护现状的人非常多。本质在于学校系统是非常保守的社会系统。如果教育改革不影响自己的孩子,人人都会支持。父母们可能会对比自己的教育经历,去衡量孩子的教育。教师们可能按照自己受教育的方式去教学,而不是按照自己学到的教学方式。但教育改革真正的阻碍不是保守的追随者,而是保守的领导人:他们利用民粹主义来维持现状;他们坚持今天的课程设置,而不是改变教学实践以适应世界的变化,原因是每个人停留在自己的舒适圈里最为方便;他们投资于受欢迎的解决方案,例如缩小班级规模等,而不是花时间向父母和教师宣传有效花钱的益处,例如改善教师专业化的投资等。

高效的领导阶层是教育几乎在所有方面的关键,尤其是在没有凝聚力和生产力的情况下。尽管每个教育系统都有优秀的教师、学校和教育项目,但伟大教育系统的创建还是需要有效的领导层。正如教育改革方面的权威专家 Michael Fullan 所说,项目不会形成规模,但文化可以,文化是高效领导层的标志。文化关乎系统学习、整个体系的创新和有目的的合作,最终取得大规模的持续进步。如果我们想进行真正的、持久的变革,不要问自己有多少教师支持我们的观点,而应该问有多少教师能够进行并参与到有效的合作中来。

尽管投资在不断增长,但平平的教育成果仍反映出了教育危机,这种危机在一定程度上是领导阶层的危机。为了应对技术、全球化和环境三方面互相关联的变化,寻找适当且具前瞻性的对策在根本上是领导力的问题。为了使教育部门、教育者、研究者和其他创新者都能作为专业人员共同合作,高效的领导阶层至关重要。他们应该能够帮助人们识别出需要变化的地方,调动支持并在整个体系中分担领导责任。

Michael Fullan 解释道,领导人如果想要在学校系统里做出有远见的改变,他们需要做的远不止签发命令、强制他人执行,还需要建立共识和集体所有制,推进改革,为改变实现提供支持,在不成为民粹主义者的前提下保持自己的公信力。他们还要关注资源,培养自己的能力,改进工作组织,采取鼓励创新和发展而非顺从的问责措施来创建正确的政策环境。此外,他们还要反对目前仍统治教育机构的势力范围动机和等级分明的官僚主义。

教育的体制结构往往围绕教育者和管理者而非学习者的兴趣和习惯而建立,因此体系领导者还需要处理体系的结构问题。多数学校系统的设计是为了对人进行分类和淘汰,而不是开放机会或者解决学习者的不同需求。如果能在教育体制中找到并训练少数领导者,使其他所有人都能掌握基础的知识和技能,这可能是工业时代高效实际的方法了。但在现代社会,我们要利用所有人的才干,确保人人获得公平的学习机会,因此上述方法将阻碍成功。为了使学校满足所有学生的需求,而不是通过转移学习困难的学生来获得优势,我们需要提供激励政策和支持。

学校要有企业家精神，要有适应能力，体系领导组要能够动员创新所需的人力、社会和财力资源。他们要跨国、跨行业地建立牢固的联系，与政府领导人、社会企业家、企业高管、研究者和公民社会之间建立伙伴关系。

教育政策要避开争取加强学校系统分权和加强集权这两方势力毫无价值的争论，这一点很重要。这些争论转移了真正的问题所在，即教育的哪些方面在教育系统的哪一层面被管理得最好，以及辅助性原则的最重要原则——学校系统的所有层面都应该不断自问如何才能为学习者和一线教师提供最好的支持。

这同样意味着教师、学校和地方政府要意识到，某些职能需要拥有大量的能力，尤其是与课程框架、课程大纲、考试和教学标准的创建相关的职能等，因此这些职能最好得到某种程度集权的支持。真理的测试是一种对所有学生开放的连贯教学系统，在这一系统中，世界级的教育标准会对经深思熟虑制定的课程框架造成影响，以指导教师和教育资料出版商的工作。

有的国家未对教材市场进行规范管理，学校或地区可以自主选择课堂上的学习资料，这些国家应该参考日本的做法。日本教育部在指导教材的发展和审核中扮演着重要角色，甚至是过度集权。但如果问问日本的教师，他们会跟你说在教材制定和出版之前，会经过数年的磋商和同行业人员的参与。他们还会跟你说到，全面的专业发展围绕课程目标的诠释和实施培养学生的能力。其结果便是专业自主权和一线自治权的扩大，而不是学校或地区购买一本课本，然后交给教师在课堂上教学。简单来说，我们不能再把集权和分权的问题当作两个极端的观点。

体系领导者需要意识到组织的政策和实践究竟如何促进或阻碍了改革；他们要时刻准备面对一个阻碍变革的体系；要能够识别出新出现的趋势和形式，观察它们是否有利于或不利于自己想要的创新；在与其他组织和人员工作时，他们要具有丰富的政治见识；要了解能激励人们的动机，并加以利用说服他人支持自己的变革计划，体系领导者还要利用他们对权力和影响力的理解，建立成功必需的联盟。

例如，新加坡教育的成功就在于领导力以及政策与实践的联合；设定宏大的目标；发展教师和领导阶层的能力，在学校层面规划愿景与策略；不断进步的文化，也就是将世界最好的教育实践作为衡量标准的文化。

在制度层面，无论是政策的一致性还是落实程度都离不开教育部、培养教师的新加坡国立教育学院和学校三者之间的战略性关系。这些都绝非是空谈。我从新加坡的政策制定者、研究者和教师口中得到的表述一直都是一致的，即使他们代表的角度不同。国立教育学院的领导人每过几周就会会见教育部部长；学院教授定期参与教育部的讨论与决策，因此学院工作很容易与教育部政策保持一致；学校校长会直接从部长口中了解到主要的改革提案。2014年4月，我在一次常规会议上做了发言，会上，时任新加坡教育部长的王瑞杰就学校改革计划与所有新加坡的中学校长进行了讨论。他可能从未想过会通过媒体公布一次教育改革；他很清楚，如果学校领导没有设想变革目标和方法，最终将会一事无成。

我从中学到的就是，教育领导要对教师和学校领导开诚布公，让他们了解改革的方向以及对他们的意义所在，这点很重要。成功要依靠具有包容性的领导力，这种领导力可以促进合作、使员工敢于冒险，还会树立员工的自信，让他们从多种角度看问题，提出新的解决方案。这其实就是在不放弃改革的前提下达成共识。

作为一个物理学者，我第一次意识到，识别出教育系统设计所需要的不同方法十分具有挑战性。在物理上，我们往往通过复杂的模型来理解世界，然后检验变更模型的一个部分如何改变结果。但目前的教育系统十分不稳定，因此不够完美。最强大的教育系统应该针对不断变化的需求做出自己的改变，调动人们分享和传播知识、见解和师生经历的积极性。

很多教师和学校已经为此做好了准备。为了鼓励进步，政府的政策要鼓励和促进创新，鉴定和分享最优秀的实践。政策上的转变要建立于信任之上：对教育的信任,对教育机构、学校和教师、学生和社区的信任。在所有公共服务中,信任都是良好治理的核心部分。在一个成功的学校里,人们总是想要工作,他们的主意会得到最充分的实现;他们会获得信任,也会信任他人。

信任如何在教育中随时间发展并持续不变?毁掉信任之后如何重新建立?我们对此了解甚少。但是信任是不能通过立法或者强制产生的;这也是为什么我们很难在传统的行政机构里建立信任的原因。信任永远都是带有目的性的;只能通过健康的关系和建设性的开诚布公才能得以培养和激发信任。我们从芬兰的经验中就可以学到这一道理。芬兰的民意调查结果一致显示,公众对教育有很高的信任度。当命令与控制系统的权力削弱时,建立信任是促进和助推现代教育系统发展的最有效途径。

重新设计测评

学生接受的测试方式对教育的未来也有重大的影响,这是因为它标志着课程与教学的优先级别。测试通常注重我们对重点的思考,并且也理应注重这一点。教师、学校行政人员以及学生会重视测试的内容,并相应地调整课程与教学。

一些人认为测评具有局限性,因为它只能反映经过挑选的学习成果范围。这明显言之有理,但包括观察在内的其他考查方式也是如此。比如警局的侦查员面对目击者的证词出现分歧时,教师对性别或社会背景持有偏见时,这些情况下的直接观察也会有局限性和主观性。

问题其实在于:我们如何开展恰当的测评,确保测评成为反映学生学习的视角之一,帮助教师和政策制定者追踪教育的进步。测评应当随着课程和教学实践的改革得以重新设计。

困难在于：很多测评体系与课程的匹配度很差，和年轻人成长所需的知识技能也没有保持一致。如今学校测试的大部分试题都可以用智能手机在几秒之内解决。如果我们的孩子要比智能手机还聪明，那么测试就得长远考虑，不是让学生复制信息然后做出判断，而应该是利用已有的知识进行推断，创造性地将知识运用于全新的情境中。此外，测评还需要反映社会和情感能力。

撰写本书时，大多数测试不允许学生联网，以免学生在网上搜索试题答案。未来测评面临的挑战就是是否鼓励学生在考试中上网，在不危及考试结果有效性和可靠性的前提下，允许学生搜索到全世界最先进的知识。

另外，最糟糕的考试作弊形式之一就是与其他学生讨论。但考虑到创新通常以共享知识为基础，因此未来的测试不应因与其他考生合作而取消学生的考试资格，而是寻找其他可行的方式。PISA 中对合作解决问题技能的测评结果明确显示，独立解决问题的熟练度仅能部分展现与他人合作解决问题的能力（参见上文）。

在设计测评时，我们经常用效度的提高来换取效率的提升，用关联性换取可靠性。这样做是因为结果看似更加客观，也减小了引起质疑的风险。一些教育部长正是由于考试结果方面的争议而被免职；很少有人因为考试结果的有效性和关联性差而受到质疑。

但优先考虑可靠性和效率是需要付出代价的。最可靠的考试形式应该是我们以一种不允许出现歧义的形式向学生提相似的问题，典型的形式就是多项选择题。而具有相关性的考试应该是我们对范围广泛、对教育成功至关重要的知识技能进行测试。这就需要实现包括答案开放性试题在内的多种答案形式，诱导出更为复杂的回答。通常情况下，如果打分过程更复杂，上述考试形式可能会导致出现不同的解释。然而，如果考生数量很大，我们又需要频繁地开展考试，那么效率就变得很重要，简单的答题形式更合适，也容易评判。

因为上述原因,我们在PISA项目中做出的第一批决定之一就是对样本学校和学生进行评估,而且不对学生个人或学校公开结果,因为这样风险较高。这种方法就将评估的有效性和关联性放在了首位。由于样本数量相对较少,我们可以采用更为复杂和成本更高的答题形式。

除此之外,测评还要保证公平,技术上可靠,以及符合目的。为了使测评在教育系统的不同层面满足不同的决策需要,还需要在不同的细节层次上确保适当的测定。像PISA这样的国际测评面临着新增的一项挑战,即确保结果在不同的文化、国家和语言中均保持有效性,以及确保参与国家的样本学校和学生具有可比性。PISA为了保证满足这些标准,投入了大量时间和精力。[34]

我们还需要缩短总结性与形成性测评之间的差距。总结性测评通常在一个课程单元结束时对学生进行测试;形成性测评更具诊断性,会在学生的学习过程中开展,发现学生在当时需要改进的地方。

我们要寻找更多创新方法,将两种测评的元素结合起来,因为如今我们可以创建一个连贯的多层次测评体系,由学生向课堂、学校、地区、国家甚至国际层面拓展。优秀的测试应该能够打开一扇窗户,让我们了解到学生的思维和理解,揭示学生解决问题的策略。像PISA这样的数字测评如今实现了这一目标,PISA测评不仅能衡量学生的答题准确度,还能显示学生采取何种途径得到了解决方案。

测评还应该在适度细节水平上提供有用的反馈,促进改善决策的产生。教师需要理解测评反映了学生的何种思维。学校管理者、政策制定者以及教师都需要利用测评信息决定如何为学生的学习创造更好的机会。这样教师将不再把考试与教学分离,占据学习中的宝贵时间,而是将其视为学习的新增工具。

PISA 的发展过程

当然，上述理论都被运用到了 PISA 当中。尽管 PISA 的结果对学生个人、教师或学校没有直接的影响，PISA 仍被视作衡量学校系统成功与否的重要因素。因此，PISA 需要引导教育改革，而不是拘泥于一系列有限的衡量标准，阻碍改革的发展。也因如此，参加 PISA 的国家之间对于 PISA 能够以及应该在政策和技术层面发展到什么样的程度有很多的争论，这也不足为奇。

一些人认为，如果一次考试就能衡量进步和教育的改变，那么我们不应该改动措施。他们将测试视作一个固定点。但 PISA 采取了不同的行动方针，PISA 意识到如果我们不持续发展措施，我们会普遍采用在过去某个时间点被认为重要的内容来评估学生，而不是以学生将来成功所需的事物来衡量他们。

PISA 对上机考试形式说明了我们现在可以对更广范围的知识技能进行测试。PISA2012 年对创造性解决问题能力的测评、2015 年合作解决问题能力的测评以及 2018 年全球竞争力测评都是很好的例子。社会和情感技能的衡量将变得越来越有挑战性。但即使在这些范围里，新的研究表明这些能力的很多组成部分还是可以得到有效的测试。[35]

PISA 也在尝试着使结果更开放、更本地化。为达此目的，PISA 开始发展开放式工具，帮助学校提高自己的 PISA 分数。这种以 PISA 为导向的新型测试可以使学校与世界其他各地的学校进行比较，其中包括与他们相似或者截然不同的学校。[36]

学校已经开始使用这类数据。2014 年 9 月，我组织召开了第一次参加此类测试的美国学校年会。我们很欣慰地看到，学校对于与国际上最好的学校进行比较而不是仅仅和邻校比较这一点到底有多少兴趣。在弗吉尼亚州的费尔法克斯县，十所学校围绕首次报告的结果，开展了一次校长和教师间的年度讨论会。在地区办公室和 OECD 的帮助下，他们对数据进行了深入探索，以了解自己学校与其他学校、世界各地学校的比较情况。这些校长和教师开始将彼此视为全球运动场上的队友,而非观众。换句话说,在费尔法克斯县,大数据开启了深度信任的构建。

随着参与 PISA 的国家日益增多,我们很明显地发现测评的设计需要针对更多样的参与国进行改进,其中包含日益增多的中低等收入国家。为了使 PISA 与范围更广的国家更具关联性,PISA 正致力于开发测试工具,以更好地衡量学生更广范围的能力;修订相关的调查问卷,使其更符合低等收入国家的情况;通过与捐赠人合作与能力培养,处理财政与技术上的挑战;拓展服务范围至发展中国家的地方利益相关者。这次被称作"PISA 促进发展(PISA for Development)"[37] 的倡议已于 2016 年和 2017 年两年间在 9 个国家成功试点开展。

向前看的同时向外看

在描述积极响应和负责任的教育领导时,如果让我给再添上一项品质,考虑到测评体系的改革,我认为是不止向前看,也要向外界看的能力。最优秀的教育系统具有一个普遍特征:始终如一地努力施行国际化标杆管理,并将管理结果结合到政策与实践中,这一点不足为奇。

这并非是复制粘贴其他国家的方法,而是严肃冷静地观察本国和其他地方的优秀实践,充分见识到什么样的实践适合怎样的环境,然后有意识地进行运用。

芬兰在努力脱颖而出、成为世界顶级教育系统的过程中,曾将自己与其他教育系统的表现和实践进行了衡量比较。日本政府在明治维新期间曾参访工业化西方国家的首都,并决定将世界其他地方最为宝贵的经验带回日本,因此日本教育获得了长期以来的世界领先地位。这种做法自此以后比比皆是。

20世纪后半叶，新加坡采取了日本在一个世纪前的做法，但专注度更高、纪律性更强。新加坡政府的中枢机构经济发展局（Singapore's Economic Development Board）有很多工程师职员，他们将新加坡的政府和行政机构视为一系列设计上的挑战。无论新加坡在什么时候尝试创建一个新的机构，都会按常规将世界上最优秀的机构作为衡量标准。新加坡鼓励所有的教育机构——上至新加坡国立大学，下到独立的学校——为培养"为未来做好准备的新加坡人"而建立国际联系。新加坡教育机构一直坚持尽可能系统地向其他国家学习。

邓小平担任中国国家主席后，开始为中国重登世界舞台做好准备，他指导中国教育机构与世界上最优秀的教育机构形成合作关系，将他们最优秀的政策和实践引入中国。

前任加拿大安大略省省长的Dalton Mc Guinty在2018年访问OECD，他强调，到教育系统成功的国家进行访问，促成了他对安大略应该采取的正确策略的看法。

因此，很多具有优质教育系统的国家似乎都有一项普遍特征，即坚持致力于向外界看齐，并将学习的成果结合到政策与实践当中。

与这种向外界看齐态度相反的是，有些国家看到测试结果显示自己的教育系统不如别人，就会对PISA持怀疑态度，还有的国家认为与其他国家的情况作比较是一种羞耻。

这可能就是在教育上能否取得进步的国家之间的关键差别。这种差别也可能存在于以下两者之间：对其他可供选择的思维方式倍感威胁的教育系统；对世界开放、准备向世界上其他教育领导人学习的教育系统。

最后，我们可以将物理学定律运用于此。如果我们停止蹬车，我们将不仅停滞不前，自行车也会完全不动，最后倒下——我们也会随之倒下。如果逆强风而行，我们则需要加倍努力。

但是面对先前无论多么大的挑战和机会，人类都不需要消极或停滞不前。我们拥有主动性、参与力以及按目的设计行动的力量。我之所以理解这个道理，是因为我看到中国上海 10% 最贫穷的学生在 2012 年的 PISA 数学测试中超过美国 10% 最富裕的学生。当我看到来自上海最贫穷地区的儿童开心地跟上海最优秀的教师学习时，我下定决心编写此书。也是在当时，我意识到实现全球高品质的教育是一个可以达到的目标，即尽我们所能，为现在还没有未来的上百万学习者提供一个未来；我还意识到我们的任务不是使不可能成为可能，而是使可能的事得以实现。

注　释
Notes

第一章　科学家眼中的教育

1. 按照PISA的阅读、数学或科学衡量标准,这些学生至少有一项没有达到二级水平,达到二级水平意味着学生能够展现出阅读和理解简单文本、掌握数学和科学基础概念和程序的能力。一级水平的学生能够回答涉及熟悉情景的问题,在这些情景中给出了所有的相关信息,问题的界定也十分清晰。这一级别的学生能够识别信息,并根据明示情况中的直接指示执行常规的程序。他们几乎总是进行显而易见的活动,根据刺激立刻进行回应。如果学生达到了更高一级的二级水平,他们便能够理解和识别更复杂的情况,这些情况所在的情景也仅仅需要学生进行直接的推断。学生能够从单一来源的信息中提取有效的信息,并对单一的表征模式进行利用。达到二级水平的学生能够使用基本的算法、公式、程序或常规方法来解决涉及整数的问题,他们能够对结果进行表面上的解释。更详细的信息和举例见OECD 2016a。
2. 见Adams,2002。
3. 见Chu,2017。
4. 见https://www.ccsso.org/。
5. https://www2.ed.gov/programs/racetothetop/index.htm。
6. http://www.corestandards.org/。
7. PISA-Der Landertest,http://www.imdb.com/title/tt1110892/。
8. 见Hanushek,2015a,2015b。
9. 截至2018年5月,OECD的35个成员国包括:澳大利亚、奥地利、比利时、加拿大、智利、捷克共和国、丹麦、爱沙尼亚、芬兰、法国、德国、希腊、匈牙利、冰岛、爱尔兰、以色列、意大利、日本、拉脱维亚、卢森堡、墨西哥、荷兰、新西兰、挪威、波兰、葡萄牙、斯洛伐克共和国、斯洛文尼亚、韩国、西班牙、瑞典、瑞士、土耳其、英国和美国。
10. 见Leadbeater,2016。
11. 另见Griffin and Care,2015。
12. 见OECD,2017h。
13. 有关毕业率的历史数据,见Barro and Lee,2013。
14. 有关目前教育成就的数据,见OECD 2017a。
15. 根据高中学生首次毕业的比率衡量;相关数据,见OECD 2017a。

第二章　走出误区

1. 相关数据，见第六章 OECD，2016a。
2. 相关数据，见 OECD，2013d。
3. 相关数据，见 OECD，2016a。
4. 见 OECD，2017a。
5. 25—64 岁年龄段人群中，教师与受过高等教育的全年全职工作者两个群体的薪水比例，是根据 25—64 岁教师的年平均薪水计算（包括奖金和津贴）。相关数据和计算方法见 OECD，2017a。
6. 2006 年 PISA 测试的数据分析表明，在 OECD 国家中，如果学生每周花费 2 小时以下的时间用于学习学校的常规科学课程，那么这些学生的科学成绩会比完全不学习学校常规科学课程的学生平均高出 15 分；而对于每周花费 2—4 小时的学生，他们的科学成绩会高出 59 分；每周 4—6 小时和 6 小时以上的学生，科学成绩会分别高出 89 分和 104 分（表 4.2a OECD，2011a）。
7. 相关数据，见 OECD，2013b。
8. PISA 测评对学生进行测试，同时也要求学生提供他们的在校成绩。在许多国家和经济体，女生和社会经济条件优越的学生成绩更好，但即便是在考虑了学生的个人表现和对学习的态度及行为后，学习成绩也很容易受到学校学术背景的影响。容易影响学习成绩的因素与学生的表现、参与和学习习惯无关。这一事实表明教师会根据他们认为重要的方面奖励学生，但 PISA 不会直接衡量这些方面，因为这些方面与学生的背景之间有着密切的联系。教师可能也会对在劳动市场和其他社会环境中得到重视的行为进行奖励。由于成绩是衡量学生个人表现和潜力的最为可靠、一致的指标之一，成绩分配的系统性不平等可能会导致教育期望的系统性不平等，这一点将在下一章讨论。相关数据和计算方法见 OECD，2012a。
9. 见 Schleicher，2017。
10. 见 Hanushek，Piopiunik 和 Wiederhold，2014。
11. OECD，PISA 2015 数据库，表 II.5.9，II.5.18，II.5.22 和 II.5.27。
12. 见 Slavin，1987。

第三章　优质学校系统何以与众不同

1. http://ncee.org/.
2. 另见 http://ncee.org/what-we-do/center-on-international-education-benchmarking/ 以及 OECD，2011b。
3. 相关数据，见 PISA 2015 database 中的问题 ST111Q01TA。
4. 见 Martin and Mullis，2013。
5. 见 Chen and Stevenson，1995。
6. 见 Good and Lavigne，2018。
7. 见 Bandura，2012。

8. 见 Weiner，2004。
9. 见 Carroll，1963。
10. 见 OECD，2011b。
11. 2008 年 4 月 17 日，德国基督教民主联盟(Christian Democrats，CDU)与绿党(Greens，GAL)组成执政联盟并签署合同，双方同意改革汉堡州的学校系统。2009 年 10 月 7 日，上述提案得到汉堡州议会的同意。2010 年 7 月 18 日举行的公投大幅度地修改了该提案。
12. 见 OECD，2013b 中的图 IV.2.6a。
13. http://www.phenomenaleducation.info/phenomenon-based-learning.html.
14. 见 OECD，2017a 中的表 C6.1a。
15. 见 OECD，2013a。
16. 见 OECD，2017i。
17. 当然，考试焦虑有可能是由考试频率以外的其他因素引起的，但 PISA 问卷中未涉及这一点。
18. 见 https://asiasociety.org/global-cities-education-network/japan-recent-trends-education-reform。
19. 见 OECD，2014b 以及 OECD，2017e。
20. 见 Fadel，Trilling and Bialik，2015。
21. 见 Tan，2017。
22. 见 Barber，2008。
23. http://www.globalteacherprize.org/about/.
24. 见 Good，2018。
25. 见 Hung，2006。
26. 见 OECD，2014c。
27. 见 OECD，2009。
28. 见 OECD，2014c。
29. 见 OECD，2014c。
30. 见 OECD，2013c。
31. https://www.gov.uk/government/news/network-of-32-maths-hubs-across-england-aims-to-raise-standards.
32. 另见 http://www.bbc.co.uk/programmes/b06565zm and https://m.youtube.com/watch?v=DYGxAwRUpaI。
33. 见 OECD，2016b。
34. 见 OECD，2016b。
35. 见 http://ncee.org/what-we-do/center-on-international-education-benchmarking/top-performing-countries/shanghai-china/shanghai-china-instructional-systems/.
36. 相关数据，见 OECD 2017f。

37. 见 http://www.sici-inspectorates.eu/.
38. 见 Pont, Nusche and Moorman, 2008。
39. 见 OECD, 2014c。
40. 见 OECD, 2013b。
41. 见 Fullan, 2011。
42. 见 OECD, 2014a。
43. 见 OECD, 2014a。
44. 见 OECD, 2015f。
45. 见 Canadian Language and Literacy Research Network(2009), Evaluation Report: The Impact of the Literacy and Numeracy Secretariat, http://www.edu.gov.on.ca/eng/document/reports/OME_Report09_EN.pdf.
46. 1997年,时任新加坡总理的吴作栋(Goh Chok Tong)首次提出了"思考型学校,学习型国家(Thinking Schools, Learning Nation)"的愿景。该愿景描绘了这样的国家和教育系统：国家公民热爱思考且热爱国家,能够面对未来的挑战,同时教育系统能够满足21世纪的需求。另见 https://www.moe.gov.sg/about.
47. 见 OECD, 2016a。
48. 见 OECD, 2014c。
49. 见 OECD, 2013e 以获取更多与教师考核相关的信息。
50. 见 OECD, 2014c。
51. https://www.cmec.ca/en/.
52. https://www.kmk.org/.
53. 见 OECD, 2017a。
54. 见 OECD, 2017a。

第四章　为何教育公平如此难以实现

1. Hanushek and Woessmann, 2015b。
2. http://www.nytimes.com/2012/03/11/opinion/sunday/friedman-pass-the-books-hold-the-oil.html.
3. 见 OECD, 2013a。
4. 见 OECD, 2017a。
5. 见 Paccagnella, 2015。
6. 见 OECD, 2017a。
7. https://www.oecd.org/china/Education-in-China-a-snapshot.pdf 文章的作者。
8. 见 OECD, 2016a。
9. 见 Schleicher, 2014 http://oecdeducationtoday.blogspot.fr/2014/07/poverty-and-perception-of-poverty-how.html.
10. 见 OECD, 2016a。

11. 见 Prensky，2016。
12. https://surveys.quagliainstitute.org/.
13. 见 OECD，2017b。
14. 见 OECD 表 1.6.14，2016a。
15. 见 OECD，2011b。
16. 见 OECD 图表 1.6.14，2016a。
17. 见 OECD，2016c。
18. http://www.legislation.gov.uk/ukpga/2010/32/section/1.
19. 见第十四章和 https://www.gov.uk/education/pupil-premium-and-other-school-premiums.
20. 见 http://www.oecd.org/edu/School-choice-and-school-vouchers-an-OECD-perspective.pdf.
21. 见 OECD，2016d。
22. 见 OECD，2015b。
23. 见 OECD，2016b。
24. 见 OECD，2016b。
25. 见 OECD，2016b。
26. 见 OECD，2012b。
27. 见 OECD，2017b。
28. 见 OECD，2017b。
29. 见 Epple，Romanoand Urquiola，2015。
30. 见 OECD，2016a。
31. 见 OECD，2016a。
32. 德国议会于 2000 年成立了移民委员会(Zuwanderungs kommission)。
33. 见 OECD 图 1.7.13，2016a。
34. 见 OECD，2016a。
35. 见 OECD，2016a。
36. 见 OECD，2016a。
37. 见 OECD，2015g。
38. 见 OECD，2017j。
39. 见 OECD，2015e。
40. https://www.educationandemployers.org/wp-content/uploads/2018/01/Drawing-the-Future-FINAL-REPORT.pdf.
41. https://m.youtube.com/watch?v=kJP1zPOfq_0.
42. 见 OECD，2016e。
43. PISA 正在使用的测评由两部分组成：认知测试和背景调查问卷。认知测试挖掘学生对全球议题相关新闻的批判性阅读能力；对影响个人观点和世界观的外部因素的识别能力;如何在跨文化环境中与他人交流的理解能力;以及解决全球性议题和跨文化问题需要具备的确认与比较不同行动方针的能力。在背景调查问卷中,学生被要求汇报他们对全球议题的熟悉度;对语言和沟通技能的掌握度;他们对某种态度的坚持程度,例如对来自不同文化背景的人的尊重程度;以及他们在学校里拥有哪些发展自身全球竞争力的机会。此外,学校的校长和教师也要描述教育系统如何将国际观念和跨文化观点融入课程设置和课堂活动中。

44. 见 https://www.oecd.org/education/Global-competency-for-an-inclusive-world.pdf.

第五章 让教育改革成为现实

1. 见 OECD,2010a。
2. 见 OECD,2015a。
3. http://www.corestandards.org/.
4. https://www.bmbf.de/pub/Bildungsforschung_Band_1.pdf.
5. 见 http://www.oecd.org/skills/nationalskillsstrategies/Diagnostic-report-Portugal.pdf.
6. 见 OECD,2013c。
7. 见 OECD,2005。
8. 见 OECD,2005。
9. 见 OECD,2013c。
10. 文件"TheFolkeskole's response to the OECD"记录了他们的努力成果。
11. Danish Ministry of Education and Rambøll,2011。
12. 见 Alberta Education,2014 和 Hargreaves and Shirley,2012。
13. 见 OECD,2014c。
14. 见 Barber,2010。
15. 相关数据来源于国际教育组织(Education International)和经济与合作组织公会咨询委员会(the Trade Union Advisory Committee to the OECD)(2013),"Survey of Trade Unions' Engagement with Governments on Education and Training",见 OECD,2015a。

第六章 现在做什么

1. Tom Bentley,The responsibility to lead:Education at a global crossroads,2017 年 8 月 21 日澳大利亚教育领导力委员会的致辞。
2. 见 http://www.un.org/sustainabledevelopment/sustainable-development-goals/.
3. 见 Putnam,2007。
4. 见 OECD,2017c。
5. 见 OECD,2016e。
6. Brundtland Commission,1987。
7. 见 http://www.oecd.org/social/income-distribution-database.htm.
8. 见 Harari,2016。

9. 见 Goldin and Katz，2007。
10. 见 OECD，2017k。
11. 见 Autor and Dorn，2013。
12. 见 Echazarra et al. ，2016。
13. 采取记忆式策略而非控制或拓展式策略会导致学生在回答用于分析的 84 道 PISA 数学测评题时正确率较低，约为 78 道。更为重要的是，题目难度增加，成功率也随之下降。而在回答最容易的题目时，记忆式学习策略的使用似乎使结果有所不同：当记忆式学习策略指标提升一个单位时，中等难度的题目正确率可能性下降 10%（较采用其他任一种学习策略），最难题目的正确率可能性下降 20% 以上。这表明在回答有关学习策略四个问题时，采用认同拓展式或控制策略的学生比只采用认同记忆式策略的学生在 PISA 数学测评中回答五个最具难度的题目的正确率高出三倍左右。
14. 拓展式策略的采用经常与最简单的数学题（难度在 480 分以下）正确率下降相关。更为重要的是，在这些简单题目的解决上，记忆式策略比拓展式更加有效。然而，当题目增加难度，尤其是将难度水平提升到 PISA 标准的 600 分以上时，采取拓展式策略的学生的成功概率经常会提升。在中等难度题目的解决上，采用拓展式策略取得的效果较好；而在最难问题尤其是难度超过 700 分的难题解决上，拓展式策略似乎比控制策略取得的效果更佳。
15. 欧盟劳动力调查数据；引自 Nathan，Pratt and Rincon-Aznar，2015。
16. 见 OECD，2016a。
17. 1996 年，在日本第 15 届中央教育审议会上，审议会被问及日本 21 世纪教育的发展方向时，提交了一份有关"生存能力"的提议报告，认为其应为教育的根本原则。"生存能力"由此被定义为一种尝试保持知识、道德和体育教育之间平衡的原则。1998 年，日本对教学指导方针进行修订，以呼应审议会的报告。约 30% 的课程被取消，小学和初中的"综合研究时间"得以建立。
18. 相关综述见 http：//www. oph. fi/download/151294_ops2016_curriculum_reform_in_finland. pdf。
19. 见 https：//www. smh. com. au/lifestyle/health-and-wellness/fat-employee-sues-mcdonalds-wins-20101029-176kx. html；http：//fortune. com/2017/05/19/burned-woman-starbucks-lawsuit/。
20. 见 https：//www. pisa4u. org/。
21. 见 OECD，2017h。
22. https：//oeb. global/。
23. 相关概况，见 https：//www. triciawang. com/。
24. Friedman，2016。
25. 相关概览，见 http：//iasculture. org/。
26. 相关概览，见 https：//www. moe. gov. sg/education/secondary/values-in-action. 27. 见 OECD，2017a。

28. 见 OECD,2015。
29. 另见 OECD,2013c。
30. 见 OECD,2014a。
31. OECD,forthcoming.
32. 见 https://www.varkeyfoundation.org/.
33. 相关数据,见 OECD,2009。
34. http://www.oecd.org/pisa/data/2015-technical-report/.
35. 见 OECD,2015c。
36. http://www.oecd.org/pisa/pisa-based-test-for-schools/.
37. 见 http://www.oecd.org/pisa/aboutpisa/pisafordevelopment.htm.

参考文献

Adams, R. (2002), *Country Comparisons in PISA: The Impact of Item Selection*, Available at: http://www.findanexpert.unimelb.edu.au/individual/publication9377 [Accessed 26 August 2017].

Alberta Education(2014), *Teaching and Learning International Survey(TALIS)2013: Alberta Report*, Alberta Education, Edmonton.

Autor, D. and D. Dorn (2013), "The Growth of Low-Skill Service Jobs and the Polarization of the US Labor Market", *American Economic Review*, Vol. 103/5, pp. 1553–1597, https://doi.org/10.1257/aer.103.5.1553.

Bandura, A. (2012), *Self-efficacy*, W. H. Freeman, New York.

Barber, M. (2008), *Instruction to Deliver*, Methuen Publishing Ltd., London.

Barber, M., A. Moffit and P. Kihn (2011), *Deliverology 101: A Field Guide for Educational Leaders*, Corwin, Thousand Oaks, CA.

Barro, R. and J. Lee(2013), "A New Data Set of Educational Attainment in the World, 1950-2010", *Journal of Development Economics*, Vol. 104, pp. 184–198, https://doi.org/10.1016/j.jdeveco.2012.10.001.

Borgonovi, F. and T. Burns(2015), "The Educational Roots of Trust", *OECD Education Working Papers*, No. 119, OECD Publishing, Paris, http://dx.doi.org/10.1787/19939019.

Brown, M. (1996), "FIMS and SIMS: The First Two IEA International Mathematics Surveys", in *Assessment in Education: Principles, Policy and Practice*, Vol. 3/2, 1996, https://doi.org/10.1080/0969594960030206.

Brundtland Commission(1987), *Our Common Future*, Oxford University Press, Oxford.

Carroll, J. (1963), "A Model of School Learning", *Teachers College Record*, Vol. 64/8, pp. 723–733.

Chen, C. and H. Stevenson (1995), "Motivation and Mathematics Achievement: A Comparative Study of Asian-American, Caucasian-American, and East Asian High School Students", *Child Development*, Vol. 66/4, p. 1215, https://doi.org/10.1111/j.1467-8624.1995.tb00932.x.

Chu, L. (2017), *Little Soldiers: An American Boy, a Chinese School, and the Global*

Race to Achieve, Harper Collins Publishers, New York.

Echazarra, A. et al. (2016), "How teachers teach and students learn: Successful strategies for school", *OECD Education Working Papers*, No. 130, OECD Publishing, Paris, http://dx.doi.org/10.1787/5jm29kpt0xxx-en.

Epple, D., E. Romano and M. Urquiola(2015), *School Vouchers*, National Bureau of Economic Research, Cambridge, MA.

Fadel, C., B. Trilling and M. Bialik (2015), *Four-Dimensional Education: The Competencies Learners Need to Succeed*, The Center for Curriculum Redesign, Boston.

Fullan, M. (2011), *Change Leader: Learning to Do What Matters Most*, Jossey-Bass, San Francisco.

Friedman, T. L. (2016), *Thank You for Being Late: An Optimist's Guide to Thriving in the Age of Accelerations*, Farrar, Straus and Giroux, New York.

Goldin, C. and L. Katz(2007), *The Race between Education and Technology*, National Bureau of Economic Research, Cambridge, MA.

Goldin, I. and C. Kutarna(2016), *Age of Discovery: Navigating the Risks and Rewards of Our New Renaissance*, St. Martin's Press, New York.

Good, T. and A. Lavigne(2018), *Looking in Classrooms*, Routledge, New York.

Goodwin, L., E. Low and L. Darling-Hammond (2017), *Empowered Educators in Singapore: How High-Performing Systems Shape Teaching Quality*, Jossey-Bass, San Francisco.

Griffin, P. and E. Care(2015), *Assessment and Teaching of 21st Century Skills*, Springer Dordrecht, New York.

Hanushek, E. and L. Woessmann(2015a), *The Knowledge Capital of Nations*, MIT Press, Cambridge, MA.

Hanushek, E. and L. Woessmann(2015b), *Universal Basic Skills: What Countries Stand to Gain*, OECD Publishing, Paris, http://dx.doi.org/10.1787/9789264234833-en.

Hanushek, E., M. Piopiunik and S. Wiederhold(2014), *The Value of Smarter Teachers*, National Bureau of Economic Research, Cambridge, MA.

Harari, Y. N. (2016), *Homo Deus: A Brief History of Tomorrow*, Harville Secker, London.

Hargreaves, A. and D. Shirley (2012), *The Global Fourth Way: The Quest for Educational Excellence*, Corwin Press, Thousand Oaks, CA.

Hung, D., S. C. Tan and T. S. Koh (2006), "From Traditional to Constructivist Epistemologies: A Proposed Theoretical Framework Based on Activity Theory for Learning Communities", *Journal of Interactive Learning Research*, Vol 17/1, pp. 37–55. 17(1),37–55.

Husen, T. (Ed.) (1967), *International Study of Achievement in Mathematics: A*

Comparison of Twelve Countries, Vols. 1 and 2, Almqvist and Wiksell, Stockholm.

Leadbeater, C. (2016), *The Problem Solvers: The teachers, the students and the radically disruptive nuns who are leading a global learning movement*, Pearson, London.

Martin, M. and I. Mullis(2013), *TIMSS 2011 International Results in Mathematics*, TIMSS and PIRLS International Study Center, Boston College, Chestnut Hill, MA.

McInerney, D. and S. Van Etten (2004), *Big Theories Revisited*, Information Age Publishing, Greenwich, CT.

Nathan, M., A. Pratt and A. Rincon-Aznar(2015), *Creative Economy Employment in the European Union and the United Kingdom: A Comparative Analysis*, Nesta, London.

OECD (2005), *Teachers Matter: Attracting, Developing and Retaining Effective Teachers*, OECD Publishing, Paris, http://dx.doi.org/10.1787/9789264018044-en.

OECD(2009), *Creating Effective Teaching and Learning Environments: First Results from TALIS 2008*, OECD Publishing, Paris, http://dx.doi.org/10.1787/9789264068780-en.

OECD(2010a), *Making Reform Happen: Lessons from OECD Countries*, 11th ed., OECD Publishing, http://dx.doi.org/10.1787/9789264086296-en.

OECD(2010b), *PISA 2009 Results: What Makes a School Successful? Resources, Policies and Practices*, OECD Publishing, Paris, http://dx.doi.org/10.1787/9789264091559-en.

OECD(2011a), *Quality Time for Students: Learning In and Out of School*, OECD Publishing, Paris, http://dx.doi.org/10.1787/9789264087057-en.

OECD(2011b), *Strong Performers and Successful Reformers in Education: Lessons from PISA for the United States*, OECD Publishing, Paris, http://dx.doi.org/10.1787/9789264096660-en.

OECD(2011c), *Education at a Glance 2011: OECD Indicators*, OECD Publishing, Paris, http://dx.doi.org/10.1787/eag-2011-en.

OECD(2012a), *Grade Expectations: How Marks and Education Policies Shape Students' Ambitions*, OECD Publishing, Paris, http://dx.doi.org/10.1787/9789264187528-en.

OECD(2012b), *Public and Private Schools: How Management and Funding Relate to their Socioeconomic Profile*, OECD Publishing, Paris, http://dx.doi.org/10.1787/9789264175006-en.

OECD(2013a), *OECD Skills Outlook: First Results from the Survey Of Adult Skills*, OECD Publishing, Paris, http://dx.doi.org/10.1787/9789264204256-en.

OECD(2013b), *PISA 2012 Results: What Makes Schools Successful (Volume IV): Resources, Policies and Practices*, OECD Publishing, Paris, http://dx.doi.org/10.1787/9789264201156-en.

OECD(2013c), *Synergies for Better Learning: An International Perspective on Evaluation and Assessment*, OECD Publishing, Paris, http://dx.doi.org/10.1787/9789264190658-en.

OECD(2013d), *PISA 2012 Results: Excellence through Equity (Volume II): Giving Every Student the Chance to Succeed*, OECD Publishing, Paris, http://dx.doi.org/10.1787/9789264201132-en.

OECD(2013e), *Teachers for the 21st Century: Using Evaluation to Improve Teaching*, OECD Publishing, Paris, http://dx.doi.org/10.1787/9789264193864-en.

OECD(2014a), *Measuring Innovation in Education: A New Perspective*, OECD Publishing, Paris, http://dx.doi.org/10.1787/9789264215696-en.

OECD(2014b), *PISA 2012 Results: Students and Money (Volume VI): Financial Literacy Skills for the 21st Century*, OECD Publishing, Paris, http://dx.doi.org/10.1787/9789264208094-en.

OECD(2014c), *TALIS 2013 Results: An International Perspective on Teaching and Learning*, OECD Publishing, Paris, http://dx.doi.org/10.1787/9789264196261-en.

OECD(2014d), *PISA 2012 Results: What Students Know and Can Do (Volume I): Student Performance in Mathematics, Reading and Science*, Revised edition, OECD Publishing, Paris, http://dx.doi.org/10.1787/9789264208780-en.

OECD(2015a), *Education Policy Outlook 2015: Making Reforms Happen*, OECD Publishing, Paris, http://dx.doi.org/10.1787/9789264225442-en.

OECD(2015b), *Improving Schools in Sweden: An OECD Perspective*, Available at: http://www.oecd.org/edu/school/Improving-Schools-in-Sweden.pdf [Accessed 26 August 2017].

OECD(2015c), *Skills for Social Progress: The Power of Social and Emotional Skills*, OECD Publishing, Paris, http://dx.doi.org/10.1787/9789264226159-en.

OECD(2015d), *Students, Computers and Learning: Making the Connection*, OECD Publishing, Paris, http://dx.doi.org/10.1787/9789264239555-en.

OECD(2015e), *The ABC of Gender Equality in Education: Aptitude, Behaviour, Confidence*, OECD Publishing, Paris, http://dx.doi.org/10.1787/9789264229945-en.

OECD(2015f), *Schooling Redesigned: Towards Innovative Learning Systems*, OECD Publishing, Paris, http://dx.doi.org/10.1787/9789264245914-en.

OECD(2015g), *Immigrant Students at School: Easing the Journey towards Integration*, OECD Publishing, Paris, http://dx.doi.org/10.1787/9789264249509-en.

OECD(2016a), *PISA 2015 Results (Volume I): Excellence and Equity in Education*, OECD Publishing, Paris, http://dx.doi.org/10.1787/9789264266490-en.

OECD(2016b), *PISA 2015 Results (Volume II): Policies and Practices for Successful Schools*, OECD Publishing, Paris, http://dx.doi.org/10.1787/9789264267510-en.

OECD(2016c), *Low-Performing Students: Why They Fall Behind and How to Help Them Succeed*, OECD Publishing, Paris, http://dx.doi.org/10.1787/9789264250246-en.

OECD(2016d), *Netherlands 2016: Foundations for the Future*, Reviews of National Policies for Education, OECD Publishing, Paris, http://dx.doi.org/10.1787/9789264257658-en.

OECD(2016e), *Skills Matter: Further Results from the Survey of Adult Skills*, OECD Publishing, Paris, http://dx.doi.org/10.1787/9789264258051-en.

OECD(2017a), *Education at a Glance 2017: OECD Indicators*, OECD Publishing, Paris, http://dx.doi.org/10.1787/eag-2017-en.

OECD(2017b), *The Funding of School Education: Connecting Resources and Learning*, OECD Publishing, Paris, http://dx.doi.org/10.1787/9789264276147-en.

OECD(2017c), *OECD Skills Outlook 2017: Skills and Global Value Chains*, OECD Publishing, Paris, http://dx.doi.org/10.1787/9789264273351-en.

OECD(2017d), *PISA 4 U*, available at https://www.pisa4u.org/.

OECD(2017e), PISA 2015 Results(Volume IV): Students' Financial Literacy, OECD Publishing, Paris, http://dx.doi.org/10.1787/9789264270282-en.

OECD(2017f), *PISA 2015 Results (Volume III): Students' Well-Being*, OECD Publishing, Paris, http://dx.doi.org/10.1787/9789264273856-en.

OECD(2017g), *The OECD Handbook for Innovative Learning Environments*, OECD Publishing, Paris, http://dx.doi.org/10.1787/9789264277274-en.

OECD(2017h), *PISA 2015 Results(Volume V): Collaborative Problem Solving*, OECD Publishing, Paris, http://dx.doi.org/10.1787/9789264285521-en.

OECD(2017i), "Is too much testing bad for student performance and well-being?", *PISA in Focus*, No. 79, OECD Publishing, Paris, http://dx.doi.org/10.1787/22260919.

OECD(2017j), *Starting Strong V: Transitions from Early Childhood Education and Care to Primary Education*, OECD Publishing, Paris, http://dx.doi.org/10.1787/9789264276253-en.

OECD(2017k), *Computers and the Future of Skill Demand*, Educational Research and Innovation, OECD Publishing, Paris, http://dx.doi.org/10.1787/9789264284395-en.

Paccagnella, M. (2015), "Skills and Wage Inequality: Evidence from PIAAC", *OECD Education Working Papers*, No. 114, OECD Publishing, Paris, http://dx.doi.org/10.1787/5js4xfgl4ks0-en.

Pont, B., D. Nusche and H. Moorman(2008), *Improving School Leadership (Volume 1): Policy and Practice*, OECD Publishing, Paris, http://dx.doi.org/10.1787/9789264044715-en.

Putnam, R. D. (2007), *Bowling Alone*, Simon and Schuster, New York.

Presnky, M. (2016), *Education to Better Their World: Unleashing the Power of 21st-Century Kids*, Teachers College Press, New York.

Ramboll(2011), *Country Background Report for Denmark*, prepared for the OECD Review on Evaluation and Assessment Frameworks for Improving School Outcomes, Aarhus, available from http://www.oecd.org/edu/evaluationpolicy.

Schleicher, A. (2014), "Poverty and the Perception of Poverty: How Both Matter for Schooling Outcomes", Available at: http://oecdeducationtoday.blogspot.fr/2014/07/poverty-and-perception-of-poverty-how.html [Accessed 26 Aug. 2017].

Schleicher, A. (2017), *Teaching Excellence through Professional Learning and Policy Reform: Lessons from Around the World*, OECD publishing, Paris http://dx.doi.org/10.1787/9789264252059-en.

Schleicher, A. (2017), "What teachers know and how that compares with college graduates around the world", Available at: http://oecdeducationtoday.blogspot.fr/2013/11/what-teachers-know-and-how-that.html [Accessed 26 Aug. 2017].

Seldon, A. (2007), *Blair's Britain*, Cambridge University Press, Cambridge.

Slavin, R. (1987), *Grouping for Instruction*, Center for Research on Elementary and Middle Schools, Johns Hopkins University, Baltimore.

Tan, O. et al. (2017), *Educational Psychology: An Asia Edition*, Cengage Learning Asia Ltd., Singapore.

Weiner, B. (2004), "Attribution Theory Revisited: Transforming Cultural Plurality into Theoretical Unity", in D. McInerney and S. Van Etten, eds., *Big Theories Revisited: Research on Socio-Cultural Influences on Motivation and Learning*, Information Age Publishing, Greenwich, CT.